工伤保险条例
（含工伤认定办法）
注解与配套

第七版

中国法治出版社
CHINA LEGAL PUBLISHING HOUSE

出版说明

中国法治出版社一直致力于出版适合大众需求的法律图书。为了帮助读者准确理解与适用法律，我社于2008年9月推出“法律注解与配套系列”，深受广大读者的认同与喜爱，此后推出的第二、三、四、五、六版也持续热销。为了更好地服务读者，及时反映国家最新立法动态及法律文件的多次清理结果，我社决定推出“法律注解与配套系列”(第七版)。

本系列具有以下特点：

1. 由相关领域的具有丰富实践经验和学术素养的法律专业人士撰写适用导引，对相关法律领域作提纲挈领的说明，重点提示立法动态及适用重点、难点。

2. 对主体法中的重点法条及专业术语进行注解，帮助读者把握立法精神，理解条文含义。

3. 根据司法实践提炼疑难问题，由相关专家运用法律规定及原理进行权威解答。

4. 在主体法律文件之后择要收录与其实施相关的配套规定，便于读者查找、应用。

需要说明的是，只有国家正式通过、颁布的法律文本才具有法律效力，书中法律文本之外的注解等内容，为编者方便读者阅读、理解而编写，仅供参考。

真诚希望本丛书的出版能给您在法律的应用上带来帮助和便利，同时也恳请广大读者对书中存在的不足之处提出批评和建议。

中国法治出版社

2025年9月

适用导引

我国现在关于工伤的基本法律依据包括2010年10月28日公布并于2018年12月29日修正的《中华人民共和国社会保险法》和2004年1月1日起施行并经修订于2011年1月1日起施行的《工伤保险条例》，而后者是工伤保险方面的专门法律规定。

一、《工伤保险条例》的核心内容

1. 适用范围。依据《工伤保险条例》第2条规定，中华人民共和国境内的企业、事业单位、社会团体、民办非企业单位、基金会、律师事务所、会计师事务所等组织和有雇工的个体工商户（以下称用人单位）应当依照本条例规定参加工伤保险，为本单位全部职工或者雇工（以下称职工）缴纳工伤保险费。中华人民共和国境内的企业、事业单位、社会团体、民办非企业单位、基金会、律师事务所、会计师事务所等组织的职工和个体工商户的雇工，均有依照本条例的规定享受工伤保险待遇的权利。

2. 工伤范围的界定。发生工伤事故，劳动者取得工伤保险待遇及其他工伤赔偿的关键，就在于国家有权机关作出工伤认定结论。《工伤保险条例》第14、15、16条原则界定了工伤的范围。职工有下列情形之一的，应当认定为工伤：（一）在工作时间和工作场所内，因工作原因受到事故伤害的；（二）工作时间前后在工作场所内，从事与工作有关的预备性或者收尾性工作受到事故伤害的；（三）在工作时间和工作场所内，因履行工作职责受到暴力等意外伤害的；（四）患职业病的；（五）因工外出期间，由于工作原因受到伤害或者发生事故下落不明的；（六）在上下班途中，受到非本人主要责任的交通事故或者城市轨道交通、客运轮渡、火车事故伤害的；（七）法律、行政法规规定应当认定为工伤的其他情形。

职工有下列情形之一的，视同工伤：（一）在工作时间和工作岗位，突发疾病死亡或者在48小时之内经抢救无效死亡的；（二）在抢险救灾等维护国家利益、公共利益活动中受到伤害的；（三）职工原在军队服役，因战、因公负伤致残，已取得革命伤残军人证，到用人单位后旧伤复发的。

职工符合本条例第14条、第15条的规定，但是有下列情形之一的，不得认定为工伤或者视同工伤：（一）故意犯罪的；（二）醉酒或者吸毒的；（三）自残或者自杀的。

3. 工伤保险待遇。工伤保险待遇是指职工因工发生暂时或永久人身健康或生命损害的一种补救和补偿，其作用是使伤残者的医疗、生活有保障，使工亡者遗属的基本生活得到保障。工伤保险待遇包括：工伤医疗待遇、伤残待遇和死亡待遇。

二、《工伤保险条例》的主要相关规定

《工伤认定办法》就工伤认定的具体程序作出了规定。《因工死亡职工供养亲属范围规定》明确规定了因工死亡职工供养亲属的范围、享受抚恤金的条件、停止享受抚恤金的情形。《非法用工单位伤亡人员一次性赔偿办法》则对无营业执照或者未经依法登记、备案的单位以及被依法吊销营业执照或者撤销登记、备案的单位受到事故伤害或者患职业病的职工，或者用人单位使用童工造成的伤残、死亡童工的一次性赔偿作出了规定。在处理工伤时，对于职工工伤与职业病致残程度的鉴定非常重要，在这一方面，从2007年5月1日起施行的《劳动能力鉴定 职工工伤与职业病致残等级》是现行鉴定标准。

《最高人民法院关于审理工伤保险行政案件若干问题的规定》针对经常出现与职工存在用人关系的单位有两个或者两个以上的情形，专门明确了双重劳动关系、派遣、指派、转包和挂靠关系等五类比较特殊的工伤保险责任主体，规定职工与两个或两个以上单位建立劳动关系，工伤事故发生时，职工为之工作的单位为承担工伤保险责任的单位；在派遣、指派和挂靠关系中，派遣单位、指派单位和被挂靠单位为承担工伤保险责任的单位；如果用工单位违反法律、法规规定，将承包业务转包给不具备用工主体资格的组织或者自然人，用工单位为承担工伤保险责任的单位。

目　　录

工伤保险条例

第一章　总　　则

第二章　工伤保险基金

第三章 工伤认定

第四章 劳动能力鉴定

第五章　工伤保险待遇

第六章 监督管理

第七章 法律责任

第八章 附　　则

配套法规

附　录

工伤保险条例

（2003 年 4 月 27 日中华人民共和国国务院令第 375 号公布　根据 2010 年 12 月 20 日《国务院关于修改〈工伤保险条例〉的决定》修订）

目　录

第一章　总　　则

第一条　【立法目的】* 为了保障因工作遭受事故伤害或者患职业病的职工获得医疗救治和经济补偿，促进工伤预防和职业康复，分散用人单位的工伤风险，制定本条例。

* 条文主旨为编者所加，下同。

注解

工伤保险也称职业伤害保险，是指劳动者由于工作原因并在工作过程中遭受意外伤害，或因接触粉尘、放射线、有毒有害物质等职业危害因素引起职业病后，由国家或社会给负伤、致残者以及死亡者生前供养亲属提供必要的物质帮助的一项社会保险制度。

应用

1. 如何区别工伤保险与人身意外伤害保险?

总体而言，工伤保险属于社会保险中的一种，而人身意外伤害保险属于商业保险的范畴。因此，工伤保险与人身意外伤害保险的关系，实质上是社会保险与商业保险的关系，二者在适用范围、基本原则、筹资办法、待遇水平等多方面均有不同。对于大多数用人单位而言，参加社会保险是法定义务，而是否参加商业保险，则由各单位自行决定。

我国《建筑法》中还特别规定：建筑施工企业应当依法为职工参加工伤保险缴纳工伤保险费。鼓励企业为从事危险作业的职工办理意外伤害保险，支付保险费。

第二条　【适用范围】中华人民共和国境内的企业、事业单位、社会团体、民办非企业单位、基金会、律师事务所、会计师事务所等组织和有雇工的个体工商户（以下称用人单位）应当依照本条例规定参加工伤保险，为本单位全部职工或者雇工（以下称职工）缴纳工伤保险费。

中华人民共和国境内的企业、事业单位、社会团体、民办非企业单位、基金会、律师事务所、会计师事务所等组织的职工和个体工商户的雇工，均有依照本条例的规定享受工伤保险待遇的权利。

注解

1. “企业”。包括在中国境内的所有形式的企业，按照所有制划分，有国有企业、集体所有制企业、私营企业、外资企业；按照所在地域划分，有城镇企业、乡镇企业、境外企业；按照企业的组织结构划分，有公司、合伙、个人独资企业等。在这里，有两点需要说明：一是工伤保险制度在国家之间不能互免。目前，通过多边或者双边协定，一些国家可以对养老保险、失业保险等问题进行互免，但工伤保险却不能互免，而是需要参加营业地所在国的工伤保险。这就意味着，来中国投资的外国企业需要参加中国的工伤保险，而到国外承包工程或者投资设厂的中国企业则需要参加当地的工伤保险；二是在用人单位实行承包经营时，工伤保险责任应当由职工劳动关系所在单位承担。

2. “事业单位”。事业单位是指依照《事业单位登记管理暂行条例》的有关规定在机构编制管理机关登记为事业单位，且没有改为由市场监督管理部门登记为企业的事业单位。但是，事业单位中具有公共事务管理职能的组织一般都有行政执法的职能，工作人员参照公务员法管理，在许多方面与公务员没有什么区别，因此，这类事业单位在工伤保险方面仍参照公务员的做法，不适用本条例，而由人力资源和社会保障部会同财政部制定具体办法；参照公务员法管理之外的事业单位，主要包括基础科研、教育、文化、卫生、广播电视等领域的单位，本条例明确规定这些单位的工作人员应当纳入工伤保险的适用范围。

3. “社会团体”。社会团体是指依照《社会团体登记管理条例》的规定，中国公民自愿组成，为了实现会员共同意愿，按照章程开展活动的非营利性社会组织。社会团体的名称类别主要有协会、学会、联合会、研究会、基金会、联谊会、促进会、商会等。社会团体的情况与事业单位基本类似。参照公务员法管理的社会团体及其工作人员实行与国家机关及其工作人员一样的工伤保险制度，具体办法由人力资源和社会保障部会同财政部规定，这部分社会团体包括两类：一是参加中国人民政治协商会议的8个人民团体；二是由国务院机构编制管理机关核定、并经国务院批准的团体；不参照公务员法管理的社会团体，则直接适用本条例。

4. “民办非企业单位”。民办非企业单位是一个较新的法律主体概念，是指依照《民办非企业单位登记管理暂行条例》的规定，由企业事业单位、社会团体和其他社会力量以及公民个人利用非国有资产举办的，从事非营利性社会服务活动的社会组织，比如：民办学校、民办医院等。从《民办非企业单位登记管理暂行条例》的定义可以看出，民办非企业单位具有以下几个特征：一是由企业事业单位、社会团体和其他社会力量以及公民个人举办，而不由政府或者政府部门举办。二是民办非企业单位利用非国有资产举办，这是民办非企业单位与事业单位的一个重要区别。三是民办非企业单位提供的服务非营利，这是与企业的重要区别。民办非企业单位的盈余与清算后的剩余财产只能用于社会公益事业，不得在成员中分配。四是民办非企业单位的社会服务领域很广，而且还在扩大。目前，民办非企业单位主要分布在教育、科研、文化、卫生、体育、新闻出版、交通、信息咨询、知识产权、法律服务、社会福利事业、经济监督等领域。

5. “律师事务所”。根据《律师法》的规定，设立律师事务所应当具备四个基本条件：一是有自己的名称、住所和章程；二是有符合律师法规定的律师；三是设立人应当是具有一定的执业经历，且三年内未受过停止执业处罚的律师；四是有符合国务院司法行政部门规定数额的资产。律师事务所主要分为合伙、个人以及国家出资设立的律师事务所三类。

6. “会计师事务所”。根据《注册会计师法》的规定，会计师事务所是依法设立并承办注册会计师业务的机构。会计师事务所主要分为两类：一类是由注册会计师设立的合伙单位；一类是负有限责任的法人。

7. “基金会”。根据《基金会管理条例》的规定，基金会是指利用自然人、法人或者其他组织捐赠的财产，以从事公益事业为目的的非营利性法人。基金会分为面向公众募捐的基金会和不得面向公众募捐的基金会。

8. “个体工商户”。根据《促进个体工商户发展条例》规定，有经营能力的公民在中华人民共和国境内从事工商业经营的，可依法登记为个体工商户。

应用

2. 一般民事雇佣活动中的人身损害是否适用工伤保险的有关规定?

不适用。一般民事雇佣活动中，雇员在从事雇佣活动遭受人身损害时，雇主应当承担赔偿责任。雇佣关系以外的第三人造成雇员人身损害的，赔偿权利人可以请求第三人承担赔偿责任，也可以请求雇主承担赔偿责任。雇主承担赔偿责任后，可以向第三人追偿。雇员在从事雇佣活动中因安全生产事故遭受人身损害，发包人、分包人知道或者应当知道接受发包或者分包业务的雇主没有相应资质或者安全生产条件的，应当与雇主承担连带赔偿责任。

3. 农民工应当如何参加工伤保险?

农民工用人单位注册地与生产经营地不在同一统筹地区的，原则上在注册地参加工伤保险。未在注册地参加工伤保险的，在生产经营地参加工伤保险。农民工受到事故伤害或患职业病后，在参保地进行工伤认定、劳动能力鉴定，并按参保地的规定依法享受工伤保险待遇。用人单位在注册地和生产经营地均未参加工伤保险的，农民工受到事故伤害或患职业病后，在生产经营地进行工伤认定、劳动能力鉴定，并按照生产经营地的规定依法由用人单位支付工伤保险待遇。

对跨省流动的农民工，即户籍不在参加工伤保险统筹地区（生产经营地）所在省（自治区、直辖市）的农民工，1-4 级伤残长期待遇的支付，可以试行一次性支付和长期支付两种方式，供农民工选择。在农民工选择一次性或者长期支付时，支付其工伤保险待遇的社会保险经办机构应向其说明情况。一次性享受工伤保险长期待遇的，需由农民工本人提出，与用人单位解除或者终止劳动关系，与统筹地区社会保险经办机构签订协议，终止工伤保险关系。1-4 级伤残农民工一次性享受工伤保险长期待遇的具体办法和标准由省（自治区、直辖市）劳动保障行政部门制定，报省（自治区、直辖市）人民政府批准。

4. 村民委员会主任因履行职务受伤是否应认定为工伤?

村民委员会是基层群众性自治组织，不是《工伤保险条例》规定的用人单位，村民委员会主任因履行职务受伤，不认定为工伤。①

配 套

《社会保险法》第 33 条；《关于农民工参加工伤保险有关问题的通知》

第三条　【保费征缴】工伤保险费的征缴按照《社会保险费征缴暂行条例》关于基本养老保险费、基本医疗保险费、失业保险费的征缴规定执行。

注 解

关于行业差别费率，根据 2015 年《关于调整工伤保险费率政策的通知》，按照《国民经济行业分类》（GB/T 4754-2011）② 对行业的划分，不同工伤风险类别的行业执行不同的工伤保险行业基准费率。各行业工伤风险类别对应的

---

① 参见最高人民法院行政审判庭编：《中国行政审判案例》（第 3 卷），中国法制出版社 2013 年版，第 176、178 页。

② 现已更新为《国民经济行业分类》（GB/T4754-2017）

全国工伤保险行业基准费率为，一类至八类分别控制在该行业用人单位职工工资总额的0.2%、0.4%、0.7%、0.9%、1.1%、1.3%、1.6%、1.9%左右。

通过费率浮动的办法确定每个行业内的费率档次。一类行业分为三个档次，即在基准费率的基础上，可向上浮动至120%、150%，二类至八类行业分为五个档次，即在基准费率的基础上，可分别向上浮动至120%、150%或向下浮动至80%、50%。

应用

5. 工伤保险费由谁缴纳?

用人单位应当按时缴纳工伤保险费。职工个人不缴纳工伤保险费。参加工伤保险虽然一部分是为了职工能够及时得到医疗救助和经济补偿，但主要还是为了化解用人单位工伤风险而设计的一种制度。

配套

《社会保险法》第33条；《社会保险费征缴暂行条例》

第四条　【用人单位责任】用人单位应当将参加工伤保险的有关情况在本单位内公示。

用人单位和职工应当遵守有关安全生产和职业病防治的法律法规，执行安全卫生规程和标准，预防工伤事故发生，避免和减少职业病危害。

职工发生工伤时，用人单位应当采取措施使工伤职工得到及时救治。

注解

生产经营单位与从业人员订立的劳动合同，应当载明有关保障从业人员劳动安全、防止职业危害的事项，以及依法为从业人员办理工伤社会保险的事项。

生产经营单位不得以任何形式与从业人员订立协议，免除或者减轻其对从业人员因生产安全事故伤亡依法应承担的责任。

配套

《安全生产法》第24-30条；《职业病防治法》第三章

第五条　【主管部门与经办机构】国务院社会保险行政部门负责全国的工伤保险工作。

县级以上地方各级人民政府社会保险行政部门负责本行政区域内的工伤保险工作。

社会保险行政部门按照国务院有关规定设立的社会保险经办机构（以下称经办机构）具体承办工伤保险事务。

注解

社会保险经办机构在工伤保险工作中履行下列具体职责：

（1）根据省、自治区、直辖市人民政府的规定，征收工伤保险费。按照《社会保险费征缴暂行条例》的规定，社会保险费的征缴既可以由社会保险经办机构负责，也可以由税务机关代为征收，具体由哪家负责，由省级人民政府确定。

（2）核查用人单位的工资总额和职工人数，办理工伤保险登记，并负责保存单位缴费和职工享受工伤保险待遇情况的记录。

（3）进行工伤保险的调查、统计，及时向人力资源和社会保障行政部门反馈，以便于掌握基金的收支平衡状况，适时调整单位的缴费费率。

（4）按照规定管理工伤保险基金，包括基金的收支、管理与运营，使基金保值增值。

（5）按照规定核定工伤保险待遇。工伤认定属行政行为，由人力资源和社会保障行政部门作出，劳动能力鉴定由鉴定委员会作出，实行两级鉴定终局制。经办机构要在工伤认定以及劳动能力鉴定结论作出之日起的30日内，核定工伤职工的工伤保险待遇。

（6）监督工伤医疗费用、康复费用、辅助器具费用使用情况。在平等协商的基础上，由经办机构与医疗机构、辅助器具配置机构签订服务协议，并按照协议对这些机构的服务质量、有关费用的使用情况进行监督。

（7）为工伤职工或者其亲属提供免费咨询服务。经办机构具体负责工伤保险待遇的核定，掌握着工伤保险方面的各种资料，由其提供咨询服务十分方便。

配套

《工伤保险经办规程》

第六条　【工伤保险政策、标准的制定】社会保险行政部门等部门制定工伤保险的政策、标准，应当征求工会组织、用人单位代表的意见。

注解

工伤保险是一种社会保险，涉及国家、单位、职工等多方面的利益。在工伤保险政策和标准的制定中，除了要维护国家的利益外，还要充分保障职工的权益，但单位的利益也不能忽视。本条规定的重要意义在于，它力图按照国际通行的“三方机制”原则，使行政部门制定的各项政策、标准更具有广泛的社会性。同时，也是为了保证政策的制定过程更加民主、公开，扩大群众参与的程度，使工伤保险的各项规定具有更坚实的群众基础。另外，也是建立一种监督机制，防止行政部门在制定各项政策时出现部门倾向。

第二章　工伤保险基金

第七条　【工伤保险基金构成】工伤保险基金由用人单位缴纳的工伤保险费、工伤保险基金的利息和依法纳入工伤保险基金的其他资金构成。

注解

工伤保险基金主要有以下特点：一是强制性。即工伤保险费是国家以法律规定的形式，向规定范围内的用人单位征收的一种社会保险费。具有缴费义务的单位必须按照法律的规定履行缴费义务，否则就是一种违法行为，用人单位要按照法律的规定承担相应的法律责任。二是共济性。即用人单位按规定缴纳工伤保险费后，不管该单位是否发生工伤，发生多大程度和范围的工伤，都应按照法律的规定由基金支付相应的工伤保险待遇。缴费单位不能因为没有发生工伤，未使用工伤保险基金，而要求返还缴纳的工伤保险费。社会保险经办机构也不应因单位发生的工伤多、支付的基金数额大，而要求该单位追加缴纳工伤保险费，只能在确定用人单位下一轮费率时适当考虑其工伤保险基金支付情况。三是专用性。国家根据社会保险事业的需要，事先规定工伤保险费的缴费对象、缴费基数和费率的基本原则。在征收时，不因缴费义务人的具体情况而随意调整。在工伤保险基金的使用上，实行专款专用，任何人不得挪用。

应用

6. 法院在审理和执行民事、经济纠纷时，能否将工伤保险基金作为债务处理？

不能。社会保险基金是由社会保险机构代参保人员管理，并最终由参保人员享用的公共基金，不属于社会保险机构所有。社会保险机构对该项基金设立专户管理，专款专用，专项用于保障企业退休职工、失业人员的基本生活需要等，属专项资金，不得挪作他用。因此，各地人民法院在审理和执行民事、经济纠纷案件时，不得查封、冻结或扣划社会保险基金；不得用社会保险基金偿还社会保险机构及其原下属企业的债务。

配套

《最高人民法院关于在审理和执行民事、经济纠纷案件时不得查封、冻结和扣划社会保险基金的通知》

第八条　【工伤保险费】工伤保险费根据以支定收、收支平衡的原则，确定费率。

国家根据不同行业的工伤风险程度确定行业的差别费率，并根据工伤保险费使用、工伤发生率等情况在每个行业内确定若干费率档次。行业差别费率及行业内费率档次由国务院社会保险行政部门制定，报国务院批准后公布施行。

统筹地区经办机构根据用人单位工伤保险费使用、工伤发生率等情况，适用所属行业内相应的费率档次确定单位缴费费率。

注解

工伤保险费费率的确定应把握以下几点：

1. 以支定收，收支平衡，即是以一个周期内的工伤保险基金的支付额度为标准，确定征缴保险费的额度，使工伤保险基金在一个周期内的收与支保持平衡。

2. 关于用人单位具体缴费率的确定。单位的缴费费率由统筹地区的经办机构根据该单位的工伤保险费使用、工伤发生率等情况，套用所在行业中的相应档次确定。这种具有竞争性的费率，使工伤发生多的单位交纳的工伤保险费多，工伤发生少的单位则缴费少，以达到促进安全生产的目的。

配套

《社会保险法》第34条

第九条　【行业差别费率及档次调整】国务院社会保险行政部门应当定期了解全国各统筹地区工伤保险基金收支情况，及时提出调整行业差别费率及行业内费率档次的方案，报国务院批准后公布施行。

注解

本条是关于工伤保险费率及档次方案的制定的规定。行业差别费率不是一个固定的费率，随着科学技术的发展、生产技术水平的提高、生产设施的改进、安全生产意识和管理水平的提高，各行业的工伤风险会发生变化，为此，行业间的差别费率和各行业内的费率档次要适时调整。

第十条　【缴费主体、缴费基数与费率】用人单位应当按时缴纳工伤保险费。职工个人不缴纳工伤保险费。

用人单位缴纳工伤保险费的数额为本单位职工工资总额乘以单位缴费费率之积。

对难以按照工资总额缴纳工伤保险费的行业，其缴纳工伤保险费的具体方式，由国务院社会保险行政部门规定。

注解

"本单位职工工资总额"，是指单位在一定时期内直接支付给本单位全部职工的劳动报酬总额，包括计时工资、计件工资、奖金、津贴和补贴、加班加点工资以及特殊情况下支付的工资。

根据《部分行业企业工伤保险费缴纳办法》第4、5条的规定，商贸、餐饮、住宿、美容美发、洗浴以及文体娱乐等小型服务业企业以及有雇工的个体工商户，可以按照营业面积的大小核定应参保人数，按照所在统筹地区上一年度职工月平均工资的一定比例和相应的费率，计算缴纳工伤保险费；也可以按照营业额的一定比例计算缴纳工伤保险费。小型矿山企业可以按照总产量、吨矿工资含量和相应的费率计算缴纳工伤保险费。

应用

7. 职工在多个单位就业的工伤保险如何缴纳?

职工在两个或两个以上用人单位同时就业的，各用人单位应当分别为职工缴纳工伤保险费。职工发生工伤，由职工受到伤害时其工作的单位依法承担工伤保险责任。（参见《关于实施〈工伤保险条例〉若干问题的意见》一）

根据《关于实施〈工伤保险条例〉若干问题的意见》的规定，下岗、待岗职工又到其他单位工作的，该单位也应当为职工缴纳工伤保险费；职工在该单位工作时发生工伤的，该单位应依法承担工伤保险责任。（参见《最高人民法院公报》2008年第9期“北京国玉大酒店有限公司诉北京市朝阳区劳动和社会保障局工伤认定行政纠纷案”）

8. 特殊缴费行业工伤保险待遇的认定?

《工伤保险条例》第十条第三款规定的难以按照工资总额缴纳工伤保险费的行业，若用人单位按实际总造价、营业额或总产量缴纳工伤保险费，且职工与用人单位存在劳动关系的，应当认定享有工伤保险待遇。工伤保险中该类参保人员转岗，但与统筹范围内用人单位的劳动关系仍未间断的，工伤保险关系持续存在，参保人员增减明细表不能作为认定工伤保险关系的唯一依据。①

配套

《部分行业企业工伤保险费缴纳办法》

第十一条　【统筹层次、特殊行业异地统筹】 工伤保险基金逐步实行省级统筹。

跨地区、生产流动性较大的行业，可以采取相对集中的方式异地参加统筹地区的工伤保险。具体办法由国务院社会保险行政部门会同有关行业的主管部门制定。

---

① 参见最高人民法院行政审判庭编：《中国行政审判案例》（第3卷），中国法制出版社2013年版，第200、203-205页。

注解

铁路、远洋运输、石油、煤炭等行业，一般都跨地区，生产流动性较大。对于这些行业，可以采取相对灵活的方式，集中参加层次相对高的工伤保险社会统筹的管理。同时，由于这些行业之间的差异较大，因此，本条规定具体办法由国务院社会保险行政部门会同有关行业的主管部门制定。

第十二条　【工伤保险基金和用途】工伤保险基金存入社会保障基金财政专户，用于本条例规定的工伤保险待遇，劳动能力鉴定，工伤预防的宣传、培训等费用，以及法律、法规规定的用于工伤保险的其他费用的支付。

工伤预防费用的提取比例、使用和管理的具体办法，由国务院社会保险行政部门会同国务院财政、卫生行政、安全生产监督管理等部门规定。

任何单位或者个人不得将工伤保险基金用于投资运营、兴建或者改建办公场所、发放奖金，或者挪作其他用途。

注解

工伤保险待遇主要包括医疗康复待遇、伤残待遇和死亡待遇。医疗康复待遇包括诊疗费、药费、住院费用以及在规定的治疗期内的工资待遇。

应用

9. 什么是劳动能力鉴定费?

劳动能力鉴定费是指劳动能力鉴定委员会支付给参加劳动能力鉴定的医疗卫生专家的费用。如果劳动能力鉴定是由劳动能力鉴定委员会委托具备资格的医疗机构协助进行的，劳动能力鉴定费也包括支付给相关医疗机构的诊断费用。

10. 什么是工伤预防费?

工伤预防费主要用于工伤事故和职业病预防的宣传、教育与培训；安全生产奖励；对高危行业参保企业作业环境的检测和对从事职业危害作业的职工（主要是农民工）进行职业健康检查的补助；对用人单位工伤风险程度的评估等。

11. 什么是法律、法规规定的用于工伤保险的其他费用?

本条例虽明确列举了工伤保险基金的具体支出项目，但其不可能穷尽所有应该由基金支出的项目。为了给基金合法支出留有一定空间，同时，为了避免滥用基金情况的发生，本条例规定，只有全国人大及其常委会制定的法律、国务院制定的行政法规和省级人大制定的地方性法规才能规定工伤保险基金的支出项目。

第十三条　【工伤保险储备金】工伤保险基金应当留有一定比例的储备金，用于统筹地区重大事故的工伤保险待遇支付；储备金不足支付的，由统筹地区的人民政府垫付。储备金占基金总额的具体比例和储备金的使用办法，由省、自治区、直辖市人民政府规定。

第三章　工伤认定

第十四条　【应当认定工伤的情形】职工有下列情形之一的，应当认定为工伤：

（一）在工作时间和工作场所内，因工作原因受到事故伤害的；

（二）工作时间前后在工作场所内，从事与工作有关的预备性或者收尾性工作受到事故伤害的；

（三）在工作时间和工作场所内，因履行工作职责受到暴力等意外伤害的；

（四）患职业病的；

（五）因工外出期间，由于工作原因受到伤害或者发生事故下落不明的；

（六）在上下班途中，受到非本人主要责任的交通事故或者城市轨道交通、客运轮渡、火车事故伤害的；

（七）法律、行政法规规定应当认定为工伤的其他情形。

注解

社会保险行政部门认定下列情形为工伤的，人民法院应予支持：（一）职工在工作时间和工作场所内受到伤害，用人单位或者社会保险行政部门没有证据证明是非工作原因导致的；（二）职工参加用人单位组织或者受用人单位指派参加其他单位组织的活动受到伤害的；（三）在工作时间内，职工来往于多个与其工作职责相关的工作场所之间的合理区域因工受到伤害的；（四）其他与履行工作职责相关，在工作时间及合理区域内受到伤害的。

工作原因、工作场所的认定应当考虑是否与履行工作职责相关，是否在合理区域内受到伤害的。“工作场所”，指职工从事职业活动的场所，在有多个工作场所的情形下，还应包括职工来往于多个工作场所之间的必经区域。**[参见“孙某兴诉天津新技术产业园区劳动局工伤认定行政案”，最高人民法院发布的四起工伤保险行政纠纷典型案例（2014年8月21日）]**

上下班途中的“合理时间”与“合理路线”，是两种相互联系的认定属于上下班途中受机动车事故伤害情形的必不可少的时空概念，不应割裂开来。**[参见“何某祥诉江苏省新沂市劳动和社会保障局工伤认定行政案”，最高人民法院发布的四起工伤保险行政纠纷典型案例（2014年8月21日）]**

应用

12. 如何理解“因工外出期间”?

（一）职工受用人单位指派或者因工作需要在工作场所以外从事与工作职责有关的活动期间；

（二）职工受用人单位指派外出学习或者开会期间；

（三）职工因工作需要的其他外出活动期间。

职工因工外出期间从事与工作或者受用人单位指派外出学习、开会无关的个人活动受到伤害，社会保险行政部门不认定为工伤的，人民法院应予支持。

13. 如何理解“上下班途中”?

（一）在合理时间内往返于工作地与住所地、经常居住地、单位宿舍的合理路线的上下班途中；

（二）在合理时间内往返于工作地与配偶、父母、子女居住地的合理路线的上下班途中；

（三）从事属于日常工作生活所需要的活动，且在合理时间和合理路线的上下班途中；

（四）在合理时间内其他合理路线的上下班途中。

配套

《关于实施〈工伤保险条例〉若干问题的意见》二；《职业病防治法》第四章；《职业病分类和目录》；《劳动法》第36-45条；《最高人民法院关于审理工伤保险行政案件若干问题的规定》第4-6条

第十五条　【视同工伤的情形及其保险待遇】职工有下列情形之一的，视同工伤：

（一）在工作时间和工作岗位，突发疾病死亡或者在48小时之内经抢救无效死亡的；

（二）在抢险救灾等维护国家利益、公共利益活动中受到伤害的；

（三）职工原在军队服役，因战、因公负伤致残，已取得革命伤残军人证，到用人单位后旧伤复发的。

职工有前款第（一）项、第（二）项情形的，按照本条例的有关规定享受工伤保险待遇；职工有前款第（三）项情形的，按照本条例的有关规定享受除一次性伤残补助金以外的工伤保险待遇。

应用

14. 如何理解与适用在工作时间、工作岗位突发疾病的情况？

"突发疾病"，是指上班期间突然发生任何种类的疾病，一般多为心脏病、脑出血、心肌梗塞等突发性疾病。职工在工作时间和工作岗位突发疾病当场死亡的，以及职工在工作时间和工作岗位突发疾病后没有当时死亡，但在48小时之内经抢救无效死亡的，应当视同工伤。

15. 在病发后经抢救超过48小时才被宣告死亡，是否属于《工伤保险条例》第15条第1款第（1）项规定的视同工伤情形？

当事人在发病当日已被某县人民医院诊断为脑干出血、呼吸停止，在病发约17个小时后转入某市人民医院抢救，但自主呼吸丧失，始终需要依靠设备给予呼吸、循环生命支持，且经持续抢救10余天无法好转，并在拔掉呼吸机5分钟后即被宣告死亡，在法律对死亡认定标准没有明确规定情况下，本案应从有利于保护职工的立场予以解释，认定当事人视同工伤。人民检察院办理工伤认定类行政诉讼监督案件，应当全面把握《工伤保险条例》立法精神，对法律规定不明确的，应从有利于保护职工等弱势群体的立场进行解释和认定。人民检察院认为法院生效判决对工伤认定适用法律错误、实体处理不当的，通过提出抗诉予以监督纠正，维护劳动者合法权益。［参见“颜某某诉广西某县人力资源和社会保障局、某市人力资源和社会保障局工伤认定及行政复议检察监督案”，最高检发布5件工伤认定和工伤保险类行政检察监督典型案例（2021年5月12日）］

16. 如何理解与适用在维护国家利益、公共利益活动中受到伤害的情况？

“维护国家利益”，是指为了减少或者避免国家利益遭受损失，职工挺身而出。“维护公共利益”，是指为了减少或者避免公共利益遭受损失，职工挺身而出。本条列举了抢险救灾这种情形，是为了帮助大家更好地理解和掌握哪种情形属于维护国家利益和维护公共利益，但凡是与抢险救灾性质类似的行为，都应当认定为属于维护国家利益和维护公共利益的行为。需强调的是，在这种情形下，没有工作时间、工作地点、工作原因等要素要求。例如，某单位职工在过铁路道口时，看到在道口附近有个小孩正牵着一头牛过铁路，这时，前方恰好有一辆满载旅客的列车驶来，该职工赶紧过去将牛牵走并将小孩推出铁道。列车安全地通过了，可该职工却因来不及跑开，被列车撞成重伤。该职工的这种行为，就应属于维护国家利益和公共利益的行为。

17. 如何理解与适用职工原在军队服役，因战、因公负伤致残，已取得革命伤残军人证，到用人单位后旧伤复发的情况？

“因战致残”是指：（1）对敌作战致残；（2）因执行任务，或者被俘、被捕后不屈致残；（3）为抢救和保护国家财产、人民生命财产或者参加处置突发事件致残；（4）因执行军事演习、战备航行飞行、空降和导弹发射训练、试航试飞任务以及参加武器装备科研实验致残等。

“因公致残”是指：（1）在执行任务中或者在上下班途中，由于意外事件致残；（2）被认定为因战、因公致残后因旧伤复发；（3）因患职业病致残；（4）在执行任务中或者在工作岗位上因病致残，或者因医疗事故致残等。

“旧伤复发”是指职工在军队服役期间，因战、因公负伤致残，并取得了革命伤残军人证，到用人单位后其在军队服役期间因战、因公负伤的伤害部位（伤口）发生变化，需要进行治疗或相关救治的情形。

18. 职工见义勇为受到伤害的，是否可以视同工伤?

职工见义勇为，为制止违法犯罪行为而受到伤害的，属于《工伤保险条例》第十五条第一款第二项规定的为维护公共利益受到伤害的情形，应当视同工伤。（**参见最高人民法院指导案例94号：重庆市涪陵志大物业管理有限公司诉重庆市涪陵区人力资源和社会保障局劳动和社会保障行政确认案**）

19. "包工头"能否纳入工伤保险对象范围?

建筑施工企业（即"包工头"）违反法律、法规规定将自己承包的工程交由自然人实际施工，该自然人因工伤亡，社会保险行政部门参照《最高人民法院关于审理工伤保险行政案件若干问题的规定》第三条第一款有关规定认定建筑施工企业为承担工伤保险责任单位的，人民法院应予支持。（**参见最高人民法院指导案例191号：刘某丽诉广东省英德市人民政府行政复议案**）

配套

《关于实施〈工伤保险条例〉若干问题的意见》三

第十六条　【不属于工伤的情形】职工符合本条例第十四条、第十五条的规定，但是有下列情形之一的，不得认定为工伤或者视同工伤：

（一）故意犯罪的；

（二）醉酒或者吸毒的；

（三）自残或者自杀的。

注解

1. 故意犯罪。本条只将因故意犯罪导致事故伤害的规定为不认定为工伤的情形。我国《刑法》规定，明知自己的行为会发生危害社会的结果，并且希望或者放任这种结果发生，因而构成犯罪的，是故意犯罪。

2. 醉酒或吸毒。"醉酒"，是指职工饮用含有酒精的饮料达到醉酒的状态，在酒精作用期间从事工作受到事故伤害。职工在工作时因醉酒导致行为失控而对自己造成的伤害，不认定为工伤。对于醉酒，应当依据行为人体内酒精含量的检测结果作出认定，如发现行为人体内酒精含量达到或者超过一定标准，就应当认定为醉酒。对于醉酒标准，可以参照《车辆驾驶人员血液、呼气酒精含量阈值与检验》。

关于吸毒。根据《禁毒法》的规定，毒品，是指鸦片、海洛因、甲基苯丙胺（冰毒）、吗啡、大麻、可卡因，以及国家规定管制的其他能够使人形成瘾癖的麻醉药品和精神药品。

3. 自残或自杀。“自残”是指通过各种手段和方法伤害自己的身体，并造成伤害结果的行为。“自杀”是指通过各种手段和方法自己结束自己生命的行为。

配 套

《社会保险法》第 37 条

第十七条　【申请工伤认定的主体、时限及受理部门】职工发生事故伤害或者按照职业病防治法规定被诊断、鉴定为职业病，所在单位应当自事故伤害发生之日或者被诊断、鉴定为职业病之日起 30 日内，向统筹地区社会保险行政部门提出工伤认定申请。遇有特殊情况，经报社会保险行政部门同意，申请时限可以适当延长。

用人单位未按前款规定提出工伤认定申请的，工伤职工或者其近亲属、工会组织在事故伤害发生之日或者被诊断、鉴定为职业病之日起 1 年内，可以直接向用人单位所在地统筹地区社会保险行政部门提出工伤认定申请。

按照本条第一款规定应当由省级社会保险行政部门进行工伤认定的事项，根据属地原则由用人单位所在地的设区的市级社会保险行政部门办理。

用人单位未在本条第一款规定的时限内提交工伤认定申请，在此期间发生符合本条例规定的工伤待遇等有关费用由该用人单位负担。

注解

1. 工伤认定申请的主体。工伤认定的申请主体有两类：一是工伤职工所在单位，二是工伤职工或者其近亲属，以及工伤职工所在单位的工会组织及符合我国工会法规定的各级工会组织。注意有权申请工伤认定的亲属限于近亲属，如配偶、父母、成年子女等，才可以成为工伤认定申请的主体。

2. 申请工伤认定的时限。因申请主体的不同，工伤认定的申请时限也不同.（1）对用人单位而言，申请时限一般为在事故伤害发生之日或者确诊为职业病之日起30日内；特殊情况的，经社会保险行政部门批准，可以适当延长。用人单位逾期未提出认定申请的，在此期间发生的工伤待遇等有关费用由该用人单位负担。(2) 对个人而言，工伤认定的申请时限为事故伤害发生之日起或者被确诊为职业病之日起的1年内。

由于不属于职工或者其近亲属自身原因超过工伤认定申请期限的，被耽误的时间不计算在工伤认定申请期限内。有下列情形之一耽误申请时间的，应当认定为不属于职工或者其近亲属自身原因：（一）不可抗力；（二）人身自由受到限制；（三）属于用人单位原因；（四）社会保险行政部门登记制度不完善；（五）当事人对是否存在劳动关系申请仲裁、提起民事诉讼。

应用

20. 如何理解“事故伤害发生之日”?

根据《工伤保险条例》第17条的规定，工伤认定申请时效应当从事故伤害发生之日起算。这里的“事故伤害发生之日”应当包括工伤事故导致的伤害结果实际发生之日。工伤事故发生时伤害结果尚未实际发生，工伤职工在伤害结果实际发生后1年内提出工伤认定申请的，不属于超过工伤认定申请时效的情形。(**参见《最高人民法院公报》2008年第1期“杨某峰诉无锡市劳动和社会保障局工伤认定行政纠纷案”**)

21. 申请工伤认定的“1年期限”可因不归责于申请人的正当事由中止或者中断?

《工伤保险条例》第17条第2款规定的1年申请期是时效概念，可以适用中止、中断的情形。该条款虽未明确规定申请时效的中止和中断，但是2005年2月1日国务院法制办公室在国法秘函〔2005〕39号《〈关于对《工伤保险条例》第十七条、第六十四条关于工伤认定申请时限问题的请示〉的复函》中指出，工伤认定申请时限应扣除因不可抗力耽误的时间，这说明1年申请时效非不变期间，而是一种可变期间。虽然该复函仅是明确了不可抗力可以构成1年申请时效中止的法定事由，而没有表明是否还具有其他类似中止、中断的情形，但是从保护工伤职工利益的立法原则和关怀弱势群体的立法精神上看，并结合该复函的精神，应当认为《工伤保险条例》第十七条第二款规定的1年的申请时效可以适用时效的中止、中断等规定。①

配 套

《工伤认定办法》第2-4条；《职业病防治法》第四章；《关于实施〈工伤保险条例〉若干问题的意见》四至六

第十八条　【申请材料】提出工伤认定申请应当提交下列材料：

（一）工伤认定申请表；

（二）与用人单位存在劳动关系（包括事实劳动关系）的证明材料；

（三）医疗诊断证明或者职业病诊断证明书（或者职业病诊断鉴定书）。

工伤认定申请表应当包括事故发生的时间、地点、原因以及职工伤害程度等基本情况。

工伤认定申请人提供材料不完整的，社会保险行政部门应当一次性书面告知工伤认定申请人需要补正的全部材料。申请人按照书面告知要求补正材料后，社会保险行政部门应当受理。

应 用

22. 与用人单位存在劳动关系的证明材料包括什么？

劳动合同是证明用人单位与职工之间存在劳动关系的有力凭证，是主要的证明材料。对于现实中部分不与职工签订劳动合同的用人单位，可以把其他有关的材料作为实际用工已形成劳动关系的证明材料，如工资报酬的领取

---

① 参见最高人民法院行政审判庭编：《中国行政审判指导案例》（第1卷），中国法制出版社2010年版，第192、194-195页。

证明、同事的书面证明等。

23. 如何出具医疗诊断证明?

出具普通事故伤害的医疗证明，没有严格的法定程序，为了保证所提供的医疗诊断证明的真实性，社会保险行政部门可以根据需要对事故伤害进行调查核实。此外，医师在出具有关工伤的医疗证明文件时必须签名，并对证明的真实性承担法律责任。

第十九条　【事故调查及举证责任】社会保险行政部门受理工伤认定申请后，根据审核需要可以对事故伤害进行调查核实，用人单位、职工、工会组织、医疗机构以及有关部门应当予以协助。职业病诊断和诊断争议的鉴定，依照职业病防治法的有关规定执行。对依法取得职业病诊断证明书或者职业病诊断鉴定书的，社会保险行政部门不再进行调查核实。

职工或者其近亲属认为是工伤，用人单位不认为是工伤的，由用人单位承担举证责任。

注解

本条是关于工伤事故的调查核实以及工伤认定举证责任问题的规定。工伤认定一般是进行书面审理，不进行调查核实。但是，有的工伤事故的确定比较复杂，从所提供的材料无法得出准确的结论。这时，就需要对申请所涉及的单位和个人进行直接的、面对面的考察。社会保险行政部门进行调查核实时，需要注意以下几个方面：一是所进行的调查必须是需要的，劳动保障行政部门要严格掌握工伤认定调查的次数。二是在进行实地调查时，要注意合理合法。如不要干扰生产、工作秩序、对商业秘密或者个人隐私予以保护等。三是社会保险行政部门实地考察的费用，由该部门的行政经费支出，不得借机以各种名义向有关单位或者个人摊派费用。四是工伤认定的实地调查要有针对性，事先要制定详尽的调研计划，切忌走过场。五是调查人员与申请人有利害关系的，应当回避。所谓“利害关系”，是指调查人员与申请人存在上下级领导关系、亲属关系、同学、同事、老乡等关系。六是调查后作出的结论必须公正，否则，将根据情节的轻重，给予行政处分甚至追究刑事责任。

注意职工与单位对工伤认定存在争议时，适用举证责任倒置原则，由用人单位承担举证责任。用人单位拒不举证的，社会保险行政部门可以根据受伤害职工提供的证据依法作出工伤认定结论。

应用

24. 如何进行职业病的诊断?

职业病的诊断应按照如下程序与要求进行：

（1）劳动者可以选择用人单位所在地或本人居住地的职业病诊断机构进行诊断。居住地是指劳动者的经常居住地。（2）申请职业病诊断时应当提供：①职业史、既往史；②职业健康监护档案复印件；③职业健康检查结果；④工作场所历年职业病危害因素检测、评价资料；⑤诊断机构要求提供的其他必需的有关材料。用人单位和有关机构应当按照诊断机构的要求，如实提供必要的资料。没有职业病危害接触史或者健康检查没有发现异常的，诊断机构可以不予受理。（3）职业病诊断应当依据职业病诊断标准，结合职业病危害接触史、工作场所职业病危害因素检测与评价、临床表现和医学检查结果等资料，进行综合分析作出。对不能确诊的疑似职业病病人，可以经必要的医学检查或者住院观察后，再作出诊断。（4）没有证据否定职业病危害因素与病人临床表现之间的必然联系的，在排除其他致病因素后，应当诊断为职业病。（5）职业病诊断机构在进行职业病诊断时，应当组织3名以上取得职业病诊断资格的执业医师进行集体诊断。对职业病诊断有意见分歧的，应当按多数人的意见诊断；对不同意见应当如实记录。（6）职业病诊断机构做出职业病诊断后，应当向当事人出具职业病诊断证明书。职业病诊断证明书应当明确是否患有职业病，对患有职业病的，还应当载明所患职业病的名称、程度（期别）、处理意见和复查时间。职业病诊断证明书应当由参加诊断的医师共同签署，并经职业病诊断机构审核盖章。

25. 如果当事人对于职业病的诊断有异议时，应如何处理?

当事人对职业病诊断有异议的，在接到职业病诊断证明书之日起30日内，可以向作出诊断的医疗卫生机构所在地设区的市级卫生行政部门申请鉴定。设区的市级卫生行政部门组织的职业病诊断鉴定委员会负责职业病诊断争议的首次鉴定。当事人对设区的市级职业病诊断鉴定委员会的鉴定结论不服的，在接到职业病诊断鉴定书之日起15日内，可以向原鉴定机构所在地省级卫生行政部门申请再鉴定。省级职业病诊断鉴定委员会的鉴定为最终鉴定。

26. 如果出现疑似职业病的情况时，应如何处理?

医疗卫生机构发现疑似职业病病人时，应当告知劳动者本人并及时通知用人单位。用人单位应当及时安排对疑似职业病病人进行诊断；在疑似职业病病人诊断或者医学观察期间，不得解除或者终止与其订立的劳动合同。疑似职业病病人在诊断、医学观察期间的费用，由用人单位承担。劳动者是疑似职业病病人时，用人单位不得依照《劳动合同法》第40条、第41条的规定解除劳动合同。

配套

《工伤认定办法》第10-14条

第二十条　【工伤认定的时限、回避】 社会保险行政部门应当自受理工伤认定申请之日起60日内作出工伤认定的决定，并书面通知申请工伤认定的职工或者其近亲属和该职工所在单位。

社会保险行政部门对受理的事实清楚、权利义务明确的工伤认定申请，应当在15日内作出工伤认定的决定。

作出工伤认定决定需要以司法机关或者有关行政主管部门的结论为依据的，在司法机关或者有关行政主管部门尚未作出结论期间，作出工伤认定决定的时限中止。

社会保险行政部门工作人员与工伤认定申请人有利害关系的，应当回避。

应用

27. 如何理解工伤认定时限的中止?

针对实践中存在的一些工伤认定决定需要等待司法机关或者有关行政主管部门作出结论的情况，本条例专门作了中止规定。比如，受到事故伤害的职工正在接受法院的审理，是否认定其故意犯罪，在这期间应当中止工伤认定，如果法院认定为不是故意犯罪或者无罪，就需重新启动工伤认定程序。再如，上下班途中发生的交通事故，是不是职工本人的主要责任，应等待交通管理机关的认定，同样应当中止工伤认定，如果结果是本人应当负主要责任，则不能认定为工伤，反之则应当认定为工伤。

28. 如何理解工伤认定的回避?

社会保险行政部门的工作人员，包括部门领导、一般工作人员，无论是否与工伤认定工作直接相关，凡与工伤认定申请人有亲戚、同事、同学、老乡等关系，可能影响公正作出工伤认定的，都需回避。

29.《工伤认定时限中止通知书》是否具有可诉性?

当事人认为行政机关作出的程序性行政行为侵犯其人身权、财产权等合法权益，对其权利义务产生明显的实际影响，且无法通过提起针对相关的实体性行政行为的诉讼获得救济，而对该程序性行政行为提起行政诉讼的，人民法院应当依法受理。

法院生效裁判认为，本案争议的焦点有两个：一是《工伤认定时限中止通知书》（以下简称《中止通知》）是否属于可诉行政行为；二是《中止通知》是否应当予以撤销。一、关于《中止通知》是否属于可诉行政行为问题法院认为，被告作出《中止通知》，属于工伤认定程序中的程序性行政行为，如果该行为不涉及终局性问题，对相对人的权利义务没有实质影响的，属于不成熟的行政行为，不具有可诉性，相对人提起行政诉讼的，不属于人民法院受案范围。但如果该程序性行政行为具有终局性，对相对人权利义务产生实质影响，并且无法通过提起针对相关的实体性行政行为的诉讼获得救济的，则属于可诉行政行为，相对人提起行政诉讼的，属于人民法院行政诉讼受案范围。虽然根据《道路交通安全法》第73条的规定：“公安机关交通管理部门应当根据交通事故现场勘验、检查、调查情况和有关的检验、鉴定结论，及时制作交通事故认定书，作为处理交通事故的证据。交通事故认定书应当载明交通事故的基本事实、成因和当事人的责任，并送达当事人”。但是，在现实道路交通事故中，也存在因道路交通事故成因确实无法查清，公安机关交通管理部门不能作出交通事故认定书的情况。对此，《道路交通事故处理程序规定》第50条①规定：“道路交通事故成因无法查清的，公安机关交通管理部门应当出具道路交通事故证明，载明道路交通事故发生的时间、地点、当事人情况及调查得到的事实，分别送达当事人。”就本案而言，

① 本案例中引用的《道路交通事故处理程序规定》第50条为2008年的版本，对应2017年修订的《道路交通事故处理程序规定》第67条，内容有改动，请读者参照理解。

峨眉山市公安局交警大队就王雷兵因交通事故死亡，依据所调查的事故情况，只能依法作出《道路交通事故证明》，而无法作出《交通事故认定书》。因此，本案中《道路交通事故证明》已经是公安机关交通管理部门依据《道路交通事故处理程序规定》就事故作出的结论，也就是《工伤保险条例》第20条第3款中规定的工伤认定决定需要的“司法机关或者有关行政主管部门的结论”。除非出现新事实或者法定理由，否则公安机关交通管理部门不会就本案涉及的交通事故作出其他结论。而本案被告在第三人申请认定工伤时已经提交了相关《道路交通事故证明》的情况下，仍然作出《中止通知》，并且一直到原告起诉之日，被告仍以工伤认定处于中止中为由，拒绝恢复对王雷兵死亡是否属于工伤的认定程序。由此可见，虽然被告作出《中止通知》是工伤认定中的一种程序性行为，但该行为将导致原告的合法权益长期，乃至永久得不到依法救济，直接影响了原告的合法权益，对其权利义务产生实质影响，并且原告也无法通过对相关实体性行政行为提起诉讼以获得救济。因此，被告作出《中止通知》，属于可诉行政行为，人民法院应当依法受理。二、关于《中止通知》应否予以撤销问题法院认为，《工伤保险条例》第20条第3款规定，“作出工伤认定决定需要以司法机关或者有关行政主管部门的结论为依据的，在司法机关或者有关行政主管部门尚未作出结论期间，作出工伤认定决定的时限中止”。如前所述，第三人在向被告就王雷兵死亡申请工伤认定时已经提交了《道路交通事故证明》。也就是说，第三人申请工伤认定时，并不存在《工伤保险条例》第20条第3款所规定的依法可以作出中止决定的情形。因此，被告依据《工伤保险条例》第20条规定，作出《中止通知》属于适用法律、法规错误，应当予以撤销。另外，需要指出的是，在人民法院撤销被告作出的《中止通知》判决生效后，被告对涉案职工认定工伤的程序即应予以恢复。**（参见最高人民法院指导案例69号：王明德诉乐山市人力资源和社会保障局工伤认定案）**

配套

《工伤认定办法》第15-19条

第四章　劳动能力鉴定

第二十一条　【鉴定的条件】职工发生工伤，经治疗伤情相对稳定后存在残疾、影响劳动能力的，应当进行劳动能力鉴定。

注解

劳动能力鉴定是指劳动能力鉴定委员会对工伤职工劳动功能障碍程度和生活自理障碍程度组织进行技术性等级鉴定、对因病或非因工致残申请领取病残津贴人员丧失劳动能力程度组织进行技术性鉴定。劳动能力鉴定是给予受到事故伤害或患职业病的职工工伤保险待遇的基础和前提条件。职工在工伤治疗期内伤情处于相对稳定状态，存在残疾，影响劳动能力的，都要通过医学检查对其伤残后丧失劳动能力程度作出判定结论。

根据本条的规定，工伤职工进行劳动能力鉴定的条件有三：

(1) 应该在经过治疗，伤情处于相对稳定状态后进行。(2) 工伤职工必须存在残疾，主要表现在身体上的残疾。例如，身体的某一器官造成损伤，或者造成肢体残疾等。(3) 工伤职工的残疾须对工作、生活产生了直接的影响，伤残程度已经影响到职工本人的劳动能力。例如，职工工伤后，由于身体造成的伤残不能从事工伤前的工作，只能从事劳动强度相对较弱、岗位工资、奖金可能相对少的工作，有的甚至不得不退出生产、工作岗位，不能像正常职工那样获取工资报酬，而只能依靠领取工伤保险待遇维持基本生活。

配套

《劳动能力鉴定管理办法》

第二十二条　【劳动能力鉴定等级】劳动能力鉴定是指劳动功能障碍程度和生活自理障碍程度的等级鉴定。

劳动功能障碍分为十个伤残等级，最重的为一级，最轻的为十级。

生活自理障碍分为三个等级：生活完全不能自理、生活大部分不能自理和生活部分不能自理。

劳动能力鉴定标准由国务院社会保险行政部门会同国务院卫生行政部门等部门制定。

注解

工伤致残的伤残等级，最重的为1级，最轻的为10级，包括伤残等级在内的劳动能力鉴定标准由国务院社会保险行政部门会同国务院卫生行政部门等制定。我国目前实施的工伤职工的伤残等级划分和评定标准是2014年国家发布的《劳动能力鉴定 职工工伤与职业病致残等级》（GB/T 16180-2014）。

应用

30. 职工因工多处受伤，伤残等级如何评定?

根据《劳动能力鉴定 职工工伤与职业病致残等级》的规定，工伤职工身体多处伤残的，劳动能力鉴定委员会在鉴定的时候，对于同一器官或系统多处损伤，或一个以上器官不同部位同时受到损伤者，应先对单项伤残程度进行鉴定。如果几项伤残等级不同，以重者定级；如果两项及以上等级相同，最多晋升一级。

配套

《劳动能力鉴定管理办法》；《劳动能力鉴定　职工工伤与职业病致残等级》（GB/T16180-2014）

第二十三条　【申请鉴定的主体、受理机构、申请材料】 劳动能力鉴定由用人单位、工伤职工或者其近亲属向设区的市级劳动能力鉴定委员会提出申请，并提供工伤认定决定和职工工伤医疗的有关资料。

注解

1. 劳动能力鉴定的申请主体。（1）用人单位，即工伤职工所在单位。职工发生事故伤害后，为职工申请工伤认定、劳动能力鉴定，是单位的法定责任。（2）工伤职工，即因工受到事故伤害被认定为工伤的职工。（3）职工的近亲属。一般包括：配偶、子女、父母、兄弟姐妹、祖父母、外祖父母。

2. 劳动能力鉴定的受理机构。我国的劳动能力鉴定机构为劳动能力鉴定委员会。劳动能力鉴定委员会分为设区的市级劳动能力鉴定委员会和省、自治区、直辖市劳动能力鉴定委员会两级，由设区的市级劳动能力鉴定委员会受理劳动能力的初次鉴定申请。

3. 劳动能力鉴定的申请材料。(1) 工伤认定决定，即由社会保险行政部门根据国家规定，确定职工受伤或者职业病是否属于工伤范围，是否符合工伤条件的书面决定。(2) 职工工伤医疗的有关资料，即职工受到事故伤害或者患职业病，到医疗机构进行治疗过程中，由医院记载的有关负伤职工的病情、病志、治疗情况等资料。劳动能力鉴定机构据此审查负伤职工的伤情是否处于稳定状态，能否进行劳动能力鉴定。

配套

《劳动能力鉴定管理办法》

第二十四条　【鉴定委员会人员构成、专家库】省、自治区、直辖市劳动能力鉴定委员会和设区的市级劳动能力鉴定委员会分别由省、自治区、直辖市和设区的市级社会保险行政部门、卫生行政部门、工会组织、经办机构代表以及用人单位代表组成。

劳动能力鉴定委员会建立医疗卫生专家库。列入专家库的医疗卫生专业技术人员应当具备下列条件：

（一）具有医疗卫生高级专业技术职务任职资格；

（二）掌握劳动能力鉴定的相关知识；

（三）具有良好的职业品德。

注解

劳动能力鉴定委员会医疗卫生专家库是劳动能力鉴定委员会必须建立的队伍，是由专门的医疗卫生方面的高级专家组成的，对某一类病症或其他有关医疗的问题进行综合会诊，然后作出医疗诊断或鉴定意见。列入专家库的医疗卫生专业技术人员应当具备下列条件：(1) 具有医疗卫生高级技术职务任职资格，取得主任医师以上高级职称的医疗专家。(2) 掌握劳动能力鉴定的相关知识。因为劳动能力鉴定的评残标准不同于一般的医疗标准，是由国家社会保险行政部门和卫生行政部门联合制订的国家标准，医疗专家必须经过培训，掌握相应的标准后，才能参与劳动能力医疗鉴定工作。(3) 具有良好的职业品德。能够进入医疗卫生专家库的医疗卫生专业技术人员必须为人正直，具有良好的职业道德。

第二十五条 【鉴定步骤、时限】 设区的市级劳动能力鉴定委员会收到劳动能力鉴定申请后，应当从其建立的医疗卫生专家库中随机抽取3名或者5名相关专家组成专家组，由专家组提出鉴定意见。设区的市级劳动能力鉴定委员会根据专家组的鉴定意见作出工伤职工劳动能力鉴定结论；必要时，可以委托具备资格的医疗机构协助进行有关的诊断。

设区的市级劳动能力鉴定委员会应当自收到劳动能力鉴定申请之日起60日内作出劳动能力鉴定结论，必要时，作出劳动能力鉴定结论的期限可以延长30日。劳动能力鉴定结论应当及时送达申请鉴定的单位和个人。

注解

设区的市级劳动能力鉴定委员会进行劳动能力鉴定，分为以下几个步骤：

(1) 组成专家组。专家组由从医疗卫生专家库中随机抽取的3名或者5名相关专家组成。“随机抽取”，是指按照自由组合的原则从专家库中抽取专家，防止申请人或者与劳动能力鉴定有利害关系的人提前与医疗专家沟通，影响劳动能力鉴定结论的公正性。

(2) 提出鉴定意见。专家组根据医疗专业知识和劳动能力的评残标准作出医疗鉴定。专家组的鉴定意见是劳动能力鉴定委员会作出劳动能力鉴定结论的依据。

(3) 作出劳动能力鉴定结论。劳动能力鉴定委员会收到劳动能力鉴定申请后，应当及时对申请人提交的材料进行审核；材料不完整的，劳动能力鉴定委员会应当自收到鉴定申请之日起5个工作日内以书面或者电子形式一次性告知申请人需要补正的全部材料和合理期限。申请人无正当理由逾期未补正的，视为放弃当次劳动能力鉴定申请。申请人提供材料完整的，劳动能力鉴定委员会应当及时组织鉴定，并在收到劳动能力鉴定申请之日起60日内作出劳动能力鉴定结论。伤病情复杂、涉及医疗卫生专业较多的，作出劳动能力鉴定结论的期限可以延长30日。

第二十六条　【再次鉴定】 申请鉴定的单位或者个人对设区的市级劳动能力鉴定委员会作出的鉴定结论不服的，可以在收到该鉴定结论之日起15日内向省、自治区、直辖市劳动能力鉴定委员会提出再次鉴定申请。省、自治区、直辖市劳动能力鉴定委员会作出的劳动能力鉴定结论为最终结论。

注解

1. 再次鉴定的申请

再次鉴定的申请时限为收到鉴定结论之日起15日内，也就是说，如果申请人在15日内没有提出再次鉴定申请，设区的市级劳动能力鉴定委员会作出的劳动能力鉴定结论就具有法律效力。对于已经具有法律效力的鉴定结论，当事人不能提出再次鉴定的申请。这时申请人如果仍向上一级劳动能力鉴定委员会提出申请的，上一级劳动能力鉴定委员会可以以超过时效为由不予受理。

《劳动能力鉴定管理办法》第十九条规定，工伤职工或者其用人单位、因病或非因工致残人员或者其用人单位对初次鉴定结论不服的，可以在收到该鉴定结论之日起15日内，向省、自治区、直辖市劳动能力鉴定委员会申请再次鉴定。省、自治区、直辖市劳动能力鉴定委员会作出的劳动能力鉴定结论为最终结论。第二十条规定，自工伤职工劳动能力鉴定结论作出之日起1年后，工伤职工、用人单位或者社会保险经办机构认为伤残情况发生变化的，可以向设区的市级劳动能力鉴定委员会申请复查鉴定。对复查鉴定结论不服的，可以按照本办法第十九条规定申请再次鉴定。第二十一条规定，因病或非因工致残人员经鉴定未达到完全丧失劳动能力程度，申请人认为伤病残情况发生变化的，自劳动能力鉴定生效结论作出之日起1年后，可以重新向待遇领取地或者最后参保地的设区的市级劳动能力鉴定委员会申请鉴定。对鉴定结论不服的，可以按照本办法第十九条规定申请再次鉴定。

2. 再次鉴定申请的受理机构

受理再次鉴定申请的机构为省、自治区、直辖市劳动能力鉴定委员会。

省、自治区、直辖市劳动能力鉴定委员会作出的劳动能力鉴定结论为劳动能力鉴定委员会鉴定程序中的最终结论。

《劳动能力鉴定管理办法》第五条规定，设区的市级劳动能力鉴定委员会负责本辖区内的工伤职工劳动能力初次鉴定、复查鉴定以及因病或非因工致残人员丧失劳动能力初次鉴定。省、自治区、直辖市劳动能力鉴定委员会负责对工伤职工劳动能力初次鉴定或者复查鉴定结论不服提出的再次鉴定，负责对因病或非因工致残人员丧失劳动能力初次鉴定结论不服提出的再次鉴定。

配套

《劳动能力鉴定管理办法》第 5 条、第 19-22 条

第二十七条　【鉴定工作原则、回避制度】劳动能力鉴定工作应当客观、公正。劳动能力鉴定委员会组成人员或者参加鉴定的专家与当事人有利害关系的，应当回避。

注解

本条的“回避”，主要是指为确保劳动能力鉴定工作的客观、公正，经当事人申请，对与当事人或申请人有利害关系的劳动能力鉴定委员会成员或者参加鉴定的医疗专家，要求其回避，不得参与劳动能力鉴定工作。这里的“利害关系”，是指劳动能力鉴定委员会成员或者参加鉴定的医疗专家，与当事人有亲属关系、同学、同事关系，或其他诸如财产利益等关系。

第二十八条　【复查鉴定】自劳动能力鉴定结论作出之日起 1 年后，工伤职工或者其近亲属、所在单位或者经办机构认为伤残情况发生变化的，可以申请劳动能力复查鉴定。

注解

劳动能力复查鉴定，是指已经劳动能力鉴定委员会鉴定过的工伤职工，在鉴定结论作出一段时期后，工伤职工或者其近亲属、所在单位或者经办机构认为残情发生变化，向劳动能力鉴定委员会提出申请，劳动能力鉴定委员会依据国家标准对其进行的复查鉴定。

劳动能力复查鉴定的申请时间，为劳动能力鉴定结论作出之日起 1 年后。

有权提出劳动能力复查鉴定的申请人包括：工伤职工或者其近亲属；工伤职工所在单位；经办机构。

第二十九条　【再次鉴定和复查鉴定的时限】 劳动能力鉴定委员会依照本条例第二十六条和第二十八条的规定进行再次鉴定和复查鉴定的期限，依照本条例第二十五条第二款的规定执行。

注解

本条明确了再次鉴定和复查鉴定的时限，规定：劳动能力再次鉴定和复查鉴定的时限按照初次鉴定的时限执行。即在一般情况下，劳动能力再次鉴定和复查鉴定结论应该在收到劳动能力再次鉴定和复查鉴定申请之日起60日内作出。只有在工伤职工的病情复杂，或者遇到当事人不能预见、不能避免并不能克服的不可抗力等情况时，劳动能力再次鉴定和复查鉴定期限才可以适当延长，但延长期不能超过30日。

第五章　工伤保险待遇

第三十条　【工伤职工的治疗】 职工因工作遭受事故伤害或者患职业病进行治疗，享受工伤医疗待遇。

职工治疗工伤应当在签订服务协议的医疗机构就医，情况紧急时可以先到就近的医疗机构急救。

治疗工伤所需费用符合工伤保险诊疗项目目录、工伤保险药品目录、工伤保险住院服务标准的，从工伤保险基金支付。工伤保险诊疗项目目录、工伤保险药品目录、工伤保险住院服务标准，由国务院社会保险行政部门会同国务院卫生行政部门、食品药品监督管理部门等部门规定。

职工住院治疗工伤的伙食补助费，以及经医疗机构出具证明，报经办机构同意，工伤职工到统筹地区以外就医所需的交通、食宿费用从工伤保险基金支付，基金支付的具体标准由统筹地区人民政府规定。

工伤职工治疗非工伤引发的疾病，不享受工伤医疗待遇，按照基本医疗保险办法处理。

工伤职工到签订服务协议的医疗机构进行工伤康复的费用，符合规定的，从工伤保险基金支付。

注解

1. 工伤医疗待遇包括：（1）治疗工伤所需的挂号费、医疗费、药费、住院费等费用符合工伤保险诊疗项目目录、工伤保险药品目录、工伤保险住院服务标准的，从工伤保险基金中支付；（2）工伤职工治疗工伤需要住院的，职工住院治疗工伤的伙食补助费，以及经医疗机构出具证明，报经办机构同意，工伤职工到统筹地区以外就医所需的交通、食宿费用从工伤保险基金支付，基金支付的具体标准由统筹地区人民政府规定；（3）工伤职工需要停止工作接受治疗的，享受停工留薪期待遇，停工留薪期满后，需要继续治疗的，继续享受（1）（2）项工伤医疗待遇。

2. 工伤医疗机构。工伤职工因工负伤或者患职业病进行治疗（包括康复性治疗）应当前往签订服务协议的医疗机构就医，情况紧急时可以先到就近的医疗机构急救；工伤职工确需跨统筹地区就医的，须由医疗机构出具证明，并经经办机构同意。工伤职工跨统筹地区就医所发生的费用，可先由工伤职工或所在单位垫付，经社会保险经办机构复核后，按本统筹地区有关规定结算。

应用

31. 工作中受到精神伤害，能否要求工伤赔偿?

工作中受到的精神伤害不能要求工伤赔偿。按照我国现行法律法规的规定，工伤是指在工作过程中所受的肢体伤害，劳动者只有在工作过程中发生身体上的伤害时才能要求工伤赔偿，而对于如劳动者人格尊严和名誉等受到损害的，不能认定为工伤。同时对于劳动者因身体上的伤害而导致的精神上的伤害，也仅就该身体伤害作工伤赔偿而不能将该身体伤害引起的精神伤害作为工伤进行赔偿。在这种情况下，对于所遭受的精神损害，劳动者只能通过其他途径向侵权人要求承担损害赔偿责任。

配套

《工伤保险经办规程》第36-40条

第三十一条　【复议和诉讼期间不停止支付医疗费用】社会保险行政部门作出认定为工伤的决定后发生行政复议、行政诉讼的，行政复议和行政诉讼期间不停止支付工伤职工治疗工伤的医疗费用。

注解

为了保障这部分工伤职工的合法权益，避免因行政复议、行政诉讼而出现工伤职工治疗工伤的医疗费用没有着落，进而影响甚至耽误治疗，本条例明确规定社会保险行政部门作出认定为工伤的决定后发生行政复议、行政诉讼的，行政复议和行政诉讼期间不停止支付工伤职工治疗工伤的医疗费用。

第三十二条　【配置辅助器具】工伤职工因日常生活或者就业需要，经劳动能力鉴定委员会确认，可以安装假肢、矫形器、假眼、假牙和配置轮椅等辅助器具，所需费用按照国家规定的标准从工伤保险基金支付。

注解

工伤职工配置辅助器具应当经劳动能力鉴定委员会确认，其所需费用才能从工伤保险基金中支付。结合本条例第47条规定，社会保险经办机构对辅助器具配置机构以签订服务协议的方式进行管理，引入竞争机制，促使辅助器具配置机构提高服务质量。工伤职工如需配置辅助器具，应到与社会保险经办机构签订服务协议的机构、按照国家规定的有关标准配置辅助器具，对于辅助器具配置机构提供的一些不合理的配置应当拒绝，对违反有关标准配置辅助器具的费用，工伤保险基金不予支付。

关于辅助器具的种类，在实际生活中具体有以下几类：（1）假肢，包括上肢假肢和下肢假肢。上肢假肢如假手等，下肢假肢如小腿、大腿假肢、髋离断假肢、膝离断假肢等。（2）矫形器，如脊柱过伸矫形器、肩外展矫形器、膝部矫形器、膝踝足矫形器、脊柱侧凸矫形器、矫形鞋、矫形鞋垫等。

(3) 假眼。(4) 假牙。(5) 轮椅。(6) 步行器、手杖等日常生活或就业需要的辅助器具。

第三十三条　【工伤治疗期间待遇】职工因工作遭受事故伤害或者患职业病需要暂停工作接受工伤医疗的，在停工留薪期内，原工资福利待遇不变，由所在单位按月支付。

停工留薪期一般不超过 12 个月。伤情严重或者情况特殊，经设区的市级劳动能力鉴定委员会确认，可以适当延长，但延长不得超过 12 个月。工伤职工评定伤残等级后，停发原待遇，按照本章的有关规定享受伤残待遇。工伤职工在停工留薪期满后仍需治疗的，继续享受工伤医疗待遇。

生活不能自理的工伤职工在停工留薪期需要护理的，由所在单位负责。

注解

停工留薪期，是指职工因工负伤或者患职业病停止工作接受治疗并享受有关待遇的期限。停工留薪期的时间，由已签订服务协议的治疗工伤的医疗机构提出意见，经劳动能力鉴定委员会确认并通知有关单位和工伤职工。

应用

32. 职工在停工留薪期内的工资福利待遇如何支付?

职工在停工留薪期内，除享受工伤医疗待遇外，原工资福利待遇不变，由所在单位发给，生活不能自理需要护理的，由所在单位负责护理。这里所称的原待遇是指职工在受伤或被确诊患职业病前，原用人单位发给职工的按照出勤对待的全部工资和福利待遇。工伤职工评定伤残等级后，停发原待遇，按照本条例第 35 条至第 37 条的规定，享受伤残待遇。

33. 职工工伤复发，经确认需治疗的，可否重新享受停工留薪期待遇?

《工伤保险条例》第 33 条第 2 款规定的停工留薪期最长期限不能超过 24 个月，应是指工伤职工治疗时单次享受的停工留薪期最长不能超过 24 个月，而非指累计最长不能超过 24 个月。职工工伤复发，经确认需治疗的，可重新享受《工伤保险条例》规定的停工留薪期待遇。（参见《中华人民共和国最高人民法院公报》2019 年第 11 期“邓金龙诉深圳市社会保险基金管理局工伤保险待遇决定案”）

第三十四条　【生活护理费】工伤职工已经评定伤残等级并经劳动能力鉴定委员会确认需要生活护理的，从工伤保险基金按月支付生活护理费。

生活护理费按照生活完全不能自理、生活大部分不能自理或者生活部分不能自理 3 个不同等级支付，其标准分别为统筹地区上年度职工月平均工资的 50%、40%或者 30%。

注解

适用本条时注意，护理费的计算基数为统筹地区上年度职工月平均工资，而不是伤残职工本人的工资。

生活自理范围主要包括五项：a）进食；b）翻身；c）大、小便；d）穿衣、洗漱；e）自主行动。生活自理障碍程度分三级：a）完全生活自理障碍，指生活完全不能自理，前述 5 项均需护理者；b）大部分生活自理障碍，指生活大部分不能自理，前述 5 项中 3 项或 4 项需要护理者；c）部分生活自理障碍，指部分生活不能自理，前述 5 项中 1 项或 2 项需要护理者。

配套

《劳动能力鉴定 职工工伤与职业病致残等级》（GB/T 16180－2014）4. 1. 5

第三十五条　【一至四级工伤待遇】职工因工致残被鉴定为一级至四级伤残的，保留劳动关系，退出工作岗位，享受以下待遇：

（一）从工伤保险基金按伤残等级支付一次性伤残补助金，标准为：一级伤残为 27 个月的本人工资，二级伤残为 25 个月的本人工资，三级伤残为 23 个月的本人工资，四级伤残为 21 个月的本人工资；

（二）从工伤保险基金按月支付伤残津贴，标准为：一级伤残为本人工资的90%，二级伤残为本人工资的85%，三级伤残为本人工资的80%，四级伤残为本人工资的75%。伤残津贴实际金额低于当地最低工资标准的，由工伤保险基金补足差额；

（三）工伤职工达到退休年龄并办理退休手续后，停发伤残津贴，按照国家有关规定享受基本养老保险待遇。基本养老保险待遇低于伤残津贴的，由工伤保险基金补足差额。

职工因工致残被鉴定为一级至四级伤残的，由用人单位和职工个人以伤残津贴为基数，缴纳基本医疗保险费。

注解

职工因工致残被鉴定为一级至四级伤残的，本条对该部分职工规定了两项待遇，即支付一次性伤残补助金和按月支付伤残津贴。

职工因工致残被鉴定为一级至四级伤残的，除非这些职工死亡或者已经办理退休手续或者存在《劳动合同法》第39条规定的法定情形，用人单位应当与其保留劳动关系，并由用人单位和职工个人以伤残津贴为基数缴纳基本医疗保险费。

应用

34. 伤残津贴和基本养老保险的关系？

基本养老保险，是指法定范围内的人员，按照规定缴纳基本养老保险费达到一定的年限，到达法定退休年龄，按规定办理退休手续后，享受养老金的一种社会保险制度。

伤残职工办理退休手续后停发伤残津贴，享受基本养老保险。同时，为了保障工伤职工的待遇不因退休而受损失，工伤职工退休后享受的基本养老保险待遇低于伤残津贴的，由工伤保险基金补足差额。

35. 劳动合同期满，一至四级伤残职工的劳动关系如何处理？

在本单位患职业病或者因工负伤并被确认丧失或者部分丧失劳动能力的劳动者的劳动合同的终止，要按照国家有关工伤保险的规定执行。也即依据本条，一至四级伤残职工即便劳动合同期满，用人单位也必须与其保留劳动关系。

配套

《劳动能力鉴定 职工工伤与职业病致残等级》（GB/T 16180-2014）［一级～四级］

第三十六条 【五至六级工伤待遇】 职工因工致残被鉴定为五级、六级伤残的，享受以下待遇：

（一）从工伤保险基金按伤残等级支付一次性伤残补助金，标准为：五级伤残为 18 个月的本人工资，六级伤残为 16 个月的本人工资；

（二）保留与用人单位的劳动关系，由用人单位安排适当工作。难以安排工作的，由用人单位按月发给伤残津贴，标准为：五级伤残为本人工资的 70%，六级伤残为本人工资的 60%，并由用人单位按照规定为其缴纳应缴纳的各项社会保险费。伤残津贴实际金额低于当地最低工资标准的，由用人单位补足差额。

经工伤职工本人提出，该职工可以与用人单位解除或者终止劳动关系，由工伤保险基金支付一次性工伤医疗补助金，由用人单位支付一次性伤残就业补助金。一次性工伤医疗补助金和一次性伤残就业补助金的具体标准由省、自治区、直辖市人民政府规定。

注解

适用本条时注意与第 35、37 条对比理解。除了在支付金额上的差别外，着重注意，职工因工伤被鉴定为五级至六级伤残的，用人单位应当与其保留劳动关系，安排适当的工作。难以安排工作的，由用人单位支付伤残津贴。同时，工伤职工本人终止或者解除劳动关系的权利不受限制，经工伤职工本人提出，可以与用人单位解除或者终止劳动关系，但是用人单位应当向职工支付一次性伤残就业补助金。

配套

《劳动能力鉴定 职工工伤与职业病致残等级》（GB/T 16180-2014）［五、六级］

第三十七条　【七至十级工伤待遇】职工因工致残被鉴定为七级至十级伤残的，享受以下待遇：

（一）从工伤保险基金按伤残等级支付一次性伤残补助金，标准为：七级伤残为13个月的本人工资，八级伤残为11个月的本人工资，九级伤残为9个月的本人工资，十级伤残为7个月的本人工资；

（二）劳动、聘用合同期满终止，或者职工本人提出解除劳动、聘用合同的，由工伤保险基金支付一次性工伤医疗补助金，由用人单位支付一次性伤残就业补助金。一次性工伤医疗补助金和一次性伤残就业补助金的具体标准由省、自治区、直辖市人民政府规定。

注解

适用本条时注意与第35、36条比较理解。对于这部分工伤职工，在劳动合同期满前，除非工伤职工具有《劳动合同法》第39条规定的情形，否则用人单位不得单方与其解除劳动关系，应当与其继续履行原劳动合同，或者视客观情况依法与其变更劳动合同的部分内容，并按照劳动合同的规定支付相应的工资报酬。劳动合同期满或者工伤职工本人提出解除劳动合同的，用人单位应当向其支付一次性伤残就业补助金。注意，七至十级伤残职工不享受伤残津贴，以及事业单位与工作人员签订的通常为聘用合同。

配套

《劳动能力鉴定 职工工伤与职业病致残等级》（GB/T 16180-2014）［七级~十级］

第三十八条　【旧伤复发待遇】工伤职工工伤复发，确认需要治疗的，享受本条例第三十条、第三十二条和第三十三条规定的工伤待遇。

注解

工伤职工工伤复发，是指职工因工伤事故或患职业病，经过医疗机构采取必要的诊断治疗，包括病情检查、确诊、药物治疗、手术治疗等医疗措施，确定工伤职工病情痊愈，可以终结医疗，终止停工留薪期，经过劳动能力鉴定委员会确定伤残等级或者正处于劳动能力鉴定过程中，工伤职工原有病情不同程度地重新发作。

工伤职工工伤复发，确认需要治疗的，可以按照第30条的规定享受工伤医疗待遇；需要暂停工作接受工伤医疗的，可以按照第33条的规定享受停工留薪期待遇；需要配置辅助器具的，可以按照第32条的规定配置，所需费用按照国家规定标准从工伤保险基金支付。

配套

《关于实施〈工伤保险条例〉若干问题的意见》七

第三十九条　【工亡待遇】职工因工死亡，其近亲属按照下列规定从工伤保险基金领取丧葬补助金、供养亲属抚恤金和一次性工亡补助金：

（一）丧葬补助金为6个月的统筹地区上年度职工月平均工资；

（二）供养亲属抚恤金按照职工本人工资的一定比例发给由因工死亡职工生前提供主要生活来源、无劳动能力的亲属。标准为：配偶每月40%，其他亲属每人每月30%，孤寡老人或者孤儿每人每月在上述标准的基础上增加10%。核定的各供养亲属的抚恤金之和不应高于因工死亡职工生前的工资。供养亲属的具体范围由国务院社会保险行政部门规定；

（三）一次性工亡补助金标准为上一年度全国城镇居民人均可支配收入的20倍。

伤残职工在停工留薪期内因工伤导致死亡的，其近亲属享受本条第一款规定的待遇。

一级至四级伤残职工在停工留薪期满后死亡的，其近亲属可以享受本条第一款第（一）项、第（二）项规定的待遇。

注解

职工因工死亡，主要是指职工因工伤事故、职业中毒直接导致的死亡，经抢救治疗无效后的死亡以及在停工留薪期内治疗中的死亡。

应用

36. 职工因工死亡的待遇？

（1）丧葬补助金。注意丧葬补助金权利主体为死亡职工的近亲属。

（2）供养亲属抚恤金。注意该项是按照工亡职工本人生前工资的一定比例计发，但是在初次核定时，各供养亲属的抚恤金之和不得高于工亡职工的本人工资。在以后调整供养亲属抚恤金时，不受此限制。

因工死亡职工供养亲属，是指该职工的配偶、子女、父母、祖父母、外祖父母、孙子女、外孙子女、兄弟姐妹。子女，包括婚生子女、非婚生子女、养子女和有抚养关系的继子女，其中，婚生子女、非婚生子女包括遗腹子女；父母，包括生父母、养父母和有扶养关系的继父母；兄弟姐妹，包括同父母的兄弟姐妹、同父异母或者同母异父的兄弟姐妹、养兄弟姐妹、有扶养关系的继兄弟姐妹。

上述人员，依靠因工死亡职工生前提供主要生活来源，并有下列情形之一的，可按规定申请供养亲属抚恤金：（一）完全丧失劳动能力的；（二）工亡职工配偶男年满60周岁、女年满55周岁的；（三）工亡职工父母男年满60周岁、女年满55周岁的；（四）工亡职工子女未满18周岁的；（五）工亡职工父母均已死亡，其祖父、外祖父年满60周岁，祖母、外祖母年满55周岁的；（六）工亡职工子女已经死亡或完全丧失劳动能力，其孙子女、外孙子女未满18周岁的；（七）工亡职工父母均已死亡或完全丧失劳动能力，其兄弟姐妹未满18周岁的。

（3）一次性工亡补助金。当因工死亡的工伤职工有数个近亲属时，应当按照权利义务相对应的原则进行分配，工伤职工生前，对其尽了较多照顾义务的近亲属，如长期与其共同生活的人，应当予以照顾。

37. 因工死亡职工供养亲属享受抚恤金待遇的资格如何确定？

职工因工死亡，其供养亲属享受抚恤金待遇的资格，按职工因工死亡时的条件核定。因工死亡职工供养亲属享受抚恤金待遇的资格，由统筹地区社会保险经办机构核定。因工死亡职工供养亲属的劳动能力鉴定，由因工死亡职工生前单位所在地设区的市级劳动能力鉴定委员会负责。

38. 在什么情况下，供养亲属停止或者暂停享受抚恤金待遇?

（1）工伤职工的供养亲属有下列情形之一的，停止享受抚恤金待遇：①年满18周岁且未完全丧失劳动能力的；②就业或参军的；③工亡职工配偶再婚的；④被他人或组织收养的；⑤死亡的。

（2）领取抚恤金的人员，在被判刑收监执行期间，停止享受抚恤金待遇。刑满释放仍符合领取抚恤金资格的，按规定的标准享受抚恤金。

出现上述（1）（2）中的情况，供养亲属丧失或暂时丧失供养条件的，用人单位、工伤职工或其亲属应及时向社保机构报告并提供相应证明，社保机构待遇审核部门应及时核对相关信息，停止其工伤保险待遇。

配套

《关于实施〈工伤保险条例〉若干问题的意见》八；《因工死亡职工供养亲属范围规定》

第四十条　【工伤待遇调整】伤残津贴、供养亲属抚恤金、生活护理费由统筹地区社会保险行政部门根据职工平均工资和生活费用变化等情况适时调整。调整办法由省、自治区、直辖市人民政府规定。

注解

伤残津贴、供养亲属抚恤金、生活护理费都非一次性待遇，而是长期或者持续一定时期的待遇。为了保证这些待遇水平不因物价上涨等因素而降低，让工伤职工和工亡职工的遗属享受社会经济发展的成果，有必要适时进行调整。

工伤保险实行属地管理，是一项地域性较强的工作。加上职工工资增长、生活费提高、物价指数变化等不是定期的，各地调整的时间不宜固定，本条授权由省、自治区、直辖市人民政府规定调整办法，包括调整的依据、幅度、频率、程序等。

第四十一条　【职工抢险救灾、因工外出下落不明时的处理】职工因工外出期间发生事故或者在抢险救灾中下落不明的，从事故发生当月起3个月内照发工资，从第4个月起停发工资，由工伤保险基金向其供养亲属按月支付供养亲属抚恤金。生活有困难的，可以预支一次性工亡补助金的50%。职工被人民法院宣告死亡的，按照本条例第三十九条职工因工死亡的规定处理。

第四十二条　【停止支付工伤保险待遇的情形】工伤职工有下列情形之一的，停止享受工伤保险待遇：

（一）丧失享受待遇条件的；

（二）拒不接受劳动能力鉴定的；

（三）拒绝治疗的。

注解

根据本条规定，停止支付工伤保险待遇主要有以下情形：

1. 丧失享受待遇条件。如果工伤职工在享受工伤保险待遇期间情况发生变化，不再具备享受工伤保险待遇的条件，如劳动能力得以完全恢复而无需工伤保险制度提供保障时，就应当停发工伤保险待遇。此外，工亡职工的亲属，在某些情形下，也将丧失享受有关待遇的条件，如享受抚恤金的工亡职工的子女达到了一定的年龄或就业后，丧失享受遗属抚恤待遇的条件；亲属死亡的，丧失享受遗属抚恤待遇的条件等。

2. 拒不接受劳动能力鉴定。劳动能力鉴定结论是确定不同程度的补偿、合理调换工作岗位和恢复工作等的科学依据。如果工伤职工没有正当理由，拒不接受劳动能力鉴定，一方面工伤保险待遇无法确定，另一方面也表明这些工伤职工并不愿意接受工伤保险制度提供的帮助，鉴于此，就不应再享受工伤保险待遇。

3. 拒绝治疗。提供医疗救治，帮助工伤职工恢复劳动能力、重返社会，是工伤保险制度的重要目的之一，因而职工遭受工伤事故或患职业病后，有享受工伤医疗待遇的权利，也有积极配合医疗救治的义务。如果无正当理由拒绝治疗，就有悖于本条例关于促进职业康复的宗旨。

第四十三条　【用人单位分立合并等情况下的责任】用人单位分立、合并、转让的，承继单位应当承担原用人单位的工伤保险责任；原用人单位已经参加工伤保险的，承继单位应当到当地经办机构办理工伤保险变更登记。

用人单位实行承包经营的，工伤保险责任由职工劳动关系所在单位承担。

职工被借调期间受到工伤事故伤害的，由原用人单位承担工伤保险责任，但原用人单位与借调单位可以约定补偿办法。

企业破产的，在破产清算时依法拨付应当由单位支付的工伤保险待遇费用。

注解

1. 职工与两个或两个以上单位建立劳动关系，工伤事故发生时，职工为之工作的单位为承担工伤保险责任的单位；

2. 劳务派遣单位派遣的职工在用工单位工作期间因工伤亡的，派遣单位为承担工伤保险责任的单位；

3. 单位指派到其他单位工作的职工因工伤亡的，指派单位为承担工伤保险责任的单位；

4. 用工单位违反法律、法规规定将承包业务转包给不具备用工主体资格的组织或者自然人，该组织或者自然人聘用的职工从事承包业务时因工伤亡的，用工单位为承担工伤保险责任的单位；

5. 个人挂靠其他单位对外经营，其聘用的人员因工伤亡的，被挂靠单位为承担工伤保险责任的单位。

前述第4、5项明确的承担工伤保险责任的单位承担赔偿责任或者社会保险经办机构从工伤保险基金支付工伤保险待遇后，有权向相关组织、单位和个人追偿。

应用

39. 违法转包下的工伤保险责任?

用工单位违反法律、法规规定将承包业务转包或者发包给不具备用工主体资格的组织或者自然人，该组织或者自然人聘用的职工因工伤亡的，用工单位为承担工伤保险责任的单位。［参见“张某兵与上海市松江区人力资源和社会保障局工伤认定行政上诉案”，最高人民法院发布的四起工伤保险行政纠纷典型案例（2014年8月21日）］

40. 转承包建设工程的个人招用的劳动者被认定工伤后，承包人是否负有支付工伤保险待遇的责任?

工伤保险作为社会保障体系的重要组成部分，对于保障工伤职工的权益、促进社会公平具有重要意义。实践中，有的承包人为了规避直接用工的劳动法义务，将其承包的业务转包、分包给不具备合法经营资格的组织或者个人。此类组织或者个人往往没有足够的能力承担相应的法律责任。《最高人民法院关于审理工伤保险行政案件若干问题的规定》第三条第一款规定："社会保险行政部门认定下列单位为承担工伤保险责任单位的，人民法院应予支持：……（四）用工单位违反法律、法规规定将承包业务转包给不具备用工主体资格的组织或者自然人，该组织或者自然人聘用的职工从事承包业务时因工伤亡的，用工单位为承担工伤保险责任的单位；……"发生工伤后，劳动者可以向社会保险行政部门申请认定工伤、承包人为承担工伤保险责任的单位。认定工伤后，如果承包人未为劳动者缴纳工伤保险费，劳动者可以要求承包人承担支付工伤保险待遇的责任。［参见"**某建筑公司与张某工伤保险待遇纠纷案**"，**最高法发布六件劳动争议典型案例（2025 年 8 月 1 日）**］

配 套

《最高人民法院关于审理工伤保险行政案件若干问题的规定》第 3 条；《最高人民法院关于审理劳动争议案件适用法律问题的解释（二）》第 1、2 条

第四十四条　【派遣出境期间的工伤保险关系】职工被派遣出境工作，依据前往国家或者地区的法律应当参加当地工伤保险的，参加当地工伤保险，其国内工伤保险关系中止；不能参加当地工伤保险的，其国内工伤保险关系不中止。

注 解

国际上工伤保险现没有互免协议。一些国家法律规定，前往该国工作或在该国停留期间，必须依据该国的法律参加工伤保险或购买意外伤害保险。国内的工伤保险与境外的工伤保险，在保障的性质和作用方面大体相同，但在保险项目、保险额度、支付方式上存在差异。从保障与管理的角度出发，本条规定，职工被派遣出境工作，依据前往国家或者地区的法律应当参加当地工伤保险的，参加当地工伤保险，其国内工伤保险关系中止，待回国后工

伤保险关系接续；对于在境外不能参加工伤保险的，其国内工伤保险关系不中止，继续按照国内工伤保险法律规定执行，包括工伤保险费的缴纳、工伤认定与评残、待遇的发放等。

第四十五条　【再次发生工伤的待遇】职工再次发生工伤，根据规定应当享受伤残津贴的，按照新认定的伤残等级享受伤残津贴待遇。

注解

工伤职工再次发生工伤，与工伤职工工伤复发不同，它是指工伤职工遭受两次或两次以上的工伤事故或患职业病，在前次工伤事故造成的病情经治疗并经劳动能力鉴定确定伤残等级后，再次遭受工伤事故或患职业病，后者可能产生新病情、也可能加剧工伤职工的原病情。

再次发生工伤的职工在治疗后，须经劳动能力鉴定委员会重新评定伤残等级。如果被重新确定等级，根据规定应当享受伤残待遇的，就要按照新认定的伤残等级享受相应的伤残津贴待遇。

第六章　监督管理

第四十六条　【经办机构职责范围】经办机构具体承办工伤保险事务，履行下列职责：

（一）根据省、自治区、直辖市人民政府规定，征收工伤保险费；

（二）核查用人单位的工资总额和职工人数，办理工伤保险登记，并负责保存用人单位缴费和职工享受工伤保险待遇情况的记录；

（三）进行工伤保险的调查、统计；

（四）按照规定管理工伤保险基金的支出；

（五）按照规定核定工伤保险待遇；

（六）为工伤职工或者其近亲属免费提供咨询服务。

注解

关于工伤保险费的征收，适用社会保险费的征收规定。社会保险费的征收机构由省、自治区、直辖市人民政府规定，可以由社会保险行政部门按照规定设立的社会保险经办机构征收，也可以由税务部门征收。社会保险经办机构在征收工伤保险费时，应当与基本养老保险费等其他社会保险费集中、统一征收，再将征收的社会保险费分别划入工伤、基本养老保险等项基金中，实行分别核算、单独管理。

第四十七条　【服务协议】经办机构与医疗机构、辅助器具配置机构在平等协商的基础上签订服务协议，并公布签订服务协议的医疗机构、辅助器具配置机构的名单。具体办法由国务院社会保险行政部门分别会同国务院卫生行政部门、民政部门等部门制定。

注解

这里的“服务协议”，是指社会保险经办机构与医疗机构、辅助器具配置机构就有关工伤患者就诊、用药、辅助器具管理、费用给付、争议处理办法等事项，经过平等协商所达成的权利义务协议。

应用

41. 什么情况下社保机构可以单方解除协议？

签订服务协议的医疗机构、康复机构和辅助器具配置机构违反工伤保险管理政策的，社保机构可单方解除协议。

42. 在什么情况下，工伤服务协议应当终止？

如果经办机构和协议医疗机构有下列情形之一的，双方可终止协议：（一）协议期满，其中一方提出终止协议的；（二）协议执行期间，一方违反协议，经协商双方不能达成一致意见的；（三）因协议医疗机构合并、解散等原因无法履行协议的。

43. 工伤保险协议医疗服务费用应由谁来支付？

对工伤职工发生的符合工伤保险药品目录、诊疗项目目录和住院服务标准等治理规定的医疗费用和康复费用，包括职工工伤认定前已由医疗保险基金、用人单位或职工个人垫付的工伤医疗费用，由经办机构从工伤保险基金中按规定予以支付。

对于工伤职工治疗非工伤疾病所发生的费用、符合出院条件拒不出院继续发生的费用，未经经办机构批准自行转入其他医疗机构治疗所发生的费用和其他违反工伤保险有关规定的费用，工伤保险基金不予支付。

配套

《工伤保险经办规程》

第四十八条　【工伤保险费用的核查、结算】经办机构按照协议和国家有关目录、标准对工伤职工医疗费用、康复费用、辅助器具费用的使用情况进行核查，并按时足额结算费用。

第四十九条　【公布基金收支情况、费率调整建议】经办机构应当定期公布工伤保险基金的收支情况，及时向社会保险行政部门提出调整费率的建议。

第五十条　【听取社会意见】社会保险行政部门、经办机构应当定期听取工伤职工、医疗机构、辅助器具配置机构以及社会各界对改进工伤保险工作的意见。

第五十一条　【对工伤保险基金的监督】社会保险行政部门依法对工伤保险费的征缴和工伤保险基金的支付情况进行监督检查。

财政部门和审计机关依法对工伤保险基金的收支、管理情况进行监督。

第五十二条　【群众监督】任何组织和个人对有关工伤保险的违法行为，有权举报。社会保险行政部门对举报应当及时调查，按照规定处理，并为举报人保密。

第五十三条　【工会监督】工会组织依法维护工伤职工的合法权益，对用人单位的工伤保险工作实行监督。

注解

工会是职工自愿结合的工人阶级的群众组织。按照我国《工会法》第27

条的规定，职工因工伤亡事故和其他严重危害职工健康问题的调查处理，必须有工会参加。工会应当向有关部门提出处理意见，并有权要求追究直接负责的主管人员和有关责任人员的责任。对工会提出的意见，应当及时研究，给予答复。

第五十四条　【工伤待遇争议处理】 职工与用人单位发生工伤待遇方面的争议，按照处理劳动争议的有关规定处理。

注解

劳动争议，是指用人单位与职工之间因劳动权利和劳动义务所发生的争议。劳动争议的主体是劳动关系双方当事人，即一方是用人单位，另一方是与用人单位建立劳动关系的劳动者。劳动争议所指的对象是当事人一方对另一方的行为是否符合法律法规以及劳动合同、集体合同的规定而提出异议。

职工与用人单位之间发生的工伤待遇方面的争议，是指因用人单位是否按照本条例规定的待遇项目和标准，向职工发放工伤待遇而发生的争议。如已参加工伤保险的用人单位或应按照规定参加工伤保险而未参加工伤保险的用人单位，没有按照规定向工伤职工提供待遇，工伤职工提出异议而产生的争议；或者工伤职工与用人单位就应该执行本条例规定的哪项待遇和标准产生的争议，都属于本条所规定的争议。职工与用人单位之间发生的工伤待遇方面的争议在性质上属于劳动争议。

应用

44. 职工与用人单位发生工伤待遇方面争议的解决途径？

根据《劳动法》及《劳动争议调解仲裁法》有关劳动争议处理的规定，职工与用人单位发生工伤待遇方面的争议后，双方可以协商解决；不愿协商或者协商不成的，可以向调解组织申请调解；调解不成的或达成调解协议后不履行的，可以向劳动争议仲裁委员会申请仲裁，当事人也可以直接向劳动争议仲裁委员会申请仲裁；对仲裁裁决不服的，可以向人民法院起诉。

注意：（1）当事人双方自行协商不是处理劳动争议的必经程序，双方当事人可以自愿进行协商，但是任何一方或者他人都不能强迫进行协商。

（2）调解也并非解决劳动争议的必经途径，当事人可以不向调解组织申请调解而直接申请劳动争议仲裁。调解组织进行的调解是群众性调解，完全依靠争议当事人双方的自觉、自愿达成协议，双方达成的协议也要靠当事人的自我约束来履行，不能强制执行。当事人反悔的，可以向劳动争议仲裁委员会申请仲裁解决。

(3) 劳动争议仲裁委员会的裁决在现阶段是当事人向人民法院提起诉讼解决劳动争议前的一个必经程序（申请支付令的特殊情形除外），其生效裁决具有国家强制力。职工与用人单位发生工伤待遇方面的争议后，提出仲裁要求的一方，应当自知道或者应当知道其权利被侵害之日起1年内向劳动争议仲裁委员会提出书面申请。仲裁裁决一般应在收到仲裁申请的45日内作出，复杂的不超过60日。当事人对发生法律效力的仲裁裁决无异议的，必须履行。一方当事人无异议又逾期不履行的，另一方当事人可以申请人民法院强制执行。

(4) 诉讼是解决劳动争议的最终途径，一裁终局除外。职工或用人单位对仲裁裁决不服的，自收到裁决书之日起15日内可以向人民法院提起诉讼，人民法院应当受理，审理并作出裁判。人民法院的审理包括一审、二审程序，最终的生效判决标志着这一劳动争议案件的最终解决。

配 套

《劳动争议调解仲裁法》

第五十五条　【其他工伤保险争议处理】有下列情形之一的，有关单位或者个人可以依法申请行政复议，也可以依法向人民法院提起行政诉讼：

（一）申请工伤认定的职工或者其近亲属、该职工所在单位对工伤认定申请不予受理的决定不服的；

（二）申请工伤认定的职工或者其近亲属、该职工所在单位对工伤认定结论不服的；

（三）用人单位对经办机构确定的单位缴费费率不服的；

（四）签订服务协议的医疗机构、辅助器具配置机构认为经办机构未履行有关协议或者规定的；

（五）工伤职工或者其近亲属对经办机构核定的工伤保险待遇有异议的。

配套

《行政复议法》;《行政诉讼法》

第七章 法律责任

第五十六条 【挪用工伤保险基金的责任】 单位或者个人违反本条例第十二条规定挪用工伤保险基金，构成犯罪的，依法追究刑事责任；尚不构成犯罪的，依法给予处分或者纪律处分。被挪用的基金由社会保险行政部门追回，并入工伤保险基金；没收的违法所得依法上缴国库。

第五十七条 【社会保险行政部门工作人员违法违纪责任】 社会保险行政部门工作人员有下列情形之一的，依法给予处分；情节严重，构成犯罪的，依法追究刑事责任：

（一）无正当理由不受理工伤认定申请，或者弄虚作假将不符合工伤条件的人员认定为工伤职工的；

（二）未妥善保管申请工伤认定的证据材料，致使有关证据灭失的；

（三）收受当事人财物的。

注解

1. “无正当理由不受理工伤认定申请”，是指有管辖权的社会保险行政部门无法定的原因或者其他正当理由而拒不受理工伤认定申请的情形，主要表现为以下方面：(1) 申请人提出的工伤认定申请符合法定工伤认定申请条件，社会保险行政部门拒不受理的；(2) 申请人提出的工伤认定申请符合法定工伤认定申请条件，社会保险行政部门在法定的受理期限内不予受理的；(3) 申请人提交的工伤认定申请材料符合工伤认定申请要求，社会保险行政部门故意设置障碍，不予受理的；(4) 因社会保险行政部门工作人员的失职行为导致申请人超过申请时限的；(5) 因社会保险行政部门的原因（如迁移等）致使申请人无法按正常情形提交工伤认定申请，社会保险行政部门不予受理的。

2. “弄虚作假，将不符合工伤条件的人员认定为工伤职工的”，是指在工伤认定中，负责工伤认定的工作人员利用职权，采取的编造事实，提供虚假证明材料、虚假鉴定或者故意违反工伤认定程序等行为，将不属于工伤范围的人（如工伤认定工作人员的亲友或者有其他利益关系的人）认定为工伤的情形。它主要表现为以下几种情况：(1) 违反关于工伤范围的构成要件认定。对于因事故造成的伤害，必须以在工作时间、在工作场所内和因工作原因 3 个构成要素为认定前提。故意将缺少工伤构成要件的人员认定为工伤，属于弄虚作假行为。(2) 违反工伤认定的程序，故意超越阶段进行认定，不按照时限要求认定等。(3) 故意将条例规定不得认定为工伤的人员认定为工伤，如因本人醉酒或者吸毒行为造成伤害的人员。(4) 不严格执行视同工伤的条件，故意扩大视同工伤的范围。(5) 利用职权，编造虚假证明材料，将不属于工伤范围的人认定为工伤等。

第五十八条　【经办机构违规的责任】经办机构有下列行为之一的，由社会保险行政部门责令改正，对直接负责的主管人员和其他责任人员依法给予纪律处分；情节严重，构成犯罪的，依法追究刑事责任；造成当事人经济损失的，由经办机构依法承担赔偿责任：

（一）未按规定保存用人单位缴费和职工享受工伤保险待遇情况记录的；

（二）不按规定核定工伤保险待遇的；

（三）收受当事人财物的。

注解

经办机构不按规定核定工伤保险待遇的情形主要有以下几方面：一是为不符合享受工伤保险待遇条件的主体核定工伤保险待遇；二是不按条例规定的项目和标准核定工伤保险待遇，如擅自增加或者减少享受项目、延长或者缩短享受时间、提高或者降低享受标准等；三是不按有关规定调整已享受工伤保险待遇人员的待遇标准的情形。

第五十九条　【医疗机构、辅助器具配置机构、经办机构间的关系】医疗机构、辅助器具配置机构不按服务协议提供服务的，经办机构可以解除服务协议。

经办机构不按时足额结算费用的，由社会保险行政部门责令改正；医疗机构、辅助器具配置机构可以解除服务协议。

注解

注意经办机构与医疗机构等签订的服务协议既具有行政合同的特征，在一些方面也具有民事合同的特征，如：(1) 经办机构与医疗机构签订服务协议不需要事先经过行政机关的审批，而是通过市场机制，双方在平等协商的基础上签订；(2) 经办机构要公布签订服务协议的医疗机构的名单，这样规定是为了保证医疗服务市场的公平竞争；(3) 双方权利义务关系对等。医疗机构等不按服务协议提供服务的，经办机构可以解除服务协议；经办机构不按时足额结算费用的，由社会保险行政部门责令改正，医疗机构等也可以解除服务协议；(4) 根据本条例第 55 条第 4 项，签订服务协议的医疗机构、辅助器具配置机构认为经办机构未履行有关协议或者规定的，可依法申请行政复议，或提起行政诉讼。

第六十条　【对骗取工伤保险待遇的处罚】用人单位、工伤职工或者其近亲属骗取工伤保险待遇，医疗机构、辅助器具配置机构骗取工伤保险基金支出的，由社会保险行政部门责令退还，处骗取金额 2 倍以上 5 倍以下的罚款；情节严重，构成犯罪的，依法追究刑事责任。

第六十一条　【鉴定组织与个人违规的责任】从事劳动能力鉴定的组织或者个人有下列情形之一的，由社会保险行政部门责令改正，处 2000 元以上 1 万元以下的罚款；情节严重，构成犯罪的，依法追究刑事责任：

（一）提供虚假鉴定意见的；

（二）提供虚假诊断证明的；

（三）收受当事人财物的。

注解

1. 从事劳动能力鉴定的组织有两类，一是指本条例第 24 条规定的省、自治区、直辖市劳动能力鉴定委员会和设区的市级劳动能力鉴定委员会，分别由省、自治区、直辖市和设区的市级社会保险行政部门、人事部门、卫生部门、工会组织、经办机构代表以及用人单位代表组成；二是本条例第 25 条规定的接受劳动能力鉴定委员会委托具备资格的医疗机构。从事劳动能力鉴定的个人是指本条例第 25 条规定的从事鉴定的医疗卫生专业技术人员。

2. “提供虚假鉴定意见、虚假诊断证明”行为，其主观上只能是故意，即提供虚假鉴定意见、虚假诊断证明是出于一种故意的行为，而不是由于过失的行为。此处的“虚假”，既包括证明文件的全部内容不真实的，也包括部分内容不真实。证明文件全部内容不真实的情形，如医疗机构或者有关医务人员出具的诊断完全是编造的病情、鉴定意见签署人根本不具备专家的资格等等。部分内容不真实的情形，如对伤残职工的伤残部位和伤残范围的鉴定是真实的，但对伤残等级的鉴定不符合实际情况。

第六十二条　【未按规定参保的情形】用人单位依照本条例规定应当参加工伤保险而未参加的，由社会保险行政部门责令限期参加，补缴应当缴纳的工伤保险费，并自欠缴之日起，按日加收万分之五的滞纳金；逾期仍不缴纳的，处欠缴数额 1 倍以上 3 倍以下的罚款。

依照本条例规定应当参加工伤保险而未参加工伤保险的用人单位职工发生工伤的，由该用人单位按照本条例规定的工伤保险待遇项目和标准支付费用。

用人单位参加工伤保险并补缴应当缴纳的工伤保险费、滞纳金后，由工伤保险基金和用人单位依照本条例的规定支付新发生的费用。

应用

45. 未参加工伤保险期间用人单位职工发生工伤的，如何处理？

根据《工伤保险条例》第 2 条和第 62 条的规定，用人单位应当按照规定参加工伤保险，为职工缴纳工伤保险费，未参加工伤保险期间用人单位职工发生工伤的，由该用人单位按照本条例规定的工伤保险待遇项目和标准支付费用。（参见《最高人民法院公报》2010 年第 3 期“邹某英诉孙某根、刘某工伤事故损害赔偿纠纷案”）

46. 国家机关临时聘用人员是否应参照《工伤保险条例》认定工伤?

《最高人民法院行政审判庭关于国家机关聘用人员工作期间死亡如何适用法律请示的答复》（2009 年 5 月 19 日，〔2009〕行他字第 2 号）中规定：“根据《劳动法》第二条、第七十三条和《工伤保险条例》第六十二条的规定，鹤岗市公安局东山分局东方红派出所临时聘用、未参加工伤保险、不是正式干警的司机王奎在单位突发疾病死亡，应由鹤岗市劳动和社会保障局参照《工伤保险条例》认定是否属于工伤、确定工伤待遇的标准。有关工伤待遇费用由聘用机关支付。”人民法院审理有关工伤保险行政案件在适用〔2009〕行他字第 2 号答复时，应当注意以下几个问题：（1）注意有关规章的出台。根据《工伤保险条例》第 62 条的规定，有关国务院部门正在制定有关国家机关、事业单位、社会团体聘用人员（非公务员）工伤保险方面的规章，因此，在这类规章未出台之前，对国家机关、事业单位、社会团体聘用人员有关工伤保险的问题，参照《工伤保险条例》的有关规定处理。一旦有关规章出台后，这类案件就应适用有关规章的规定进行处理。（2）需要查清聘用单位是否缴纳工伤保险金。国家机关的聘用人员，如果机关为其缴纳了社会保险金，有关工伤保险金待遇一般由工伤保险基金支付；未缴纳工伤保险金的，工伤待遇由聘用机关支付。（3）关于事业单位、社会团体工作人员的工伤保险问题。根据《公务员法》及有关行政法规、规章的规定，事业单位和社会团体中的工作人员有两类，一类是实行或者参照公务员进行管理的人员。这类人员因工作原因伤亡的，应当按照《公务员法》的有关规定处理。另一类是不实行或者不参照公务员进行管理的人员。这类人员因工作原因伤亡的，在新的规定未出台之前，亦应参照此答复处理。①

① 蔡小雪：《国家机关聘用人员工作期间死亡应参照〈工伤保险条例〉的规定认定工伤》，载江必新主编：《行政法律文件解读》（总第 55 辑），人民法院出版社 2009 年版，第 87—90 页。

第六十三条 【用人单位不协助调查的责任】用人单位违反本条例第十九条的规定，拒不协助社会保险行政部门对事故进行调查核实的，由社会保险行政部门责令改正，处2000元以上2万元以下的罚款。

第八章 附 则

第六十四条 【相关名词解释】本条例所称工资总额，是指用人单位直接支付给本单位全部职工的劳动报酬总额。

本条例所称本人工资，是指工伤职工因工作遭受事故伤害或者患职业病前12个月平均月缴费工资。本人工资高于统筹地区职工平均工资300%的，按照统筹地区职工平均工资的300%计算；本人工资低于统筹地区职工平均工资60%的，按照统筹地区职工平均工资的60%计算。

注解

本条例所称的工资总额，是指用人单位直接支付给本单位全部职工的劳动报酬总额。需要强调两点：一是，支付的对象是全部职工，包括农民工、临时工等各种用工形式、各种用工期限的所有劳动者，而不限于单位职工花名册的在册职工；二是，工资的构成是劳动报酬总额，包括了工资、津贴、奖金等多项收入，而不限于岗位工资或者是基本工资。但是，劳动者的以下收入不属于工资范围：（1）单位支付给劳动者个人的社会保险福利费用，如丧葬抚恤费、生活困难补助费、计划生育补贴等；（2）劳动保护方面的费用，如用人单位支付给劳动者的工作服、解毒剂、清凉饮料费用等；（3）按规定未列入工资总额的各种劳动报酬及其他劳动收入，如根据国家规定发放的创造发明奖、国家星火奖、自然科学奖、科学进步奖、合理化建议和技术改进奖、中华技能大奖以及稿费、讲课费、翻译费等。

应用

47. 本人工资中的缴费工资低于实际本人工资怎么办?

用人单位应按本单位职工工资总额乘以单位缴费费率之积缴纳工伤保险费。如果单位依法缴纳工伤保险费，那么职工的缴费工资应该与其实际工资一致。在计算保险待遇时所谓的缴费工资与实际工资应该是一致的。但是由于有些企业为了少缴保险费，在缴纳保险费时没有如实申报其工资总额。

如果职工在享受工伤待遇时对此不服，可以先按缴费工资申请工伤待遇，因此得到的待遇与按实际工资应得的工伤待遇的差额部分，可要求由企业承担，此权利可通过劳动仲裁、诉讼的程序实现。

配套

《劳动法》第五章

第六十五条　【公务员等的工伤保险】 公务员和参照公务员法管理的事业单位、社会团体的工作人员因工作遭受事故伤害或者患职业病的，由所在单位支付费用。具体办法由国务院社会保险行政部门会同国务院财政部门规定。

注解

国家机关不同于企业，在许多方面有其特殊性，例如，国家机关的经费完全由财政拨款，国家机关工作人员发生工伤事故或者患职业病的概率较低，因此，建立起工伤保险制度的国家，大多建立单独的国家机关工伤保险体系。本条例考虑了这些特殊情况，规定国家机关的工作人员因工作遭受事故伤害或者患职业病的，由所在单位实际上是由财政支付费用，具体办法由人力资源社会保障部会同财政部规定。

参照公务员管理的事业单位、社会团体的工作人员，其工作性质和工伤风险程度等与公务员比较接近，据此，本条规定，公务员和参照公务员管理的事业单位、社会团体的工伤保险办法，由人力资源和社会保障部会同财政部制定。

第六十六条　【非法经营单位工伤一次性赔偿及争议处理】 无营业执照或者未经依法登记、备案的单位以及被依法吊销营业执照或者撤销登记、备案的单位的职工受到事故伤害或者患职业病的，由该单位向伤残职工或者死亡职工的近亲属给予一次性赔偿，赔偿标准不得低于本条例规定的工伤保险待遇；用人单位不得使用童工，用人单位使用童工造成童工伤残、死亡的，由该单位向童工或者童工的近亲属给予一次性赔偿，赔偿标准不得低于本条例规定的工伤保险待遇。具体办法由国务院社会保险行政部门规定。

前款规定的伤残职工或者死亡职工的近亲属就赔偿数额与单位发生争议的，以及前款规定的童工或者童工的近亲属就赔偿数额与单位发生争议的，按照处理劳动争议的有关规定处理。

注解

一次性赔偿金支付标准。一次性赔偿金按以下标准支付：一级伤残的为赔偿基数的 16 倍，二级伤残的为赔偿基数的 14 倍，三级伤残的为赔偿基数的 12 倍，四级伤残的为赔偿基数的 10 倍，五级伤残的为赔偿基数的 8 倍，六级伤残的为赔偿基数的 6 倍，七级伤残的为赔偿基数的 4 倍，八级伤残的为赔偿基数的 3 倍，九级伤残的为赔偿基数的 2 倍，十级伤残的为赔偿基数的 1 倍。

赔偿基数，是指单位所在工伤保险统筹地区上年度职工年平均工资。

受到事故伤害或患职业病造成死亡的，按照上一年度全国城镇居民人均可支配收入的 20 倍支付一次性赔偿金。

配套

《非法用工单位伤亡人员一次性赔偿办法》；《劳动法》第 15 条

第六十七条　【实施日期及过渡事项】本条例自 2004 年 1 月 1 日起施行。本条例施行前已受到事故伤害或者患职业病的职工尚未完成工伤认定的，按照本条例的规定执行。

注解

职工在本条例施行前所受的陈旧性工伤，如果当时已依法完成工伤认定，则不再重新进行工伤认定。如果没有完成工伤认定且没有超过工伤认定的时效，则要执行本条例的规定。

应用

48. 在《工伤保险条例》施行前作出的工伤认定被人民法院判决撤销后，又在《工伤保险条例》施行后重新启动的工伤认定程序，如何处理?

在《工伤保险条例》施行前作出的工伤认定被人民法院判决撤销后，又在《工伤保险条例》施行后重新启动的工伤认定程序，应当执行《工伤保险条例》的规定。(参见《最高人民法院公报》2007年第1期“铃王公司诉无锡市劳动局工伤认定决定行政纠纷案”)

配套法规

中华人民共和国社会保险法

（2010年10月28日第十一届全国人民代表大会常务委员会第十七次会议通过　根据2018年12月29日第十三届全国人民代表大会常务委员会第七次会议《关于修改〈中华人民共和国社会保险法〉的决定》修正）

第一章　总　　则

第一条　【立法宗旨】为了规范社会保险关系，维护公民参加社会保险和享受社会保险待遇的合法权益，使公民共享发展成果，促进社会和谐稳定，根据宪法，制定本法。

第二条　【建立社会保险制度】国家建立基本养老保险、基本医疗保险、工伤保险、失业保险、生育保险等社会保险制度，保障公民在年老、疾病、工伤、失业、生育等情况下依法从国家和社会获得物质帮助的权利。

第三条　【社会保险制度的方针和社会保险水平】社会保险制度坚持广覆盖、保基本、多层次、可持续的方针，社会保险水平应当与经济社会发展水平相适应。

第四条　【用人单位和个人的权利义务】中华人民共和国境内的用人单位和个人依法缴纳社会保险费，有权查询缴费记录、个人权益记录，要求社会保险经办机构提供社会保险咨询等相关服务。

个人依法享受社会保险待遇，有权监督本单位为其缴费情况。

第五条　【社会保险财政保障】县级以上人民政府将社会保险事业纳入国民经济和社会发展规划。

国家多渠道筹集社会保险资金。县级以上人民政府对社会保险事业给予必要的经费支持。

国家通过税收优惠政策支持社会保险事业。

第六条　【社会保险基金监督】国家对社会保险基金实行严格监管。

国务院和省、自治区、直辖市人民政府建立健全社会保险基金监督管理制度，保障社会保险基金安全、有效运行。

县级以上人民政府采取措施，鼓励和支持社会各方面参与社会保险基金的监督。

第七条　【社会保险行政管理职责分工】国务院社会保险行政部门负责全国的社会保险管理工作，国务院其他有关部门在各自的职责范围内负责有关的社会保险工作。

县级以上地方人民政府社会保险行政部门负责本行政区域的社会保险管理工作，县级以上地方人民政府其他有关部门在各自的职责范围内负责有关的社会保险工作。

第八条　【社会保险经办机构职责】社会保险经办机构提供社会保险服务，负责社会保险登记、个人权益记录、社会保险待遇支付等工作。

第九条　【工会的职责】工会依法维护职工的合法权益，有权参与社会保险重大事项的研究，参加社会保险监督委员会，对与职工社会保险权益有关的事项进行监督。

第二章　基本养老保险

第十条　【覆盖范围】职工应当参加基本养老保险，由用人单位和职工共同缴纳基本养老保险费。

无雇工的个体工商户、未在用人单位参加基本养老保险的非全日制从业人员以及其他灵活就业人员可以参加基本养老保险，由个人缴纳基本养老保险费。

公务员和参照公务员法管理的工作人员养老保险的办法由国务院规定。

第十一条　【制度模式和基金筹资方式】基本养老保险实行社会统筹与个人账户相结合。

基本养老保险基金由用人单位和个人缴费以及政府补贴等组成。

第十二条　【缴费基数和缴费比例】用人单位应当按照国家规定的本单位职工工资总额的比例缴纳基本养老保险费，记入基本养老保险统筹基金。

职工应当按照国家规定的本人工资的比例缴纳基本养老保险费，记入个人账户。

无雇工的个体工商户、未在用人单位参加基本养老保险的非全日制从业人员以及其他灵活就业人员参加基本养老保险的，应当按照国家规定缴纳基本养老保险费，分别记入基本养老保险统筹基金和个人账户。

第十三条　【政府财政补贴】国有企业、事业单位职工参加基本养老保险前，视同缴费年限期间应当缴纳的基本养老保险费由政府承担。

基本养老保险基金出现支付不足时，政府给予补贴。

第十四条　【个人账户养老金】个人账户不得提前支取，记账利率不得低于银行定期存款利率，免征利息税。个人死亡的，个人账户余额可以继承。

第十五条　【基本养老金构成】基本养老金由统筹养老金和个人账户养老金组成。

基本养老金根据个人累计缴费年限、缴费工资、当地职工平均工资、个人账户金额、城镇人口平均预期寿命等因素确定。

第十六条　【享受基本养老保险待遇的条件】参加基本养老保

险的个人，达到法定退休年龄时累计缴费满十五年的，按月领取基本养老金。

参加基本养老保险的个人，达到法定退休年龄时累计缴费不足十五年的，可以缴费至满十五年，按月领取基本养老金；也可以转入新型农村社会养老保险或者城镇居民社会养老保险，按照国务院规定享受相应的养老保险待遇。

第十七条　【参保个人因病或非因工致残、死亡待遇】参加基本养老保险的个人，因病或者非因工死亡的，其遗属可以领取丧葬补助金和抚恤金；在未达到法定退休年龄时因病或者非因工致残完全丧失劳动能力的，可以领取病残津贴。所需资金从基本养老保险基金中支付。

第十八条　【基本养老金调整机制】国家建立基本养老金正常调整机制。根据职工平均工资增长、物价上涨情况，适时提高基本养老保险待遇水平。

第十九条　【基本养老保险关系转移接续制度】个人跨统筹地区就业的，其基本养老保险关系随本人转移，缴费年限累计计算。个人达到法定退休年龄时，基本养老金分段计算、统一支付。具体办法由国务院规定。

第二十条　【新型农村社会养老保险及其筹资方式】国家建立和完善新型农村社会养老保险制度。

新型农村社会养老保险实行个人缴费、集体补助和政府补贴相结合。

第二十一条　【新型农村社会养老保险待遇】新型农村社会养老保险待遇由基础养老金和个人账户养老金组成。

参加新型农村社会养老保险的农村居民，符合国家规定条件的，按月领取新型农村社会养老保险待遇。

第二十二条　【城镇居民社会养老保险】国家建立和完善城镇居民社会养老保险制度。

省、自治区、直辖市人民政府根据实际情况，可以将城镇居民社会养老保险和新型农村社会养老保险合并实施。

第三章　基本医疗保险

第二十三条　【职工基本医疗保险覆盖范围和缴费】职工应当参加职工基本医疗保险，由用人单位和职工按照国家规定共同缴纳基本医疗保险费。

无雇工的个体工商户、未在用人单位参加职工基本医疗保险的非全日制从业人员以及其他灵活就业人员可以参加职工基本医疗保险，由个人按照国家规定缴纳基本医疗保险费。

第二十四条　【新型农村合作医疗制度】国家建立和完善新型农村合作医疗制度。

新型农村合作医疗的管理办法，由国务院规定。

第二十五条　【城镇居民基本医疗保险制度】国家建立和完善城镇居民基本医疗保险制度。

城镇居民基本医疗保险实行个人缴费和政府补贴相结合。

享受最低生活保障的人、丧失劳动能力的残疾人、低收入家庭六十周岁以上的老年人和未成年人等所需个人缴费部分，由政府给予补贴。

第二十六条　【医疗保险待遇标准】职工基本医疗保险、新型农村合作医疗和城镇居民基本医疗保险的待遇标准按照国家规定执行。

第二十七条　【退休时享受基本医疗保险待遇】参加职工基本医疗保险的个人，达到法定退休年龄时累计缴费达到国家规定年限的，退休后不再缴纳基本医疗保险费，按照国家规定享受基本医疗保险待遇；未达到国家规定年限的，可以缴费至国家规定年限。

第二十八条　【基本医疗保险基金支付制度】符合基本医疗保险药品目录、诊疗项目、医疗服务设施标准以及急诊、抢救的医疗费用，按照国家规定从基本医疗保险基金中支付。

第二十九条　【基本医疗保险费用结算制度】参保人员医疗费用中应当由基本医疗保险基金支付的部分，由社会保险经办机构与医疗机构、药品经营单位直接结算。

社会保险行政部门和卫生行政部门应当建立异地就医医疗费用结算制度，方便参保人员享受基本医疗保险待遇。

第三十条　【不纳入基本医疗保险基金支付范围的医疗费用】下列医疗费用不纳入基本医疗保险基金支付范围：

（一）应当从工伤保险基金中支付的；

（二）应当由第三人负担的；

（三）应当由公共卫生负担的；

（四）在境外就医的。

医疗费用依法应当由第三人负担，第三人不支付或者无法确定第三人的，由基本医疗保险基金先行支付。基本医疗保险基金先行支付后，有权向第三人追偿。

第三十一条　【服务协议】社会保险经办机构根据管理服务的需要，可以与医疗机构、药品经营单位签订服务协议，规范医疗服务行为。

医疗机构应当为参保人员提供合理、必要的医疗服务。

第三十二条　【基本医疗保险关系转移接续制度】个人跨统筹地区就业的，其基本医疗保险关系随本人转移，缴费年限累计计算。

第四章　工伤保险

第三十三条　【参保范围和缴费】职工应当参加工伤保险，由用人单位缴纳工伤保险费，职工不缴纳工伤保险费。

第三十四条　【工伤保险费率】国家根据不同行业的工伤风险程度确定行业的差别费率，并根据使用工伤保险基金、工伤发生率等情况在每个行业内确定费率档次。行业差别费率和行业内费率档次由国务院社会保险行政部门制定，报国务院批准后公布施行。

社会保险经办机构根据用人单位使用工伤保险基金、工伤发生率和所属行业费率档次等情况，确定用人单位缴费费率。

第三十五条　【工伤保险费缴费基数和费率】用人单位应当按照本单位职工工资总额，根据社会保险经办机构确定的费率缴纳工伤保险费。

第三十六条　【享受工伤保险待遇的条件】职工因工作原因受到事故伤害或者患职业病，且经工伤认定的，享受工伤保险待遇；其中，经劳动能力鉴定丧失劳动能力的，享受伤残待遇。

工伤认定和劳动能力鉴定应当简捷、方便。

第三十七条　【不认定工伤的情形】职工因下列情形之一导致本人在工作中伤亡的，不认定为工伤：

（一）故意犯罪；

（二）醉酒或者吸毒；

（三）自残或者自杀；

（四）法律、行政法规规定的其他情形。

第三十八条　【工伤保险基金负担的工伤保险待遇】因工伤发生的下列费用，按照国家规定从工伤保险基金中支付：

（一）治疗工伤的医疗费用和康复费用；

（二）住院伙食补助费；

（三）到统筹地区以外就医的交通食宿费；

（四）安装配置伤残辅助器具所需费用；

（五）生活不能自理的，经劳动能力鉴定委员会确认的生活护理费；

（六）一次性伤残补助金和一至四级伤残职工按月领取的伤残津贴；

（七）终止或者解除劳动合同时，应当享受的一次性医疗补助金；

（八）因工死亡的，其遗属领取的丧葬补助金、供养亲属抚恤金和因工死亡补助金；

（九）劳动能力鉴定费。

第三十九条　【用人单位负担的工伤保险待遇】因工伤发生的下列费用，按照国家规定由用人单位支付：

（一）治疗工伤期间的工资福利；

（二）五级、六级伤残职工按月领取的伤残津贴；

（三）终止或者解除劳动合同时，应当享受的一次性伤残就业补助金。

第四十条　【伤残津贴和基本养老保险待遇的衔接】工伤职工符合领取基本养老金条件的，停发伤残津贴，享受基本养老保险待遇。基本养老保险待遇低于伤残津贴的，从工伤保险基金中补足差额。

第四十一条　【未参保单位职工发生工伤时的待遇】职工所在用人单位未依法缴纳工伤保险费，发生工伤事故的，由用人单位支付工伤保险待遇。用人单位不支付的，从工伤保险基金中先行支付。

从工伤保险基金中先行支付的工伤保险待遇应当由用人单位偿还。用人单位不偿还的，社会保险经办机构可以依照本法第六十三条的规定追偿。

第四十二条　【民事侵权责任和工伤保险责任竞合】由于第三人的原因造成工伤，第三人不支付工伤医疗费用或者无法确定第三人的，由工伤保险基金先行支付。工伤保险基金先行支付后，有权向第三人追偿。

第四十三条　【停止享受工伤保险待遇的情形】工伤职工有下列情形之一的，停止享受工伤保险待遇：

（一）丧失享受待遇条件的；

（二）拒不接受劳动能力鉴定的；

（三）拒绝治疗的。

第五章 失业保险

第四十四条 【参保范围和失业保险费负担】职工应当参加失业保险，由用人单位和职工按照国家规定共同缴纳失业保险费。

第四十五条 【领取失业保险金的条件】失业人员符合下列条件的，从失业保险基金中领取失业保险金：

（一）失业前用人单位和本人已经缴纳失业保险费满一年的；

（二）非因本人意愿中断就业的；

（三）已经进行失业登记，并有求职要求的。

第四十六条 【领取失业保险金的期限】失业人员失业前用人单位和本人累计缴费满一年不足五年的，领取失业保险金的期限最长为十二个月；累计缴费满五年不足十年的，领取失业保险金的期限最长为十八个月；累计缴费十年以上的，领取失业保险金的期限最长为二十四个月。重新就业后，再次失业的，缴费时间重新计算，领取失业保险金的期限与前次失业应当领取而尚未领取的失业保险金的期限合并计算，最长不超过二十四个月。

第四十七条 【失业保险金标准】失业保险金的标准，由省、自治区、直辖市人民政府确定，不得低于城市居民最低生活保障标准。

第四十八条 【享受基本医疗保险待遇】失业人员在领取失业保险金期间，参加职工基本医疗保险，享受基本医疗保险待遇。

失业人员应当缴纳的基本医疗保险费从失业保险基金中支付，个人不缴纳基本医疗保险费。

第四十九条 【在领取失业保险金期间死亡时的待遇】失业人员在领取失业保险金期间死亡的，参照当地对在职职工死亡的规定，向其遗属发给一次性丧葬补助金和抚恤金。所需资金从失业保险基金中支付。

个人死亡同时符合领取基本养老保险丧葬补助金、工伤保险丧葬补助金和失业保险丧葬补助金条件的，其遗属只能选择领取其中的一项。

第五十条　【领取失业保险金的程序】用人单位应当及时为失业人员出具终止或者解除劳动关系的证明，并将失业人员的名单自终止或者解除劳动关系之日起十五日内告知社会保险经办机构。

失业人员应当持本单位为其出具的终止或者解除劳动关系的证明，及时到指定的公共就业服务机构办理失业登记。

失业人员凭失业登记证明和个人身份证明，到社会保险经办机构办理领取失业保险金的手续。失业保险金领取期限自办理失业登记之日起计算。

第五十一条　【停止领取失业保险待遇的情形】失业人员在领取失业保险金期间有下列情形之一的，停止领取失业保险金，并同时停止享受其他失业保险待遇：

（一）重新就业的；

（二）应征服兵役的；

（三）移居境外的；

（四）享受基本养老保险待遇的；

（五）无正当理由，拒不接受当地人民政府指定部门或者机构介绍的适当工作或者提供的培训的。

第五十二条　【失业保险关系的转移接续】职工跨统筹地区就业的，其失业保险关系随本人转移，缴费年限累计计算。

第六章　生育保险

第五十三条　【参保范围和缴费】职工应当参加生育保险，由用人单位按照国家规定缴纳生育保险费，职工不缴纳生育保险费。

第五十四条　【生育保险待遇】用人单位已经缴纳生育保险费

的，其职工享受生育保险待遇；职工未就业配偶按照国家规定享受生育医疗费用待遇。所需资金从生育保险基金中支付。

生育保险待遇包括生育医疗费用和生育津贴。

第五十五条　【生育医疗费的项目】生育医疗费用包括下列各项：

（一）生育的医疗费用；

（二）计划生育的医疗费用；

（三）法律、法规规定的其他项目费用。

第五十六条　【享受生育津贴的情形】职工有下列情形之一的，可以按照国家规定享受生育津贴：

（一）女职工生育享受产假；

（二）享受计划生育手术休假；

（三）法律、法规规定的其他情形。

生育津贴按照职工所在用人单位上年度职工月平均工资计发。

第七章　社会保险费征缴

第五十七条　【用人单位社会保险登记】用人单位应当自成立之日起三十日内凭营业执照、登记证书或者单位印章，向当地社会保险经办机构申请办理社会保险登记。社会保险经办机构应当自收到申请之日起十五日内予以审核，发给社会保险登记证件。

用人单位的社会保险登记事项发生变更或者用人单位依法终止的，应当自变更或者终止之日起三十日内，到社会保险经办机构办理变更或者注销社会保险登记。

市场监督管理部门、民政部门和机构编制管理机关应当及时向社会保险经办机构通报用人单位的成立、终止情况，公安机关应当及时向社会保险经办机构通报个人的出生、死亡以及户口登记、迁移、注销等情况。

第五十八条 【个人社会保险登记】用人单位应当自用工之日起三十日内为其职工向社会保险经办机构申请办理社会保险登记。未办理社会保险登记的，由社会保险经办机构核定其应当缴纳的社会保险费。

自愿参加社会保险的无雇工的个体工商户、未在用人单位参加社会保险的非全日制从业人员以及其他灵活就业人员，应当向社会保险经办机构申请办理社会保险登记。

国家建立全国统一的个人社会保障号码。个人社会保障号码为公民身份号码。

第五十九条 【社会保险费征收】县级以上人民政府加强社会保险费的征收工作。

社会保险费实行统一征收，实施步骤和具体办法由国务院规定。

第六十条 【社会保险费的缴纳】用人单位应当自行申报、按时足额缴纳社会保险费，非因不可抗力等法定事由不得缓缴、减免。职工应当缴纳的社会保险费由用人单位代扣代缴，用人单位应当按月将缴纳社会保险费的明细情况告知本人。

无雇工的个体工商户、未在用人单位参加社会保险的非全日制从业人员以及其他灵活就业人员，可以直接向社会保险费征收机构缴纳社会保险费。

第六十一条 【社会保险费征收机构的义务】社会保险费征收机构应当依法按时足额征收社会保险费，并将缴费情况定期告知用人单位和个人。

第六十二条 【用人单位未按规定申报应缴数额】用人单位未按规定申报应当缴纳的社会保险费数额的，按照该单位上月缴费额的百分之一百一十确定应当缴纳数额；缴费单位补办申报手续后，由社会保险费征收机构按照规定结算。

第六十三条 【用人单位未按时足额缴费】用人单位未按时足额缴纳社会保险费的，由社会保险费征收机构责令其限期缴纳或者补足。

用人单位逾期仍未缴纳或者补足社会保险费的，社会保险费征收机构可以向银行和其他金融机构查询其存款账户；并可以申请县级以上有关行政部门作出划拨社会保险费的决定，书面通知其开户银行或者其他金融机构划拨社会保险费。用人单位账户余额少于应当缴纳的社会保险费的，社会保险费征收机构可以要求该用人单位提供担保，签订延期缴费协议。

用人单位未足额缴纳社会保险费且未提供担保的，社会保险费征收机构可以申请人民法院扣押、查封、拍卖其价值相当于应当缴纳社会保险费的财产，以拍卖所得抵缴社会保险费。

第八章　社会保险基金

第六十四条　【社会保险基金类别、管理原则和统筹层次】社会保险基金包括基本养老保险基金、基本医疗保险基金、工伤保险基金、失业保险基金和生育保险基金。除基本医疗保险基金与生育保险基金合并建账及核算外，其他各项社会保险基金按照社会保险险种分别建账，分账核算。社会保险基金执行国家统一的会计制度。

社会保险基金专款专用，任何组织和个人不得侵占或者挪用。

基本养老保险基金逐步实行全国统筹，其他社会保险基金逐步实行省级统筹，具体时间、步骤由国务院规定。

第六十五条　【社会保险基金的收支平衡和政府补贴责任】社会保险基金通过预算实现收支平衡。

县级以上人民政府在社会保险基金出现支付不足时，给予补贴。

第六十六条　【社会保险基金按照统筹层次设立预算】社会保险基金按照统筹层次设立预算。除基本医疗保险基金与生育保险基金预算合并编制外，其他社会保险基金预算按照社会保险项目分别编制。

第六十七条　【社会保险基金预算制定程序】社会保险基金预算、决算草案的编制、审核和批准，依照法律和国务院规定执行。

第六十八条　【社会保险基金财政专户】社会保险基金存入财政专户，具体管理办法由国务院规定。

第六十九条　【社会保险基金的保值增值】社会保险基金在保证安全的前提下，按照国务院规定投资运营实现保值增值。

社会保险基金不得违规投资运营，不得用于平衡其他政府预算，不得用于兴建、改建办公场所和支付人员经费、运行费用、管理费用，或者违反法律、行政法规规定挪作其他用途。

第七十条　【社会保险基金信息公开】社会保险经办机构应当定期向社会公布参加社会保险情况以及社会保险基金的收入、支出、结余和收益情况。

第七十一条　【全国社会保障基金】国家设立全国社会保障基金，由中央财政预算拨款以及国务院批准的其他方式筹集的资金构成，用于社会保障支出的补充、调剂。全国社会保障基金由全国社会保障基金管理运营机构负责管理运营，在保证安全的前提下实现保值增值。

全国社会保障基金应当定期向社会公布收支、管理和投资运营的情况。国务院财政部门、社会保险行政部门、审计机关对全国社会保障基金的收支、管理和投资运营情况实施监督。

第九章　社会保险经办

第七十二条　【社会保险经办机构的设置及经费保障】统筹地区设立社会保险经办机构。社会保险经办机构根据工作需要，经所在地的社会保险行政部门和机构编制管理机关批准，可以在本统筹地区设立分支机构和服务网点。

社会保险经办机构的人员经费和经办社会保险发生的基本运行费用、管理费用，由同级财政按照国家规定予以保障。

第七十三条　【管理制度和支付社会保险待遇职责】社会保险

经办机构应当建立健全业务、财务、安全和风险管理制度。

社会保险经办机构应当按时足额支付社会保险待遇。

第七十四条 【获取社会保险数据、建档、权益记录等服务】 社会保险经办机构通过业务经办、统计、调查获取社会保险工作所需的数据，有关单位和个人应当及时、如实提供。

社会保险经办机构应当及时为用人单位建立档案，完整、准确地记录参加社会保险的人员、缴费等社会保险数据，妥善保管登记、申报的原始凭证和支付结算的会计凭证。

社会保险经办机构应当及时、完整、准确地记录参加社会保险的个人缴费和用人单位为其缴费，以及享受社会保险待遇等个人权益记录，定期将个人权益记录单免费寄送本人。

用人单位和个人可以免费向社会保险经办机构查询、核对其缴费和享受社会保险待遇记录，要求社会保险经办机构提供社会保险咨询等相关服务。

第七十五条 【社会保险信息系统的建设】 全国社会保险信息系统按照国家统一规划，由县级以上人民政府按照分级负责的原则共同建设。

第十章 社会保险监督

第七十六条 【人大监督】 各级人民代表大会常务委员会听取和审议本级人民政府对社会保险基金的收支、管理、投资运营以及监督检查情况的专项工作报告，组织对本法实施情况的执法检查等，依法行使监督职权。

第七十七条 【行政部门监督】 县级以上人民政府社会保险行政部门应当加强对用人单位和个人遵守社会保险法律、法规情况的监督检查。

社会保险行政部门实施监督检查时，被检查的用人单位和个人应当如实提供与社会保险有关的资料，不得拒绝检查或者谎报、瞒报。

第七十八条　【财政监督、审计监督】财政部门、审计机关按照各自职责，对社会保险基金的收支、管理和投资运营情况实施监督。

第七十九条　【社会保险行政部门对基金的监督】社会保险行政部门对社会保险基金的收支、管理和投资运营情况进行监督检查，发现存在问题的，应当提出整改建议，依法作出处理决定或者向有关行政部门提出处理建议。社会保险基金检查结果应当定期向社会公布。

社会保险行政部门对社会保险基金实施监督检查，有权采取下列措施：

（一）查阅、记录、复制与社会保险基金收支、管理和投资运营相关的资料，对可能被转移、隐匿或者灭失的资料予以封存；

（二）询问与调查事项有关的单位和个人，要求其对与调查事项有关的问题作出说明、提供有关证明材料；

（三）对隐匿、转移、侵占、挪用社会保险基金的行为予以制止并责令改正。

第八十条　【社会保险监督委员会】统筹地区人民政府成立由用人单位代表、参保人员代表，以及工会代表、专家等组成的社会保险监督委员会，掌握、分析社会保险基金的收支、管理和投资运营情况，对社会保险工作提出咨询意见和建议，实施社会监督。

社会保险经办机构应当定期向社会保险监督委员会汇报社会保险基金的收支、管理和投资运营情况。社会保险监督委员会可以聘请会计师事务所对社会保险基金的收支、管理和投资运营情况进行年度审计和专项审计。审计结果应当向社会公开。

社会保险监督委员会发现社会保险基金收支、管理和投资运营中存在问题的，有权提出改正建议；对社会保险经办机构及其工作人员的违法行为，有权向有关部门提出依法处理建议。

第八十一条　【为用人单位和个人信息保密】社会保险行政部门和其他有关行政部门、社会保险经办机构、社会保险费征收机构及其工作人员，应当依法为用人单位和个人的信息保密，不得以任何形式泄露。

第八十二条　【违法行为的举报、投诉】任何组织或者个人有权对违反社会保险法律、法规的行为进行举报、投诉。

社会保险行政部门、卫生行政部门、社会保险经办机构、社会保险费征收机构和财政部门、审计机关对属于本部门、本机构职责范围的举报、投诉，应当依法处理；对不属于本部门、本机构职责范围的，应当书面通知并移交有权处理的部门、机构处理。有权处理的部门、机构应当及时处理，不得推诿。

第八十三条　【社会保险权利救济途径】用人单位或者个人认为社会保险费征收机构的行为侵害自己合法权益的，可以依法申请行政复议或者提起行政诉讼。

用人单位或者个人对社会保险经办机构不依法办理社会保险登记、核定社会保险费、支付社会保险待遇、办理社会保险转移接续手续或者侵害其他社会保险权益的行为，可以依法申请行政复议或者提起行政诉讼。

个人与所在用人单位发生社会保险争议的，可以依法申请调解、仲裁，提起诉讼。用人单位侵害个人社会保险权益的，个人也可以要求社会保险行政部门或者社会保险费征收机构依法处理。

第十一章　法律责任

第八十四条　【不办理社会保险登记的法律责任】用人单位不办理社会保险登记的，由社会保险行政部门责令限期改正；逾期不改正的，对用人单位处应缴社会保险费数额一倍以上三倍以下的罚款，对其直接负责的主管人员和其他直接责任人员处五百元以上三千元以下的罚款。

第八十五条　【拒不出具终止或者解除劳动关系证明的处理】

用人单位拒不出具终止或者解除劳动关系证明的，依照《中华人民共和国劳动合同法》的规定处理。

第八十六条　【未按时足额缴费的责任】用人单位未按时足额缴纳社会保险费的，由社会保险费征收机构责令限期缴纳或者补足，并自欠缴之日起，按日加收万分之五的滞纳金；逾期仍不缴纳的，由有关行政部门处欠缴数额一倍以上三倍以下的罚款。

第八十七条　【骗取社保基金支出的责任】社会保险经办机构以及医疗机构、药品经营单位等社会保险服务机构以欺诈、伪造证明材料或者其他手段骗取社会保险基金支出的，由社会保险行政部门责令退回骗取的社会保险金，处骗取金额二倍以上五倍以下的罚款；属于社会保险服务机构的，解除服务协议；直接负责的主管人员和其他直接责任人员有执业资格的，依法吊销其执业资格。

第八十八条　【骗取社会保险待遇的责任】以欺诈、伪造证明材料或者其他手段骗取社会保险待遇的，由社会保险行政部门责令退回骗取的社会保险金，处骗取金额二倍以上五倍以下的罚款。

第八十九条　【经办机构及其工作人员违法行为责任】社会保险经办机构及其工作人员有下列行为之一的，由社会保险行政部门责令改正；给社会保险基金、用人单位或者个人造成损失的，依法承担赔偿责任；对直接负责的主管人员和其他直接责任人员依法给予处分：

（一）未履行社会保险法定职责的；

（二）未将社会保险基金存入财政专户的；

（三）克扣或者拒不按时支付社会保险待遇的；

（四）丢失或者篡改缴费记录、享受社会保险待遇记录等社会保险数据、个人权益记录的；

（五）有违反社会保险法律、法规的其他行为的。

第九十条　【擅自更改缴费基数、费率的责任】社会保险费征收机构擅自更改社会保险费缴费基数、费率，导致少收或者多收社会保险费的，由有关行政部门责令其追缴应当缴纳的社会保险费或者退还不应当缴纳的社会保险费；对直接负责的主管人员和其他直接责任人员依法给予处分。

第九十一条　【隐匿、转移、侵占、挪用社保基金等的责任】违反本法规定，隐匿、转移、侵占、挪用社会保险基金或者违规投资运营的，由社会保险行政部门、财政部门、审计机关责令追回；有违法所得的，没收违法所得；对直接负责的主管人员和其他直接责任人员依法给予处分。

第九十二条　【泄露用人单位和个人信息的行政责任】社会保险行政部门和其他有关行政部门、社会保险经办机构、社会保险费征收机构及其工作人员泄露用人单位和个人信息的，对直接负责的主管人员和其他直接责任人员依法给予处分；给用人单位或者个人造成损失的，应当承担赔偿责任。

第九十三条　【国家工作人员的相关责任】国家工作人员在社会保险管理、监督工作中滥用职权、玩忽职守、徇私舞弊的，依法给予处分。

第九十四条　【相关刑事责任】违反本法规定，构成犯罪的，依法追究刑事责任。

第十二章　附　　则

第九十五条　【进城务工农村居民参加社会保险】进城务工的农村居民依照本法规定参加社会保险。

第九十六条　【被征地农民的社会保险】征收农村集体所有的土地，应当足额安排被征地农民的社会保险费，按照国务院规定将被征地农民纳入相应的社会保险制度。

第九十七条　【外国人参加我国社会保险】外国人在中国境内就业的，参照本法规定参加社会保险。

第九十八条　【施行日期】本法自 2011 年 7 月 1 日起施行。

实施《中华人民共和国社会保险法》若干规定（节录）

（2011年6月29日人力资源和社会保障部令第13号 自2011年7月1日起施行）

……

第三章 关于工伤保险

第九条 职工（包括非全日制从业人员）在两个或者两个以上用人单位同时就业的，各用人单位应当分别为职工缴纳工伤保险费。职工发生工伤，由职工受到伤害时工作的单位依法承担工伤保险责任。

第十条 社会保险法第三十七条第二项中的醉酒标准，按照《车辆驾驶人员血液、呼气酒精含量阈值与检验》（GB19522-2004）执行。公安机关交通管理部门、医疗机构等有关单位依法出具的检测结论、诊断证明等材料，可以作为认定醉酒的依据。

第十一条 社会保险法第三十八条第八项中的因工死亡补助金是指《工伤保险条例》第三十九条的一次性工亡补助金，标准为工伤发生时上一年度全国城镇居民人均可支配收入的20倍。

上一年度全国城镇居民人均可支配收入以国家统计局公布的数据为准。

第十二条 社会保险法第三十九条第一项治疗工伤期间的工资福利，按照《工伤保险条例》第三十三条有关职工在停工留薪期内应当享受的工资福利和护理等待遇的规定执行。

……

第五章　关于基金管理和经办服务

第十六条　社会保险基金预算、决算草案的编制、审核和批准，依照《国务院关于试行社会保险基金预算的意见》（国发〔2010〕2号）的规定执行。

第十七条　社会保险经办机构应当每年至少一次将参保人员个人权益记录单通过邮寄方式寄送本人。同时，社会保险经办机构可以通过手机短信或者电子邮件等方式向参保人员发送个人权益记录。

第十八条　社会保险行政部门、社会保险经办机构及其工作人员应当依法为用人单位和个人的信息保密，不得违法向他人泄露下列信息：

（一）涉及用人单位商业秘密或者公开后可能损害用人单位合法利益的信息；

（二）涉及个人权益的信息。

第六章　关于法律责任

第十九条　用人单位在终止或者解除劳动合同时拒不向职工出具终止或者解除劳动关系证明，导致职工无法享受社会保险待遇的，用人单位应当依法承担赔偿责任。

第二十条　职工应当缴纳的社会保险费由用人单位代扣代缴。用人单位未依法代扣代缴的，由社会保险费征收机构责令用人单位限期代缴，并自欠缴之日起向用人单位按日加收万分之五的滞纳金。用人单位不得要求职工承担滞纳金。

第二十一条　用人单位因不可抗力造成生产经营出现严重困难的，经省级人民政府社会保险行政部门批准后，可以暂缓缴纳一定期限的社会保险费，期限一般不超过一年。暂缓缴费期间，免收滞纳金。到期后，用人单位应当缴纳相应的社会保险费。

第二十二条 用人单位按照社会保险法第六十三条的规定，提供担保并与社会保险费征收机构签订缓缴协议的，免收缓缴期间的滞纳金。

第二十三条 用人单位按照本规定第二十一条、第二十二条缓缴社会保险费期间，不影响其职工依法享受社会保险待遇。

第二十四条 用人单位未按月将缴纳社会保险费的明细情况告知职工本人的，由社会保险行政部门责令改正；逾期不改的，按照《劳动保障监察条例》第三十条的规定处理。

第二十五条 医疗机构、药品经营单位等社会保险服务机构以欺诈、伪造证明材料或者其他手段骗取社会保险基金支出的，由社会保险行政部门责令退回骗取的社会保险金，处骗取金额二倍以上五倍以下的罚款。对与社会保险经办机构签订服务协议的医疗机构、药品经营单位，由社会保险经办机构按照协议追究责任，情节严重的，可以解除与其签订的服务协议。对有执业资格的直接负责的主管人员和其他直接责任人员，由社会保险行政部门建议授予其执业资格的有关主管部门依法吊销其执业资格。

第二十六条 社会保险经办机构、社会保险费征收机构、社会保险基金投资运营机构、开设社会保险基金专户的机构和专户管理银行及其工作人员有下列违法情形的，由社会保险行政部门按照社会保险法第九十一条的规定查处：

（一）将应征和已征的社会保险基金，采取隐藏、非法放置等手段，未按规定征缴、入账的；

（二）违规将社会保险基金转入社会保险基金专户以外的账户的；

（三）侵吞社会保险基金的；

（四）将各项社会保险基金互相挤占或者其他社会保障基金挤占社会保险基金的；

（五）将社会保险基金用于平衡财政预算，兴建、改建办公场所和支付人员经费、运行费用、管理费用的；

（六）违反国家规定的投资运营政策的。

第七章 其 他

第二十七条 职工与所在用人单位发生社会保险争议的，可以依照《中华人民共和国劳动争议调解仲裁法》、《劳动人事争议仲裁办案规则》的规定，申请调解、仲裁，提起诉讼。

职工认为用人单位有未按时足额为其缴纳社会保险费等侵害其社会保险权益行为的，也可以要求社会保险行政部门或者社会保险费征收机构依法处理。社会保险行政部门或者社会保险费征收机构应当按照社会保险法和《劳动保障监察条例》等相关规定处理。在处理过程中，用人单位对双方的劳动关系提出异议的，社会保险行政部门应当依法查明相关事实后继续处理。

第二十八条 在社会保险经办机构征收社会保险费的地区，社会保险行政部门应当依法履行社会保险法第六十三条所规定的有关行政部门的职责。

第二十九条 2011 年 7 月 1 日后对用人单位未按时足额缴纳社会保险费的处理，按照社会保险法和本规定执行；对 2011 年 7 月 1 日前发生的用人单位未按时足额缴纳社会保险费的行为，按照国家和地方人民政府的有关规定执行。

第三十条 本规定自 2011 年 7 月 1 日起施行。

劳动和社会保障部关于实施《工伤保险条例》若干问题的意见

（2004 年 11 月 1 日 劳社部函〔2004〕256 号）

各省、自治区、直辖市劳动和社会保障厅（局）：

《工伤保险条例》（以下简称条例）已于二〇〇四年一月一日起

施行，现就条例实施中的有关问题提出如下意见。

一、职工在两个或两个以上用人单位同时就业的，各用人单位应当分别为职工缴纳工伤保险费。职工发生工伤，由职工受到伤害时其工作的单位依法承担工伤保险责任。

二、条例第十四条规定“上下班途中，受到机动车事故伤害的，应当认定为工伤”。这里“上下班途中”既包括职工正常工作的上下班途中，也包括职工加班加点的上下班途中。“受到机动车事故伤害的”既可以是职工驾驶或乘坐的机动车发生事故造成的，也可以是职工因其他机动车事故造成的。

三、条例第十五条规定“职工在工作时间和工作岗位，突发疾病死亡或者在48小时之内经抢救无效死亡的，视同工伤”。这里“突发疾病”包括各类疾病。“48小时”的起算时间，以医疗机构的初次诊断时间作为突发疾病的起算时间。

四、条例第十七条第二款规定的有权申请工伤认定的“工会组织”包括职工所在用人单位的工会组织以及符合《中华人民共和国工会法》规定的各级工会组织。

五、用人单位未按规定为职工提出工伤认定申请，受到事故伤害或者患职业病的职工或者其直系亲属、工会组织提出工伤认定申请，职工所在单位是否同意（签字、盖章），不是必经程序。

六、条例第十七条第四款规定“用人单位未在本条第一款规定的时限内提交工伤认定申请的，在此期间发生符合本条例规定的工伤待遇等有关费用由该用人单位负担”。这里用人单位承担工伤待遇等有关费用的期间是指从事故伤害发生之日或职业病确诊之日起到劳动保障行政部门受理工伤认定申请之日止。

七、条例第三十六条规定的工伤职工旧伤复发，是否需要治疗应由治疗工伤职工的协议医疗机构提出意见，有争议的由劳动能力鉴定委员会确认。

八、职工因工死亡，其供养亲属享受抚恤金待遇的资格，按职工因工死亡时的条件核定。

人力资源和社会保障部
关于执行《工伤保险条例》
若干问题的意见

（2013年4月25日　人社部发〔2013〕34号）

各省、自治区、直辖市及新疆生产建设兵团人力资源社会保障厅(局)：

《国务院关于修改〈工伤保险条例〉的决定》（国务院令第586号）已经于2011年1月1日实施。为贯彻执行新修订的《工伤保险条例》，妥善解决实际工作中的问题，更好地保障职工和用人单位的合法权益，现提出如下意见。

一、《工伤保险条例》（以下简称《条例》）第十四条第（五）项规定的“因工外出期间”的认定，应当考虑职工外出是否属于用人单位指派的因工作外出，遭受的事故伤害是否因工作原因所致。

二、《条例》第十四条第（六）项规定的“非本人主要责任”的认定，应当以有关机关出具的法律文书或者人民法院的生效裁决为依据。

三、《条例》第十六条第（一）项“故意犯罪”的认定，应当以司法机关的生效法律文书或者结论性意见为依据。

四、《条例》第十六条第（二）项“醉酒或者吸毒”的认定，应当以有关机关出具的法律文书或者人民法院的生效裁决为依据。无法获得上述证据的，可以结合相关证据认定。

五、社会保险行政部门受理工伤认定申请后，发现劳动关系存在争议且无法确认的，应告知当事人可以向劳动人事争议仲裁委员会申请仲裁。在此期间，作出工伤认定决定的时限中止，并书面通知申请工伤认定的当事人。劳动关系依法确认后，当事人应将有关法律文书送交受理工伤认定申请的社会保险行政部门，该部门自收到生效法律文书之日起恢复工伤认定程序。

六、符合《条例》第十五条第（一）项情形的，职工所在用人单位原则上应自职工死亡之日起 5 个工作日内向用人单位所在统筹地区社会保险行政部门报告。

七、具备用工主体资格的承包单位违反法律、法规规定，将承包业务转包、分包给不具备用工主体资格的组织或者自然人，该组织或者自然人招用的劳动者从事承包业务时因工伤亡的，由该具备用工主体资格的承包单位承担用人单位依法应承担的工伤保险责任。

八、曾经从事接触职业病危害作业、当时没有发现罹患职业病、离开工作岗位后被诊断或鉴定为职业病的符合下列条件的人员，可以自诊断、鉴定为职业病之日起一年内申请工伤认定，社会保险行政部门应当受理：

（一）办理退休手续后，未再从事接触职业病危害作业的退休人员；

（二）劳动或聘用合同期满后或者本人提出而解除劳动或聘用合同后，未再从事接触职业病危害作业的人员。

经工伤认定和劳动能力鉴定，前款第（一）项人员符合领取一次性伤残补助金条件的，按就高原则以本人退休前 12 个月平均月缴费工资或者确诊职业病前 12 个月的月平均养老金为基数计发。前款第（二）项人员被鉴定为一级至十级伤残、按《条例》规定应以本人工资作为基数享受相关待遇的，按本人终止或者解除劳动、聘用合同前 12 个月平均月缴费工资计发。

九、按照本意见第八条规定被认定为工伤的职业病人员，职业病诊断证明书（或职业病诊断鉴定书）中明确的用人单位，在该职工从业期间依法为其缴纳工伤保险费的，按《条例》的规定，分别由工伤保险基金和用人单位支付工伤保险待遇；未依法为该职工缴纳工伤保险费的，由用人单位按照《条例》规定的相关项目和标准支付待遇。

十、职工在同一用人单位连续工作期间多次发生工伤的，符合《条例》第三十六、第三十七条规定领取相关待遇时，按照其在同一用人单位发生工伤的最高伤残级别，计发一次性伤残就业补助金和一次性工伤医疗补助金。

十一、依据《条例》第四十二条的规定停止支付工伤保险待遇的，在停止支付待遇的情形消失后，自下月起恢复工伤保险待遇，停止支付的工伤保险待遇不予补发。

十二、《条例》第六十二条第三款规定的“新发生的费用”，是指用人单位职工参加工伤保险前发生工伤的，在参加工伤保险后新发生的费用。

十三、由工伤保险基金支付的各项待遇应按《条例》相关规定支付，不得采取将长期待遇改为一次性支付的办法。

十四、核定工伤职工工伤保险待遇时，若上一年度相关数据尚未公布，可暂按前一年度的全国城镇居民人均可支配收入、统筹地区职工月平均工资核定和计发，待相关数据公布后再重新核定，社会保险经办机构或者用人单位予以补发差额部分。

本意见自发文之日起执行，此前有关规定与本意见不一致的，按本意见执行。执行中有重大问题，请及时报告我部。

人力资源社会保障部关于执行《工伤保险条例》若干问题的意见（二）

（2016年3月28日　人社部发〔2016〕29号）

各省、自治区、直辖市及新疆生产建设兵团人力资源社会保障厅（局）：

为更好地贯彻执行新修订的《工伤保险条例》，提高依法行政能力和水平，妥善解决实际工作中的问题，保障职工和用人单位合法权益，现提出如下意见：

一、一级至四级工伤职工死亡，其近亲属同时符合领取工伤保险丧葬补助金、供养亲属抚恤金待遇和职工基本养老保险丧葬补助金、抚恤金待遇条件的，由其近亲属选择领取工伤保险或职工基本养老保险其中一种。

二、达到或超过法定退休年龄，但未办理退休手续或者未依法享受城镇职工基本养老保险待遇，继续在原用人单位工作期间受到事故伤害或患职业病的，用人单位依法承担工伤保险责任。

用人单位招用已经达到、超过法定退休年龄或已经领取城镇职工基本养老保险待遇的人员，在用工期间因工作原因受到事故伤害或患职业病的，如招用单位已按项目参保等方式为其缴纳工伤保险费的，应适用《工伤保险条例》。

三、《工伤保险条例》第六十二条规定的“新发生的费用”，是指用人单位参加工伤保险前发生工伤的职工，在参加工伤保险后新发生的费用。其中由工伤保险基金支付的费用，按不同情况予以处理：

（一）因工受伤的，支付参保后新发生的工伤医疗费、工伤康复费、住院伙食补助费、统筹地区以外就医交通食宿费、辅助器具配置费、生活护理费、一级至四级伤残职工伤残津贴，以及参保后解除劳动合同时的一次性工伤医疗补助金；

（二）因工死亡的，支付参保后新发生的符合条件的供养亲属抚恤金。

四、职工在参加用人单位组织或者受用人单位指派参加其他单位组织的活动中受到事故伤害的，应当视为工作原因，但参加与工作无关的活动除外。

五、职工因工作原因驻外，有固定的住所、有明确的作息时间，工伤认定时按照在驻在地当地正常工作的情形处理。

六、职工以上下班为目的、在合理时间内往返于工作单位和居住地之间的合理路线，视为上下班途中。

七、用人单位注册地与生产经营地不在同一统筹地区的，原则上应在注册地为职工参加工伤保险；未在注册地参加工伤保险的职工，可由用人单位在生产经营地为其参加工伤保险。

劳务派遣单位跨地区派遣劳动者，应根据《劳务派遣暂行规定》参加工伤保险。建筑施工企业按项目参保的，应在施工项目所在地参加工伤保险。

职工受到事故伤害或者患职业病后，在参保地进行工伤认定、劳动能力鉴定，并按照参保地的规定依法享受工伤保险待遇；未参加工伤保险的职工，应当在生产经营地进行工伤认定、劳动能力鉴定，并按照生产经营地的规定依法由用人单位支付工伤保险待遇。

八、有下列情形之一的，被延误的时间不计算在工伤认定申请时限内。

（一）受不可抗力影响的；

（二）职工由于被国家机关依法采取强制措施等人身自由受到限制不能申请工伤认定的；

（三）申请人正式提交了工伤认定申请，但因社会保险机构未登记或者材料遗失等原因造成申请超时限的；

（四）当事人就确认劳动关系申请劳动仲裁或提起民事诉讼的；

（五）其他符合法律法规规定的情形。

九、《工伤保险条例》第六十七条规定的“尚未完成工伤认定的”，是指在《工伤保险条例》施行前遭受事故伤害或被诊断鉴定为职业病，且在工伤认定申请法定时限内（从《工伤保险条例》施行之日起算）提出工伤认定申请，尚未做出工伤认定的情形。

十、因工伤认定申请人或者用人单位隐瞒有关情况或者提供虚假材料，导致工伤认定决定错误的，社会保险行政部门发现后，应当及时予以更正。

本意见自发文之日起执行，此前有关规定与本意见不一致的，按本意见执行。执行中有重大问题，请及时报告我部。

人力资源社会保障部办公厅关于进一步做好建筑业工伤保险工作的通知

（2017年3月9日　人社厅函〔2017〕53号）

各省、自治区、直辖市及新疆生产建设兵团人力资源社会保障厅（局）：

建筑业工伤保险专项扩面行动——“同舟计划”实施两年来，各地人力资源社会保障部门认真贯彻《关于进一步做好建筑业工伤保险工作的意见》（人社部发〔2014〕103号，以下简称《意见》），主动作为，扎实推进，建筑业按项目参加工伤保险工作取得显著成效（分省区市项目参保率情况详见附件1）。但工作中还存在亟待解决的突出问题，如工作进展不平衡，有12个省份新开工项目参保率低于全国平均水平；部分地区过于依赖行政强制力的集中推动，确保项目参保工作的长效机制还没有建立；交通运输、铁路、水利等相关行业建设项目参加工伤保险工作尚未启动等。为推动建立健全建筑业按项目参加工伤保险的长效工作机制，巩固建筑项目“先参保、再开工”政策成效，完成“同舟计划”确定的目标任务，现就进一步做好建筑业按项目参加工伤保险工作通知如下：

一、进一步提高认识，增强做好建筑业工伤保险工作的责任感、紧迫感

党中央、国务院高度重视建筑业工人合法权益保护问题。近期，《国务院办公厅关于促进建筑业持续健康发展的意见》（国办发〔2017〕19号）再次强调，要“建立健全与建筑业相适应的社会保险参保缴费方式，大力推进建筑施工单位参加工伤保险。”这不仅是当前工伤保险扩面的中心任务，也是促进建筑业持续健康发展、保护建筑业工人合法权益的重要举措，各级人社部门要增强政治责任感和工作紧迫感，切实抓好工作落实，围绕项目参保模式积极推进政策创新和管理服务创新，着力建立健全建筑业按项目参保长效工作机制，同时，为灵活就业人员、分享经济等新业态从业人员的参保管理工作积累经验，奠定基础。

二、进一步加强领导，推动形成更高水平、更高效率的部门协作机制

建筑业按项目参加工伤保险工作涉及多部门职责，需要多部门联动。各级人社部门要进一步发挥好牵头作用，会同有关部门加强和完善联席会议、联合督查、信息共享、定期会商等行之有效的部门协作机制。要联合有关部门，切实把握好政策关键点，在“项目参保证明作为保证工程安全施工的具体措施之一，不落实不予核发施工许可证”的问题上不开口子，不搞变通，守住政策底线。3月底前，请各地将省（区、市）一级部门协作机制建立、运行情况，书面报部工伤保险司备案。

三、进一步强化督查通报，夯实项目参保长效工作机制

实践证明，督查、通报是推进项目参保工作的有效抓手，也是建立健全项目参保长效工作机制的关键措施。各地要进一步发挥督查对推进项目参保工作的作用，突出加强对工作进度慢、参保率回落较大地区的督查。4月底前，请各地人社厅局将2017年度开展专项督查和会同有关部门开展联合督查的工作方案报部工伤保险司、社保中心备案。

要进一步坚持和完善项目参保率定期调度通报制度，探索将新开工项目参保率纳入人社事业发展计划指标。4月10日前，请各地将截至3月底的《建筑项目参保情况统计表》（详见附件2）及省（区、市）内项目参保率定期调度通报制度建立情况报部工伤保险司、社保中心，之后逢单月10日前报送《建筑项目参保情况统计表》。

四、进一步创新管理服务，推动实现从“要我参保”到“我要参保”的转变

建筑业按项目参加工伤保险，是适应建筑业用工特点做出的政策创新。在项目参保模式下，要高度重视管理服务创新，优化流程，减少环节，提高效率，逐步开辟绿色通道、专门窗口，提供一站式服务，逐步实现工伤医疗费用联网实时结算。借鉴商业保险管理经验，创新人性化服务内容，进一步提升工伤保险在为参保企业、项目和工伤职工服务上的便捷性和可及性。

附件（略）

社会保险基金先行支付暂行办法

（2011 年 6 月 29 日人力资源和社会保障部令第 15 号公布　根据 2018 年 12 月 14 日《人力资源社会保障部关于修改部分规章的决定》修订）

第一条　为了维护公民的社会保险合法权益，规范社会保险基金先行支付管理，根据《中华人民共和国社会保险法》（以下简称社会保险法）和《工伤保险条例》，制定本办法。

第二条　参加基本医疗保险的职工或者居民（以下简称个人）由于第三人的侵权行为造成伤病的，其医疗费用应当由第三人按照确定的责任大小依法承担。超过第三人责任部分的医疗费用，由基本医疗保险基金按照国家规定支付。

前款规定中应当由第三人支付的医疗费用，第三人不支付或者无法确定第三人的，在医疗费用结算时，个人可以向参保地社会保险经办机构书面申请基本医疗保险基金先行支付，并告知造成其伤病的原因和第三人不支付医疗费用或者无法确定第三人的情况。

第三条　社会保险经办机构接到个人根据第二条规定提出的申

请后，经审核确定其参加基本医疗保险的，应当按照统筹地区基本医疗保险基金支付的规定先行支付相应部分的医疗费用。

第四条 个人由于第三人的侵权行为造成伤病被认定为工伤，第三人不支付工伤医疗费用或者无法确定第三人的，个人或者其近亲属可以向社会保险经办机构书面申请工伤保险基金先行支付，并告知第三人不支付或者无法确定第三人的情况。

第五条 社会保险经办机构接到个人根据第四条规定提出的申请后，应当审查个人获得基本医疗保险基金先行支付和其所在单位缴纳工伤保险费等情况，并按照下列情形分别处理：

（一）对于个人所在用人单位已经依法缴纳工伤保险费，且在认定工伤之前基本医疗保险基金有先行支付的，社会保险经办机构应当按照工伤保险有关规定，用工伤保险基金先行支付超出基本医疗保险基金先行支付部分的医疗费用，并向基本医疗保险基金退还先行支付的费用；

（二）对于个人所在用人单位已经依法缴纳工伤保险费，在认定工伤之前基本医疗保险基金无先行支付的，社会保险经办机构应当用工伤保险基金先行支付工伤医疗费用；

（三）对于个人所在用人单位未依法缴纳工伤保险费，且在认定工伤之前基本医疗保险基金有先行支付的，社会保险经办机构应当在3个工作日内向用人单位发出书面催告通知，要求用人单位在5个工作日内依法支付超出基本医疗保险基金先行支付部分的医疗费用，并向基本医疗保险基金偿还先行支付的医疗费用。用人单位在规定时间内不支付其余部分医疗费用的，社会保险经办机构应当用工伤保险基金先行支付；

（四）对于个人所在用人单位未依法缴纳工伤保险费，在认定工伤之前基本医疗保险基金无先行支付的，社会保险经办机构应当在3个工作日向用人单位发出书面催告通知，要求用人单位在5个工作日内依法支付全部工伤医疗费用；用人单位在规定时间内不支付的，社会保险经办机构应当用工伤保险基金先行支付。

第六条 职工所在用人单位未依法缴纳工伤保险费，发生工伤事故的，用人单位应当采取措施及时救治，并按照规定的工伤保险待遇项目和标准支付费用。

职工被认定为工伤后，有下列情形之一的，职工或者其近亲属可以持工伤认定决定书和有关材料向社会保险经办机构书面申请先行支付工伤保险待遇：

（一）用人单位被依法吊销营业执照或者撤销登记、备案的；

（二）用人单位拒绝支付全部或者部分费用的；

（三）依法经仲裁、诉讼后仍不能获得工伤保险待遇，法院出具中止执行文书的；

（四）职工认为用人单位不支付的其他情形。

第七条 社会保险经办机构收到职工或者其近亲属根据第六条规定提出的申请后，应当在3个工作日内向用人单位发出书面催告通知，要求其在5个工作日内予以核实并依法支付工伤保险待遇，告知其如在规定期限内不按时足额支付的，工伤保险基金在按照规定先行支付后，取得要求其偿还的权利。

第八条 用人单位未按照第七条规定按时足额支付的，社会保险经办机构应当按照社会保险法和《工伤保险条例》的规定，先行支付工伤保险待遇项目中应当由工伤保险基金支付的项目。

第九条 个人或者其近亲属提出先行支付医疗费用、工伤医疗费用或者工伤保险待遇申请，社会保险经办机构经审核不符合先行支付条件的，应当在收到申请后5个工作日内作出不予先行支付的决定，并书面通知申请人。

第十条 个人申请先行支付医疗费用、工伤医疗费用或者工伤保险待遇的，应当提交所有医疗诊断、鉴定等费用的原始票据等证据。社会保险经办机构应当保留所有原始票据等证据，要求申请人在先行支付凭据上签字确认，凭原始票据等证据先行支付医疗费用、工伤医疗费用或者工伤保险待遇。

个人因向第三人或者用人单位请求赔偿需要医疗费用、工伤医疗费用或者工伤保险待遇的原始票据等证据的，可以向社会保险经办机构索取复印件，并将第三人或者用人单位赔偿情况及时告知社会保险经办机构。

第十一条 个人已经从第三人或者用人单位处获得医疗费用、工伤医疗费用或者工伤保险待遇的，应当主动将先行支付金额中应当由第三人承担的部分或者工伤保险基金先行支付的工伤保险待遇退还给基本医疗保险基金或者工伤保险基金，社会保险经办机构不再向第三人或者用人单位追偿。

个人拒不退还的，社会保险经办机构可以从以后支付的相关待遇中扣减其应当退还的数额，或者向人民法院提起诉讼。

第十二条 社会保险经办机构按照本办法第三条规定先行支付医疗费用或者按照第五条第一项、第二项规定先行支付工伤医疗费用后，有关部门确定了第三人责任的，应当要求第三人按照确定的责任大小依法偿还先行支付数额中的相应部分。第三人逾期不偿还的，社会保险经办机构应当依法向人民法院提起诉讼。

第十三条 社会保险经办机构按照本办法第五条第三项、第四项和第六条、第七条、第八条的规定先行支付工伤保险待遇后，应当责令用人单位在10日内偿还。

用人单位逾期不偿还的，社会保险经办机构可以按照社会保险法第六十三条的规定，向银行和其他金融机构查询其存款账户，申请县级以上社会保险行政部门作出划拨应偿还款项的决定，并书面通知用人单位开户银行或者其他金融机构划拨其应当偿还的数额。

用人单位账户余额少于应当偿还数额的，社会保险经办机构可以要求其提供担保，签订延期还款协议。

用人单位未按时足额偿还且未提供担保的，社会保险经办机构可以申请人民法院扣押、查封、拍卖其价值相当于应当偿还数额的财产，以拍卖所得偿还所欠数额。

第十四条 社会保险经办机构向用人单位追偿工伤保险待遇发生的合理费用以及用人单位逾期偿还部分的利息损失等，应当由用人单位承担。

第十五条 用人单位不支付依法应当由其支付的工伤保险待遇项目的，职工可以依法申请仲裁、提起诉讼。

第十六条 个人隐瞒已经从第三人或者用人单位处获得医疗费用、工伤医疗费用或者工伤保险待遇，向社会保险经办机构申请并获得社会保险基金先行支付的，按照社会保险法第八十八条的规定处理。

第十七条 用人单位对社会保险经办机构作出先行支付的追偿决定不服或者对社会保险行政部门作出的划拨决定不服的，可以依法申请行政复议或者提起行政诉讼。

个人或者其近亲属对社会保险经办机构作出不予先行支付的决定不服或者对先行支付的数额不服的，可以依法申请行政复议或者提起行政诉讼。

第十八条 本办法自2011年7月1日起施行。

部分行业企业工伤保险费缴纳办法

（2010年12月31日人力资源和社会保障部令第10号公布 自2011年1月1日起施行）

第一条 根据《工伤保险条例》第十条第三款的授权，制定本办法。

第二条 本办法所称的部分行业企业是指建筑、服务、矿山等行业中难以直接按照工资总额计算缴纳工伤保险费的建筑施工企业、小型服务企业、小型矿山企业等。

前款所称小型服务企业、小型矿山企业的划分标准可以参照《中小企业标准暂行规定》（国经贸中小企〔2003〕143号）执行。

第三条 建筑施工企业可以实行以建筑施工项目为单位，按照项目工程总造价的一定比例，计算缴纳工伤保险费。

第四条 商贸、餐饮、住宿、美容美发、洗浴以及文体娱乐等小型服务业企业以及有雇工的个体工商户，可以按照营业面积的大小核定应参保人数，按照所在统筹地区上一年度职工月平均工资的一定比例和相应的费率，计算缴纳工伤保险费；也可以按照营业额的一定比例计算缴纳工伤保险费。

第五条 小型矿山企业可以按照总产量、吨矿工资含量和相应的费率计算缴纳工伤保险费。

第六条 本办法中所列部分行业企业工伤保险费缴纳的具体计算办法，由省级社会保险行政部门根据本地区实际情况确定。

第七条 本办法自2011年1月1日起施行。

工伤认定办法

（2010年12月31日人力资源和社会保障部令第8号公布　自2011年1月1日起施行）

第一条 为规范工伤认定程序，依法进行工伤认定，维护当事人的合法权益，根据《工伤保险条例》的有关规定，制定本办法。

第二条 社会保险行政部门进行工伤认定按照本办法执行。

第三条 工伤认定应当客观公正、简捷方便，认定程序应当向社会公开。

第四条 职工发生事故伤害或者按照职业病防治法规定被诊断、鉴定为职业病，所在单位应当自事故伤害发生之日或者被诊断、鉴定为职业病之日起30日内，向统筹地区社会保险行政部门提出工伤认定申请。遇有特殊情况，经报社会保险行政部门同意，申请时限可以适当延长。

按照前款规定应当向省级社会保险行政部门提出工伤认定申请

的，根据属地原则应当向用人单位所在地设区的市级社会保险行政部门提出。

第五条 用人单位未在规定的时限内提出工伤认定申请的，受伤害职工或者其近亲属、工会组织在事故伤害发生之日或者被诊断、鉴定为职业病之日起1年内，可以直接按照本办法第四条规定提出工伤认定申请。

第六条 提出工伤认定申请应当填写《工伤认定申请表》，并提交下列材料：

（一）劳动、聘用合同文本复印件或者与用人单位存在劳动关系（包括事实劳动关系）、人事关系的其他证明材料；

（二）医疗机构出具的受伤后诊断证明书或者职业病诊断证明书（或者职业病诊断鉴定书）。

第七条 工伤认定申请人提交的申请材料符合要求，属于社会保险行政部门管辖范围且在受理时限内的，社会保险行政部门应当受理。

第八条 社会保险行政部门收到工伤认定申请后，应当在15日内对申请人提交的材料进行审核，材料完整的，作出受理或者不予受理的决定；材料不完整的，应当以书面形式一次性告知申请人需要补正的全部材料。社会保险行政部门收到申请人提交的全部补正材料后，应当在15日内作出受理或者不予受理的决定。

社会保险行政部门决定受理的，应当出具《工伤认定申请受理决定书》；决定不予受理的，应当出具《工伤认定申请不予受理决定书》。

第九条 社会保险行政部门受理工伤认定申请后，可以根据需要对申请人提供的证据进行调查核实。

第十条 社会保险行政部门进行调查核实，应当由两名以上工作人员共同进行，并出示执行公务的证件。

第十一条 社会保险行政部门工作人员在工伤认定中，可以进行以下调查核实工作：

（一）根据工作需要，进入有关单位和事故现场；

（二）依法查阅与工伤认定有关的资料，询问有关人员并作出调查笔录；

（三）记录、录音、录像和复制与工伤认定有关的资料。调查核实工作的证据收集参照行政诉讼证据收集的有关规定执行。

第十二条 社会保险行政部门工作人员进行调查核实时，有关单位和个人应当予以协助。用人单位、工会组织、医疗机构以及有关部门应当负责安排相关人员配合工作，据实提供情况和证明材料。

第十三条 社会保险行政部门在进行工伤认定时，对申请人提供的符合国家有关规定的职业病诊断证明书或者职业病诊断鉴定书，不再进行调查核实。职业病诊断证明书或者职业病诊断鉴定书不符合国家规定的要求和格式的，社会保险行政部门可以要求出具证据部门重新提供。

第十四条 社会保险行政部门受理工伤认定申请后，可以根据工作需要，委托其他统筹地区的社会保险行政部门或者相关部门进行调查核实。

第十五条 社会保险行政部门工作人员进行调查核实时，应当履行下列义务：

（一）保守有关单位商业秘密以及个人隐私；

（二）为提供情况的有关人员保密。

第十六条 社会保险行政部门工作人员与工伤认定申请人有利害关系的，应当回避。

第十七条 职工或者其近亲属认为是工伤，用人单位不认为是工伤的，由该用人单位承担举证责任。用人单位拒不举证的，社会保险行政部门可以根据受伤害职工提供的证据或者调查取得的证据，依法作出工伤认定决定。

第十八条 社会保险行政部门应当自受理工伤认定申请之日起60日内作出工伤认定决定，出具《认定工伤决定书》或者《不予认定工伤决定书》。

第十九条 《认定工伤决定书》应当载明下列事项：

（一）用人单位全称；

（二）职工的姓名、性别、年龄、职业、身份证号码；

（三）受伤害部位、事故时间和诊断时间或职业病名称、受伤害经过和核实情况、医疗救治的基本情况和诊断结论；

（四）认定工伤或者视同工伤的依据；

（五）不服认定决定申请行政复议或者提起行政诉讼的部门和时限；

（六）作出认定工伤或者视同工伤决定的时间。

《不予认定工伤决定书》应当载明下列事项：

（一）用人单位全称；

（二）职工的姓名、性别、年龄、职业、身份证号码；

（三）不予认定工伤或者不视同工伤的依据；

（四）不服认定决定申请行政复议或者提起行政诉讼的部门和时限；

（五）作出不予认定工伤或者不视同工伤决定的时间。

《认定工伤决定书》和《不予认定工伤决定书》应当加盖社会保险行政部门工伤认定专用印章。

第二十条 社会保险行政部门受理工伤认定申请后，作出工伤认定决定需要以司法机关或者有关行政主管部门的结论为依据的，在司法机关或者有关行政主管部门尚未作出结论期间，作出工伤认定决定的时限中止，并书面通知申请人。

第二十一条 社会保险行政部门对于事实清楚、权利义务明确的工伤认定申请，应当自受理工伤认定申请之日起 15 日内作出工伤认定决定。

第二十二条 社会保险行政部门应当自工伤认定决定作出之日起 20 日内，将《认定工伤决定书》或者《不予认定工伤决定书》送达受伤害职工（或者其近亲属）和用人单位，并抄送社会保险经办机构。

《认定工伤决定书》和《不予认定工伤决定书》的送达参照民

事法律有关送达的规定执行。

第二十三条 职工或者其近亲属、用人单位对不予受理决定不服或者对工伤认定决定不服的，可以依法申请行政复议或者提起行政诉讼。

第二十四条 工伤认定结束后，社会保险行政部门应当将工伤认定的有关资料保存50年。

第二十五条 用人单位拒不协助社会保险行政部门对事故伤害进行调查核实的，由社会保险行政部门责令改正，处2000元以上2万元以下的罚款。

第二十六条 本办法中的《工伤认定申请表》、《工伤认定申请受理决定书》、《工伤认定申请不予受理决定书》、《认定工伤决定书》、《不予认定工伤决定书》的样式由国务院社会保险行政部门统一制定。

第二十七条 本办法自2011年1月1日起施行。劳动和社会保障部2003年9月23日颁布的《工伤认定办法》同时废止。

劳动能力鉴定管理办法

（2025年5月13日人力资源社会保障部、国家卫生健康委令第55号公布　自2025年7月1日起施行）

第一章　总　　则

第一条 为了加强劳动能力鉴定管理，规范劳动能力鉴定程序，根据《中华人民共和国社会保险法》、《中华人民共和国职业病防治法》、《工伤保险条例》、《社会保险经办条例》，制定本办法。

第二条 劳动能力鉴定委员会对工伤职工劳动功能障碍程度和生活自理障碍程度组织进行技术性等级鉴定（以下简称工伤职工劳

动能力鉴定）、对因病或非因工致残申请领取病残津贴人员丧失劳动能力程度组织进行技术性鉴定（以下简称因病或非因工致残人员丧失劳动能力鉴定），适用本办法。

第三条 省、自治区、直辖市劳动能力鉴定委员会和设区的市级（含直辖市的市辖区、县，下同）劳动能力鉴定委员会分别由省、自治区、直辖市和设区的市级人力资源社会保障行政部门、卫生健康行政部门、工会组织、用人单位代表以及社会保险经办机构等代表组成。

承担劳动能力鉴定委员会日常工作的机构，其设置方式由各地根据实际情况决定，接受人力资源社会保障行政部门的监督。

第四条 劳动能力鉴定委员会履行下列职责：

（一）选聘医疗卫生专家，组建劳动能力鉴定专家库，对专家进行培训和管理；

（二）依据相关规定和标准组织劳动能力鉴定；

（三）根据专家组的鉴定意见作出劳动能力鉴定结论；

（四）建立完整的鉴定数据库，依法保管鉴定工作档案；

（五）法律、法规、规章规定的其他职责。

第五条 设区的市级劳动能力鉴定委员会负责本辖区内的工伤职工劳动能力初次鉴定、复查鉴定以及因病或非因工致残人员丧失劳动能力初次鉴定。

省、自治区、直辖市劳动能力鉴定委员会负责对工伤职工劳动能力初次鉴定或者复查鉴定结论不服提出的再次鉴定，负责对因病或非因工致残人员丧失劳动能力初次鉴定结论不服提出的再次鉴定。

第六条 劳动能力鉴定应当客观、公正。劳动能力鉴定相关政策、工作制度和业务流程应当向社会公开。

第二章 鉴定程序

第七条 职工发生工伤，经治疗伤情相对稳定后存在残疾、影响劳动能力的，或者停工留薪期满（含劳动能力鉴定委员会确认的延长期限），工伤职工或者其用人单位应当及时向设区的市级劳动能力鉴定委员会提出劳动能力鉴定申请。

因申请领取病残津贴进行劳动能力鉴定的，因病或非因工致残人员或者其用人单位应当向待遇领取地或者最后参保地的设区的市级劳动能力鉴定委员会提出劳动能力鉴定申请。

第八条 工伤职工、因病或非因工致残人员因身体等原因无法提出劳动能力鉴定申请的，可由其近亲属代为提出。

第九条 申请劳动能力鉴定应当填写劳动能力鉴定申请表，并提交下列材料：

（一）有效的诊断证明、按照医疗机构病历管理有关规定复印或者复制的检查、检验报告等完整病历资料；

（二）被鉴定人的居民身份证或者社会保障卡等其他有效身份证明原件。

通过信息共享能够获取的申请材料，不得要求重复提交。

有条件的地方可以通过网络接收劳动能力鉴定申请。

第十条 劳动能力鉴定委员会收到劳动能力鉴定申请后，应当及时对申请人提交的材料进行审核；材料不完整的，劳动能力鉴定委员会应当自收到鉴定申请之日起 5 个工作日内以书面或者电子形式一次性告知申请人需要补正的全部材料和合理期限。申请人无正当理由逾期未补正的，视为放弃当次劳动能力鉴定申请。

申请人提供材料完整的，劳动能力鉴定委员会应当及时组织鉴定，并在收到劳动能力鉴定申请之日起 60 日内作出劳动能力鉴定结论。伤病情复杂、涉及医疗卫生专业较多的，作出劳动能力鉴定结论的期限可以延长 30 日。

第十一条 劳动能力鉴定委员会应当从劳动能力鉴定专家库中随机抽取 3 名或者 5 名相关专家组成专家组进行鉴定。

第十二条 劳动能力鉴定委员会应当提前通知被鉴定人进行鉴定的时间、地点以及应当携带的材料。被鉴定人应当按照通知的时间、地点参加现场鉴定。组织劳动能力鉴定的工作人员应当对被鉴定人的身份进行核实。

被鉴定人因故不能按时参加鉴定的，经劳动能力鉴定委员会同意，可以调整现场鉴定的时间，作出劳动能力鉴定结论的期限相应顺延。

对伤病情危重无法按要求参加现场鉴定的被鉴定人，劳动能力鉴定委员会可以采取上门鉴定、委托鉴定等方式进行鉴定。

第十三条 专家组应当按照工伤认定范围和相关鉴定标准开展鉴定，准确记录伤病情。因鉴定工作需要，专家组认为应当进行有关检查和诊断的，劳动能力鉴定委员会可以委托具备资格的医疗机构协助进行有关的检查和诊断。

第十四条 用人单位、被鉴定人或者其近亲属应当如实提供鉴定需要的材料，遵守劳动能力鉴定相关规定，按照要求配合劳动能力鉴定工作。

有下列情形之一的，当次鉴定终止：

（一）无正当理由不参加现场鉴定的；

（二）拒不参加劳动能力鉴定委员会安排的检查和诊断的；

（三）在鉴定过程中弄虚作假导致不能真实反映伤病情的；

（四）其他拒绝配合劳动能力鉴定工作的。

第十五条 专家组根据被鉴定人伤病情，结合医疗诊断情况，依据《劳动能力鉴定 职工工伤与职业病致残等级》国家标准、职工因病或非因工致残丧失劳动能力鉴定标准提出鉴定意见。参加鉴定的专家都应当签署意见并签名。

专家意见不一致时，按照少数服从多数的原则确定专家组的鉴定意见。

第十六条 劳动能力鉴定委员会根据专家组的鉴定意见作出劳动能力鉴定结论。

劳动能力鉴定结论书应当载明下列事项：

（一）被鉴定人及其用人单位的基本信息；

（二）伤病情介绍，包括伤病残部位、器官功能障碍程度、诊断情况等；

（三）作出鉴定的依据；

（四）鉴定结论；

（五）权益告知。

第十七条 劳动能力鉴定委员会应当自作出鉴定结论之日起 15 日内将劳动能力鉴定结论及时送达被鉴定人及其用人单位，并抄送人力资源社会保障行政部门和社会保险经办机构。

第十八条 劳动能力鉴定委员会应当加强信息系统应用管理，探索线上办理，及时将业务数据信息推送至人力资源社会保障行政部门和社会保险经办机构。

劳动能力鉴定委员会应当加强与卫生健康、医疗保障等行政部门以及医疗机构的信息共享，通过信息比对核验被鉴定人诊断证明、病历资料等申请材料的真实性和准确性。

劳动能力鉴定委员会应当优化服务能力，压缩鉴定时限，加强无障碍环境建设，完善无障碍服务设施设备，为被鉴定人提供便利。

第十九条 工伤职工或者其用人单位、因病或非因工致残人员或者其用人单位对初次鉴定结论不服的，可以在收到该鉴定结论之日起 15 日内，向省、自治区、直辖市劳动能力鉴定委员会申请再次鉴定。

省、自治区、直辖市劳动能力鉴定委员会作出的劳动能力鉴定结论为最终结论。

第二十条 自工伤职工劳动能力鉴定结论作出之日起 1 年后，工伤职工、用人单位或者社会保险经办机构认为伤残情况发生变化的，可以向设区的市级劳动能力鉴定委员会申请复查鉴定。

对复查鉴定结论不服的，可以按照本办法第十九条规定申请再次鉴定。

第二十一条 因病或非因工致残人员经鉴定未达到完全丧失劳动能力程度，申请人认为伤病残情况发生变化的，自劳动能力鉴定生效结论作出之日起 1 年后，可以重新向待遇领取地或者最后参保地的设区的市级劳动能力鉴定委员会申请鉴定。

对鉴定结论不服的，可以按照本办法第十九条规定申请再次鉴定。

第二十二条 工伤职工劳动能力再次鉴定和复查鉴定以及因病或非因工致残人员丧失劳动能力再次鉴定的程序、期限等按照本办法第七条至第十七条的规定执行。

第二十三条 劳动能力鉴定委员会在鉴定结束后，应当根据社会保险业务档案管理有关规定，做好档案的管理和保存工作。有条件的地方可以使用电子档案。

第三章 监督管理

第二十四条 劳动能力鉴定委员会选聘医疗卫生专家，由所在医疗机构或者卫生健康行政部门推荐，经劳动能力鉴定委员会培训合格，方可纳入劳动能力鉴定专家库。专家聘期一般为 3 年，可以连续聘任。

聘任的专家应当具备下列条件：

（一）具有医疗卫生高级专业技术职务任职资格；

（二）掌握劳动能力鉴定的相关知识；

（三）健康状况良好，能够胜任劳动能力鉴定工作；

（四）具有良好的职业品德。

第二十五条 劳动能力鉴定委员会应当每 3 年对专家库进行一次调整和补充，实行动态管理。确有需要的，可以根据实际情况适时调整。

探索建立全省统一的专家库，有条件的地方可以跨地市抽取专家开展劳动能力鉴定。

劳动能力鉴定委员会应当做好专家个人信息保护。

第二十六条 对劳动能力鉴定工作中表现突出的专家，在评定专业技术职称、聘用岗位时，同等条件下予以优先考虑。

第二十七条 参加劳动能力鉴定的专家应当按照规定的时间、地点进行现场鉴定，严格执行劳动能力鉴定政策和标准，客观、公正地提出鉴定意见。

第二十八条 劳动能力鉴定委员会组成人员、劳动能力鉴定工作人员以及参加鉴定的专家与当事人有利害关系的，应当回避。

第二十九条 医疗机构及其医务人员应当如实出具与劳动能力鉴定有关的各项诊断证明和病历资料。

第三十条 劳动能力鉴定委员会应当明确岗位权责，建立健全业务、安全和风险管理等内部控制制度。

第三十一条 以伪造诊断证明、病历资料、工伤认定结论等申请材料或者以冒名顶替检查等手段骗取的劳动能力鉴定结论，原作出鉴定结论的劳动能力鉴定委员会应当予以撤销。

劳动能力鉴定结论存在与伤病情、鉴定标准不符以及超出工伤认定范围等严重错误的，原作出鉴定结论的劳动能力鉴定委员会应当及时予以纠正。

第三十二条 人力资源社会保障行政部门应当加强与财政、审计等部门的协同配合，加强劳动能力鉴定相关信息共享、分析，加大协同查处力度，共同维护社会保险基金安全。

第三十三条 任何组织或者个人有权对劳动能力鉴定中的违法行为进行举报、投诉。

第四章 法律责任

第三十四条 劳动能力鉴定委员会和承担劳动能力鉴定委员会日常工作的机构及其工作人员在从事或者组织劳动能力鉴定时，有下列行为之一的，由人力资源社会保障行政部门或者有关部门责令改正；造成严重后果的，对直接负责的主管人员和其他直接责任人员依法给予相应处分；构成犯罪的，依法追究刑事责任：

（一）未及时审核并告知申请人需要补正的全部材料的；

（二）未在规定期限内作出劳动能力鉴定结论的；

（三）未按照规定及时送达劳动能力鉴定结论的；

（四）未按照规定随机抽取相关专家进行鉴定的；

（五）未根据专家组意见作出鉴定结论的；

（六）擅自篡改劳动能力鉴定委员会作出的鉴定结论的；

（七）利用职务之便非法收受当事人财物的；

（八）接受请托为当事人谋取不正当利益的；

（九）有违反法律法规和本办法的其他行为的。

第三十五条　从事劳动能力鉴定的专家有下列行为之一的，劳动能力鉴定委员会应当予以解聘；情节严重的，由卫生健康行政部门依法处理；构成犯罪的，依法追究刑事责任：

（一）提供虚假鉴定意见的；

（二）利用职务之便非法收受当事人财物的；

（三）接受请托为当事人谋取不正当利益的；

（四）无正当理由不履行职责的；

（五）有违反法律法规和本办法的其他行为的。

第三十六条　在劳动能力鉴定过程中，参与医疗救治、检查、诊断等活动的医疗机构及其医务人员有下列情形之一的，由卫生健康行政部门依法处理；构成犯罪的，依法追究刑事责任：

（一）提供与伤病情不符的虚假诊断证明的；

（二）篡改、伪造、隐匿、擅自销毁病历资料的。

第三十七条　以欺诈、伪造证明材料或者其他手段骗取鉴定结论、领取工伤、养老保险待遇的，按照《中华人民共和国社会保险法》第八十八条的规定，由人力资源社会保障行政部门责令退回骗取的社会保险金，处骗取金额 2 倍以上 5 倍以下的罚款；构成犯罪的，依法追究刑事责任。

第五章 附　　则

第三十八条　本办法中的劳动能力鉴定申请表等文书基本样式由人力资源社会保障部制定。各地可以根据实际，适当调整、细化相关表格。

第三十九条　本办法自2025年7月1日起施行。《工伤职工劳动能力鉴定管理办法》（人力资源社会保障部、国家卫生和计划生育委员会令第21号）同时废止。

本办法施行前已完成工伤认定，尚未完成劳动能力鉴定的，按照本办法的规定执行。

附件：

1. 劳动能力鉴定申请表（工伤职工劳动能力鉴定）（略）

2. 劳动能力鉴定申请表（因病或非因工致残人员丧失劳动能力鉴定）（略）

职业病诊断与鉴定管理办法

（2021年1月4日国家卫生健康委员会令第6号公布　自公布之日起施行）

第一章　总　　则

第一条　为了规范职业病诊断与鉴定工作，加强职业病诊断与鉴定管理，根据《中华人民共和国职业病防治法》（以下简称《职业病防治法》），制定本办法。

第二条　职业病诊断与鉴定工作应当按照《职业病防治法》、本办法的有关规定及《职业病分类和目录》、国家职业病诊断标准进行，遵循科学、公正、及时、便捷的原则。

第三条 国家卫生健康委负责全国范围内职业病诊断与鉴定的监督管理工作，县级以上地方卫生健康主管部门依据职责负责本行政区域内职业病诊断与鉴定的监督管理工作。

省、自治区、直辖市卫生健康主管部门（以下简称省级卫生健康主管部门）应当结合本行政区域职业病防治工作实际和医疗卫生服务体系规划，充分利用现有医疗卫生资源，实现职业病诊断机构区域覆盖。

第四条 各地要加强职业病诊断机构能力建设，提供必要的保障条件，配备相关的人员、设备和工作经费，以满足职业病诊断工作的需要。

第五条 各地要加强职业病诊断与鉴定信息化建设，建立健全劳动者接触职业病危害、开展职业健康检查、进行职业病诊断与鉴定等全过程的信息化系统，不断提高职业病诊断与鉴定信息报告的准确性、及时性和有效性。

第六条 用人单位应当依法履行职业病诊断、鉴定的相关义务：

（一）及时安排职业病病人、疑似职业病病人进行诊治；

（二）如实提供职业病诊断、鉴定所需的资料；

（三）承担职业病诊断、鉴定的费用和疑似职业病病人在诊断、医学观察期间的费用；

（四）报告职业病和疑似职业病；

（五）《职业病防治法》规定的其他相关义务。

第二章 诊断机构

第七条 医疗卫生机构开展职业病诊断工作，应当在开展之日起十五个工作日内向省级卫生健康主管部门备案。

省级卫生健康主管部门应当自收到完整备案材料之日起十五个

工作日内向社会公布备案的医疗卫生机构名单、地址、诊断项目（即《职业病分类和目录》中的职业病类别和病种）等相关信息。

第八条 医疗卫生机构开展职业病诊断工作应当具备下列条件：

（一）持有《医疗机构执业许可证》；

（二）具有相应的诊疗科目及与备案开展的诊断项目相适应的职业病诊断医师及相关医疗卫生技术人员；

（三）具有与备案开展的诊断项目相适应的场所和仪器、设备；

（四）具有健全的职业病诊断质量管理制度。

第九条 医疗卫生机构进行职业病诊断备案时，应当提交以下证明其符合本办法第八条规定条件的有关资料：

（一）《医疗机构执业许可证》原件、副本及复印件；

（二）职业病诊断医师资格等相关资料；

（三）相关的仪器设备清单；

（四）负责职业病信息报告人员名单；

（五）职业病诊断质量管理制度等相关资料。

第十条 职业病诊断机构对备案信息的真实性、准确性、合法性负责。

当备案信息发生变化时，应当自信息发生变化之日起十个工作日内向省级卫生健康主管部门提交变更信息。

第十一条 设区的市没有医疗卫生机构备案开展职业病诊断的，省级卫生健康主管部门应当根据职业病诊断工作的需要，指定符合本办法第八条规定条件的医疗卫生机构承担职业病诊断工作。

第十二条 职业病诊断机构的职责是：

（一）在备案的诊断项目范围内开展职业病诊断；

（二）及时向所在地卫生健康主管部门报告职业病；

（三）按照卫生健康主管部门要求报告职业病诊断工作情况；

（四）承担《职业病防治法》中规定的其他职责。

第十三条 职业病诊断机构依法独立行使诊断权，并对其作出的职业病诊断结论负责。

第十四条 职业病诊断机构应当建立和健全职业病诊断管理制度，加强职业病诊断医师等有关医疗卫生人员技术培训和政策、法律培训，并采取措施改善职业病诊断工作条件，提高职业病诊断服务质量和水平。

第十五条 职业病诊断机构应当公开职业病诊断程序和诊断项目范围，方便劳动者进行职业病诊断。

职业病诊断机构及其相关工作人员应当尊重、关心、爱护劳动者，保护劳动者的隐私。

第十六条 从事职业病诊断的医师应当具备下列条件，并取得省级卫生健康主管部门颁发的职业病诊断资格证书：

（一）具有医师执业证书；

（二）具有中级以上卫生专业技术职务任职资格；

（三）熟悉职业病防治法律法规和职业病诊断标准；

（四）从事职业病诊断、鉴定相关工作三年以上；

（五）按规定参加职业病诊断医师相应专业的培训，并考核合格。

省级卫生健康主管部门应当依据本办法的规定和国家卫生健康委制定的职业病诊断医师培训大纲，制定本行政区域职业病诊断医师培训考核办法并组织实施。

第十七条 职业病诊断医师应当依法在职业病诊断机构备案的诊断项目范围内从事职业病诊断工作，不得从事超出其职业病诊断资格范围的职业病诊断工作；职业病诊断医师应当按照有关规定参加职业卫生、放射卫生、职业医学等领域的继续医学教育。

第十八条 省级卫生健康主管部门应当加强本行政区域内职业病诊断机构的质量控制管理工作，组织开展职业病诊断机构质量控制评估。

职业病诊断质量控制规范和医疗卫生机构职业病报告规范另行制定。

第三章　诊　　断

第十九条　劳动者可以在用人单位所在地、本人户籍所在地或者经常居住地的职业病诊断机构进行职业病诊断。

第二十条　职业病诊断应当按照《职业病防治法》、本办法的有关规定及《职业病分类和目录》、国家职业病诊断标准，依据劳动者的职业史、职业病危害接触史和工作场所职业病危害因素情况、临床表现以及辅助检查结果等，进行综合分析。材料齐全的情况下，职业病诊断机构应当在收齐材料之日起三十日内作出诊断结论。

没有证据否定职业病危害因素与病人临床表现之间的必然联系的，应当诊断为职业病。

第二十一条　职业病诊断需要以下资料：

（一）劳动者职业史和职业病危害接触史（包括在岗时间、工种、岗位、接触的职业病危害因素名称等）；

（二）劳动者职业健康检查结果；

（三）工作场所职业病危害因素检测结果；

（四）职业性放射性疾病诊断还需要个人剂量监测档案等资料。

第二十二条　劳动者依法要求进行职业病诊断的，职业病诊断机构不得拒绝劳动者进行职业病诊断的要求，并告知劳动者职业病诊断的程序和所需材料。劳动者应当填写《职业病诊断就诊登记表》，并提供本人掌握的职业病诊断有关资料。

第二十三条　职业病诊断机构进行职业病诊断时，应当书面通知劳动者所在的用人单位提供本办法第二十一条规定的职业病诊断资料，用人单位应当在接到通知后的十日内如实提供。

第二十四条　用人单位未在规定时间内提供职业病诊断所需要资料的，职业病诊断机构可以依法提请卫生健康主管部门督促用人单位提供。

第二十五条 劳动者对用人单位提供的工作场所职业病危害因素检测结果等资料有异议，或者因劳动者的用人单位解散、破产，无用人单位提供上述资料的，职业病诊断机构应当依法提请用人单位所在地卫生健康主管部门进行调查。

卫生健康主管部门应当自接到申请之日起三十日内对存在异议的资料或者工作场所职业病危害因素情况作出判定。

职业病诊断机构在卫生健康主管部门作出调查结论或者判定前应当中止职业病诊断。

第二十六条 职业病诊断机构需要了解工作场所职业病危害因素情况时，可以对工作场所进行现场调查，也可以依法提请卫生健康主管部门组织现场调查。卫生健康主管部门应当在接到申请之日起三十日内完成现场调查。

第二十七条 在确认劳动者职业史、职业病危害接触史时，当事人对劳动关系、工种、工作岗位或者在岗时间有争议的，职业病诊断机构应当告知当事人依法向用人单位所在地的劳动人事争议仲裁委员会申请仲裁。

第二十八条 经卫生健康主管部门督促，用人单位仍不提供工作场所职业病危害因素检测结果、职业健康监护档案等资料或者提供资料不全的，职业病诊断机构应当结合劳动者的临床表现、辅助检查结果和劳动者的职业史、职业病危害接触史，并参考劳动者自述或工友旁证资料、卫生健康等有关部门提供的日常监督检查信息等，作出职业病诊断结论。对于作出无职业病诊断结论的病人，可依据病人的临床表现以及辅助检查结果，作出疾病的诊断，提出相关医学意见或者建议。

第二十九条 职业病诊断机构可以根据诊断需要，聘请其他单位职业病诊断医师参加诊断。必要时，可以邀请相关专业专家提供咨询意见。

第三十条 职业病诊断机构作出职业病诊断结论后，应当出具职业病诊断证明书。职业病诊断证明书应当由参与诊断的取得职业病诊断资格的执业医师签署。

职业病诊断机构应当对职业病诊断医师签署的职业病诊断证明书进行审核，确认诊断的依据与结论符合有关法律法规、标准的要求，并在职业病诊断证明书上盖章。

职业病诊断证明书的书写应当符合相关标准的要求。

职业病诊断证明书一式五份，劳动者一份，用人单位所在地县级卫生健康主管部门一份，用人单位两份，诊断机构存档一份。

职业病诊断证明书应当于出具之日起十五日内由职业病诊断机构送达劳动者、用人单位及用人单位所在地县级卫生健康主管部门。

第三十一条 职业病诊断机构应当建立职业病诊断档案并永久保存，档案应当包括：

（一）职业病诊断证明书；

（二）职业病诊断记录；

（三）用人单位、劳动者和相关部门、机构提交的有关资料；

（四）临床检查与实验室检验等资料。

职业病诊断机构拟不再开展职业病诊断工作的，应当在拟停止开展职业病诊断工作的十五个工作日之前告知省级卫生健康主管部门和所在地县级卫生健康主管部门，妥善处理职业病诊断档案。

第三十二条 职业病诊断机构发现职业病病人或者疑似职业病病人时，应当及时向所在地县级卫生健康主管部门报告。职业病诊断机构应当在作出职业病诊断之日起十五日内通过职业病及健康危害因素监测信息系统进行信息报告，并确保报告信息的完整、真实和准确。

确诊为职业病的，职业病诊断机构可以根据需要，向卫生健康主管部门、用人单位提出专业建议；告知职业病病人依法享有的职业健康权益。

第三十三条 未承担职业病诊断工作的医疗卫生机构，在诊疗活动中发现劳动者的健康损害可能与其所从事的职业有关时，应及时告知劳动者到职业病诊断机构进行职业病诊断。

第四章 鉴 定

第三十四条 当事人对职业病诊断机构作出的职业病诊断有异议的，可以在接到职业病诊断证明书之日起三十日内，向作出诊断的职业病诊断机构所在地设区的市级卫生健康主管部门申请鉴定。

职业病诊断争议由设区的市级以上地方卫生健康主管部门根据当事人的申请组织职业病诊断鉴定委员会进行鉴定。

第三十五条 职业病鉴定实行两级鉴定制，设区的市级职业病诊断鉴定委员会负责职业病诊断争议的首次鉴定。

当事人对设区的市级职业病鉴定结论不服的，可以在接到诊断鉴定书之日起十五日内，向原鉴定组织所在地省级卫生健康主管部门申请再鉴定，省级鉴定为最终鉴定。

第三十六条 设区的市级以上地方卫生健康主管部门可以指定办事机构，具体承担职业病诊断鉴定的组织和日常性工作。职业病鉴定办事机构的职责是：

（一）接受当事人申请；

（二）组织当事人或者接受当事人委托抽取职业病诊断鉴定专家；

（三）组织职业病诊断鉴定会议，负责会议记录、职业病诊断鉴定相关文书的收发及其他事务性工作；

（四）建立并管理职业病诊断鉴定档案；

（五）报告职业病诊断鉴定相关信息；

（六）承担卫生健康主管部门委托的有关职业病诊断鉴定的工作。

职业病诊断机构不能作为职业病鉴定办事机构。

第三十七条 设区的市级以上地方卫生健康主管部门应当向社会公布本行政区域内依法承担职业病诊断鉴定工作的办事机构的名称、工作时间、地点、联系人、联系电话和鉴定工作程序。

第三十八条 省级卫生健康主管部门应当设立职业病诊断鉴定

专家库（以下简称专家库），并根据实际工作需要及时调整其成员。专家库可以按照专业类别进行分组。

第三十九条 专家库应当以取得职业病诊断资格的不同专业类别的医师为主要成员，吸收临床相关学科、职业卫生、放射卫生、法律等相关专业的专家组成。专家应当具备下列条件：

（一）具有良好的业务素质和职业道德；

（二）具有相关专业的高级专业技术职务任职资格；

（三）熟悉职业病防治法律法规和职业病诊断标准；

（四）身体健康，能够胜任职业病诊断鉴定工作。

第四十条 参加职业病诊断鉴定的专家，应当由当事人或者由其委托的职业病鉴定办事机构从专家库中按照专业类别以随机抽取的方式确定。抽取的专家组成职业病诊断鉴定委员会（以下简称鉴定委员会）。

经当事人同意，职业病鉴定办事机构可以根据鉴定需要聘请本省、自治区、直辖市以外的相关专业专家作为鉴定委员会成员，并有表决权。

第四十一条 鉴定委员会人数为五人以上单数，其中相关专业职业病诊断医师应当为本次鉴定专家人数的半数以上。疑难病例应当增加鉴定委员会人数，充分听取意见。鉴定委员会设主任委员一名，由鉴定委员会成员推举产生。

职业病诊断鉴定会议由鉴定委员会主任委员主持。

第四十二条 参加职业病诊断鉴定的专家有下列情形之一的，应当回避：

（一）是职业病诊断鉴定当事人或者当事人近亲属的；

（二）已参加当事人职业病诊断或者首次鉴定的；

（三）与职业病诊断鉴定当事人有利害关系的；

（四）与职业病诊断鉴定当事人有其他关系，可能影响鉴定公正的。

第四十三条 当事人申请职业病诊断鉴定时，应当提供以下资料：

（一）职业病诊断鉴定申请书；

（二）职业病诊断证明书；

（三）申请省级鉴定的还应当提交市级职业病诊断鉴定书。

第四十四条 职业病鉴定办事机构应当自收到申请资料之日起五个工作日内完成资料审核，对资料齐全的发给受理通知书；资料不全的，应当当场或者在五个工作日内一次性告知当事人补充。资料补充齐全的，应当受理申请并组织鉴定。

职业病鉴定办事机构收到当事人鉴定申请之后，根据需要可以向原职业病诊断机构或者组织首次鉴定的办事机构调阅有关的诊断、鉴定资料。原职业病诊断机构或者组织首次鉴定的办事机构应当在接到通知之日起十日内提交。

职业病鉴定办事机构应当在受理鉴定申请之日起四十日内组织鉴定、形成鉴定结论，并出具职业病诊断鉴定书。

第四十五条 根据职业病诊断鉴定工作需要，职业病鉴定办事机构可以向有关单位调取与职业病诊断、鉴定有关的资料，有关单位应当如实、及时提供。

鉴定委员会应当听取当事人的陈述和申辩，必要时可以组织进行医学检查，医学检查应当在三十日内完成。

需要了解被鉴定人的工作场所职业病危害因素情况时，职业病鉴定办事机构根据鉴定委员会的意见可以组织对工作场所进行现场调查，或者依法提请卫生健康主管部门组织现场调查。现场调查应当在三十日内完成。

医学检查和现场调查时间不计算在职业病鉴定规定的期限内。

职业病诊断鉴定应当遵循客观、公正的原则，鉴定委员会进行职业病诊断鉴定时，可以邀请有关单位人员旁听职业病诊断鉴定会议。所有参与职业病诊断鉴定的人员应当依法保护当事人的个人隐私、商业秘密。

第四十六条 鉴定委员会应当认真审阅鉴定资料，依照有关规定和职业病诊断标准，经充分合议后，根据专业知识独立进行鉴定。在事实清楚的基础上，进行综合分析，作出鉴定结论，并制作职业病诊断鉴定书。

鉴定结论应当经鉴定委员会半数以上成员通过。

第四十七条 职业病诊断鉴定书应当包括以下内容：

（一）劳动者、用人单位的基本信息及鉴定事由；

（二）鉴定结论及其依据，鉴定为职业病的，应当注明职业病名称、程度（期别）；

（三）鉴定时间。

诊断鉴定书加盖职业病鉴定委员会印章。

首次鉴定的职业病诊断鉴定书一式五份，劳动者、用人单位、用人单位所在地市级卫生健康主管部门、原诊断机构各一份，职业病鉴定办事机构存档一份；省级鉴定的职业病诊断鉴定书一式六份，劳动者、用人单位、用人单位所在地省级卫生健康主管部门、原诊断机构、首次职业病鉴定办事机构各一份，省级职业病鉴定办事机构存档一份。

职业病诊断鉴定书的格式由国家卫生健康委员会统一规定。

第四十八条 职业病鉴定办事机构出具职业病诊断鉴定书后，应当于出具之日起十日内送达当事人，并在出具职业病诊断鉴定书后的十日内将职业病诊断鉴定书等有关信息告知原职业病诊断机构或者首次职业病鉴定办事机构，并通过职业病及健康危害因素监测信息系统报告职业病鉴定相关信息。

第四十九条 职业病鉴定结论与职业病诊断结论或者首次职业病鉴定结论不一致的，职业病鉴定办事机构应当在出具职业病诊断鉴定书后十日内向相关卫生健康主管部门报告。

第五十条 职业病鉴定办事机构应当如实记录职业病诊断鉴定过程，内容应当包括：

（一）鉴定委员会的专家组成；

（二）鉴定时间；

（三）鉴定所用资料；

（四）鉴定专家的发言及其鉴定意见；

（五）表决情况；

（六）经鉴定专家签字的鉴定结论。

有当事人陈述和申辩的，应当如实记录。

鉴定结束后，鉴定记录应当随同职业病诊断鉴定书一并由职业病鉴定办事机构存档，永久保存。

第五章　监督管理

第五十一条　县级以上地方卫生健康主管部门应当定期对职业病诊断机构进行监督检查，检查内容包括：

（一）法律法规、标准的执行情况；

（二）规章制度建立情况；

（三）备案的职业病诊断信息真实性情况；

（四）按照备案的诊断项目开展职业病诊断工作情况；

（五）开展职业病诊断质量控制、参加质量控制评估及整改情况；

（六）人员、岗位职责落实和培训情况；

（七）职业病报告情况。

第五十二条　设区的市级以上地方卫生健康主管部门应当加强对职业病鉴定办事机构的监督管理，对职业病鉴定工作程序、制度落实情况及职业病报告等相关工作情况进行监督检查。

第五十三条　县级以上地方卫生健康主管部门监督检查时，有权查阅或者复制有关资料，职业病诊断机构应当予以配合。

第六章　法律责任

第五十四条　医疗卫生机构未按照规定备案开展职业病诊断的，由县级以上地方卫生健康主管部门责令改正，给予警告，可以并处三万元以下罚款。

第五十五条　职业病诊断机构有下列行为之一的，其作出的职业病诊断无效，由县级以上地方卫生健康主管部门按照《职业病防治法》的第八十条的规定进行处理：

（一）超出诊疗项目登记范围从事职业病诊断的；

（二）不按照《职业病防治法》规定履行法定职责的；

（三）出具虚假证明文件的。

第五十六条　职业病诊断机构未按照规定报告职业病、疑似职业病的，由县级以上地方卫生健康主管部门按照《职业病防治法》第七十四条的规定进行处理。

第五十七条　职业病诊断机构违反本办法规定，有下列情形之一的，由县级以上地方卫生健康主管部门责令限期改正；逾期不改的，给予警告，并可以根据情节轻重处以三万元以下罚款：

（一）未建立职业病诊断管理制度的；

（二）未按照规定向劳动者公开职业病诊断程序的；

（三）泄露劳动者涉及个人隐私的有关信息、资料的；

（四）未按照规定参加质量控制评估，或者质量控制评估不合格且未按要求整改的；

（五）拒不配合卫生健康主管部门监督检查的。

第五十八条　职业病诊断鉴定委员会组成人员收受职业病诊断争议当事人的财物或者其他好处的，由省级卫生健康主管部门按照《职业病防治法》第八十一条的规定进行处理。

第五十九条　县级以上地方卫生健康主管部门及其工作人员未依法履行职责，按照《职业病防治法》第八十三条第二款规定进行处理。

第六十条　用人单位有下列行为之一的，由县级以上地方卫生健康主管部门按照《职业病防治法》第七十二条规定进行处理：

（一）未按照规定安排职业病病人、疑似职业病病人进行诊治的；

（二）拒不提供职业病诊断、鉴定所需资料的；

（三）未按照规定承担职业病诊断、鉴定费用。

第六十一条　用人单位未按照规定报告职业病、疑似职业病的，由县级以上地方卫生健康主管部门按照《职业病防治法》第七十四条规定进行处理。

第七章　附　　则

第六十二条　本办法所称“证据”，包括疾病的证据、接触职业病危害因素的证据，以及用于判定疾病与接触职业病危害因素之间因果关系的证据。

第六十三条　本办法自公布之日起施行。原卫生部2013年2月19日公布的《职业病诊断与鉴定管理办法》同时废止。

人体损伤程度鉴定标准

（2013年8月30日）

1 范围

本标准规定了人体损伤程度鉴定的原则、方法、内容和等级划分。

本标准适用于《中华人民共和国刑法》及其他法律、法规所涉及的人体损伤程度鉴定。

2 规范性引用文件

下列文件对于本文件的应用是必不可少的。本标准引用文件的最新版本适用于本标准。

GB 18667 道路交通事故受伤人员伤残评定

GB/T 16180 劳动能力鉴定 职工工伤与职业病致残等级

GB/T 26341-2010 残疾人残疾分类和分级

3 术语和定义

3.1 重伤

使人肢体残废、毁人容貌、丧失听觉、丧失视觉、丧失其他器官功能或者其他对于人身健康有重大伤害的损伤，包括重伤一级和重伤二级。

3.2 轻伤

使人肢体或者容貌损害，听觉、视觉或者其他器官功能部分障碍或者其他对于人身健康有中度伤害的损伤，包括轻伤一级和轻伤二级。

3.3 轻微伤

各种致伤因素所致的原发性损伤，造成组织器官结构轻微损害或者轻微功能障碍。

4 总则

4.1 鉴定原则

4.1.1 遵循实事求是的原则，坚持以致伤因素对人体直接造成的原发性损伤及由损伤引起的并发症或者后遗症为依据，全面分析，综合鉴定。

4.1.2 对于以原发性损伤及其并发症作为鉴定依据的，鉴定时应以损伤当时伤情为主，损伤的后果为辅，综合鉴定。

4.1.3 对于以容貌损害或者组织器官功能障碍作为鉴定依据的，鉴定时应以损伤的后果为主，损伤当时伤情为辅，综合鉴定。

4.2 鉴定时机

4.2.1 以原发性损伤为主要鉴定依据的，伤后即可进行鉴定；以损伤所致的并发症为主要鉴定依据的，在伤情稳定后进行鉴定。

4.2.2 以容貌损害或者组织器官功能障碍为主要鉴定依据的，在损伤90日后进行鉴定；在特殊情况下可以根据原发性损伤及其并发症出具鉴定意见，但须对有可能出现的后遗症加以说明，必要时应进行复检并予以补充鉴定。

4.2.3 疑难、复杂的损伤，在临床治疗终结或者伤情稳定后进行鉴定。

4.3 伤病关系处理原则

4.3.1 损伤为主要作用的，既往伤/病为次要或者轻微作用的，应依据本标准相应条款进行鉴定。

4.3.2 损伤与既往伤/病共同作用的，即二者作用相当的，应依据本标准相应条款适度降低损伤程度等级，即等级为重伤一级和重伤二级的，可视具体情况鉴定为轻伤一级或者轻伤二级，等级为轻伤一级和轻伤二级的，均鉴定为轻微伤。

4.3.3 既往伤/病为主要作用的，即损伤为次要或者轻微作用的，不宜进行损伤程度鉴定，只说明因果关系。

5 损伤程度分级

5.1 颅脑、脊髓损伤

5.1.1 重伤一级

a）植物生存状态。

b）四肢瘫（三肢以上肌力 3 级以下）。

c）偏瘫、截瘫（肌力 2 级以下），伴大便、小便失禁。

d）非肢体瘫的运动障碍（重度）。

e）重度智能减退或者器质性精神障碍，生活完全不能自理。

5.1.2 重伤二级

a）头皮缺损面积累计 $75.0cm^2$ 以上。

b）开放性颅骨骨折伴硬脑膜破裂。

c）颅骨凹陷性或者粉碎性骨折，出现脑受压症状和体征，须手术治疗。

d）颅底骨折，伴脑脊液漏持续 4 周以上。

e）颅底骨折，伴面神经或者听神经损伤引起相应神经功能障碍。

f）外伤性蛛网膜下腔出血，伴神经系统症状和体征。

g）脑挫（裂）伤，伴神经系统症状和体征。

h）颅内出血，伴脑受压症状和体征。

i）外伤性脑梗死，伴神经系统症状和体征。

j）外伤性脑脓肿。

k）外伤性脑动脉瘤，须手术治疗。

l）外伤性迟发性癫痫。

m）外伤性脑积水，须手术治疗。

n）外伤性颈动脉海绵窦瘘。

o）外伤性下丘脑综合征。

p）外伤性尿崩症。

q）单肢瘫（肌力3级以下）。

r）脊髓损伤致重度肛门失禁或者重度排尿障碍。

5.1.3 轻伤一级

a）头皮创口或者瘢痕长度累计20.0cm以上。

b）头皮撕脱伤面积累计50.0cm^2以上；头皮缺损面积累计24.0cm^2以上。

c）颅骨凹陷性或者粉碎性骨折。

d）颅底骨折伴脑脊液漏。

e）脑挫（裂）伤；颅内出血；慢性颅内血肿；外伤性硬脑膜下积液。

f）外伤性脑积水；外伤性颅内动脉瘤；外伤性脑梗死；外伤性颅内低压综合征。

g）脊髓损伤致排便或者排尿功能障碍（轻度）。

h）脊髓挫裂伤。

5.1.4 轻伤二级

a）头皮创口或者瘢痕长度累计8.0cm以上。

b）头皮撕脱伤面积累计20.0cm^2以上；头皮缺损面积累计10.0cm^2以上。

c）帽状腱膜下血肿范围50.0cm^2以上。

d）颅骨骨折。

e）外伤性蛛网膜下腔出血。

f）脑神经损伤引起相应神经功能障碍。

5.1.5 轻微伤

a）头部外伤后伴有神经症状。

b）头皮擦伤面积 5.0cm^2 以上；头皮挫伤；头皮下血肿。

c）头皮创口或者瘢痕。

5.2 面部、耳廓损伤

5.2.1 重伤一级

a）容貌毁损（重度）。

5.2.2 重伤二级

a）面部条状瘢痕（50%以上位于中心区），单条长度 10.0cm 以上，或者两条以上长度累计 15.0cm 以上。

b）面部块状瘢痕（50%以上位于中心区），单块面积 6.0cm^2 以上，或者两块以上面积累计 10.0cm^2 以上。

c）面部片状细小瘢痕或者显著色素异常，面积累计达面部 30%。

d）一侧眼球萎缩或者缺失。

e）眼睑缺失相当于一侧上眼睑 1/2 以上。

f）一侧眼睑重度外翻或者双侧眼睑中度外翻。

g）一侧上睑下垂完全覆盖瞳孔。

h）一侧眼眶骨折致眼球内陷 0.5cm 以上。

i）一侧鼻泪管和内眦韧带断裂。

j）鼻部离断或者缺损 30%以上。

k）耳廓离断、缺损或者挛缩畸形累计相当于一侧耳廓面积 50%以上。

l）口唇离断或者缺损致牙齿外露 3 枚以上。

m）舌体离断或者缺损达舌系带。

n）牙齿脱落或者牙折共 7 枚以上。

o）损伤致张口困难Ⅲ度。

p）面神经损伤致一侧面肌大部分瘫痪，遗留眼睑闭合不全和口角歪斜。

q）容貌毁损（轻度）。

5.2.3 轻伤一级

a）面部单个创口或者瘢痕长度 6.0cm 以上；多个创口或者瘢痕

长度累计 10.0cm 以上。

b）面部块状瘢痕，单块面积 4.0cm^2 以上；多块面积累计 7.0cm^2 以上。

c）面部片状细小瘢痕或者明显色素异常，面积累计 30.0cm^2 以上。

d）眼睑缺失相当于一侧上眼睑 1/4 以上。

e）一侧眼睑中度外翻；双侧眼睑轻度外翻。

f）一侧上眼睑下垂覆盖瞳孔超过 1/2。

g）两处以上不同眶壁骨折；一侧眶壁骨折致眼球内陷 0.2cm 以上。

h）双侧泪器损伤伴溢泪。

i）一侧鼻泪管断裂；一侧内眦韧带断裂。

j）耳廓离断、缺损或者挛缩畸形累计相当于一侧耳廓面积 30%以上。

k）鼻部离断或者缺损 15%以上。

l）口唇离断或者缺损致牙齿外露 1 枚以上。

m）牙齿脱落或者牙折共 4 枚以上。

n）损伤致张口困难Ⅱ度。

o）腮腺总导管完全断裂。

p）面神经损伤致一侧面肌部分瘫痪，遗留眼睑闭合不全或者口角歪斜。

5.2.4 轻伤二级

a）面部单个创口或者瘢痕长度 4.5cm 以上；多个创口或者瘢痕长度累计 6.0cm 以上。

b）面颊穿透创，皮肤创口或者瘢痕长度 1.0cm 以上。

c）口唇全层裂创，皮肤创口或者瘢痕长度 1.0cm 以上。

d）面部块状瘢痕，单块面积 3.0cm^2 以上或多块面积累计 5.0cm^2 以上。

e）面部片状细小瘢痕或者色素异常，面积累计 8.0cm^2 以上。

f）眶壁骨折（单纯眶内壁骨折除外）。

g）眼睑缺损。

h）一侧眼睑轻度外翻。

i）一侧上眼睑下垂覆盖瞳孔。

j）一侧眼睑闭合不全。

k）一侧泪器损伤伴溢泪。

l）耳廓创口或者瘢痕长度累计6.0cm以上。

m）耳廓离断、缺损或者挛缩畸形累计相当于一侧耳廓面积15%以上。

n）鼻尖或者一侧鼻翼缺损。

o）鼻骨粉碎性骨折；双侧鼻骨骨折；鼻骨骨折合并上颌骨额突骨折；鼻骨骨折合并鼻中隔骨折；双侧上颌骨额突骨折。

p）舌缺损。

q）牙齿脱落或者牙折2枚以上。

r）腮腺、颌下腺或者舌下腺实质性损伤。

s）损伤致张口困难Ⅰ度。

t）颌骨骨折（牙槽突骨折及一侧上颌骨额突骨折除外）。

u）颧骨骨折。

5.2.5 轻微伤

a）面部软组织创。

b）面部损伤留有瘢痕或者色素改变。

c）面部皮肤擦伤，面积2.0cm^{2}以上；面部软组织挫伤；面部划伤4.0cm以上。

d）眶内壁骨折。

e）眼部挫伤；眼部外伤后影响外观。

f）耳廓创。

g）鼻骨骨折；鼻出血。

h）上颌骨额突骨折。

i）口腔粘膜破损；舌损伤。

j）牙齿脱落或者缺损；牙槽突骨折；牙齿松动2枚以上或者Ⅲ度松动1枚以上。

5.3 听器听力损伤

5.3.1 重伤一级

a）双耳听力障碍（≥91dB HL）。

5.3.2 重伤二级

a）一耳听力障碍（≥91dB HL）。

b）一耳听力障碍（≥81dB HL），另一耳听力障碍（≥41dB HL）。

c）一耳听力障碍（≥81dB HL），伴同侧前庭平衡功能障碍。

d）双耳听力障碍（≥61dB HL）。

e）双侧前庭平衡功能丧失，睁眼行走困难，不能并足站立。

5.3.3 轻伤一级

a）双耳听力障碍（≥41dB HL）。

b）双耳外耳道闭锁。

5.3.4 轻伤二级

a）外伤性鼓膜穿孔6周不能自行愈合。

b）听骨骨折或者脱位；听骨链固定。

c）一耳听力障碍（≥41dB HL）。

d）一侧前庭平衡功能障碍，伴同侧听力减退。

e）一耳外耳道横截面1/2以上狭窄。

5.3.5 轻微伤

a）外伤性鼓膜穿孔。

b）鼓室积血。

c）外伤后听力减退。

5.4 视器视力损伤

5.4.1 重伤一级

a）一眼眼球萎缩或者缺失，另一眼盲目3级。

b）一眼视野完全缺损，另一眼视野半径20°以下（视野有效值32%以下）。

c）双眼盲目4级。

5.4.2 重伤二级

a）一眼盲目3级。

b）一眼重度视力损害，另一眼中度视力损害。

c）一眼视野半径10°以下（视野有效值16%以下）。

d）双眼偏盲；双眼残留视野半径30°以下（视野有效值48%以下）。

5.4.3 轻伤一级

a）外伤性青光眼，经治疗难以控制眼压。

b）一眼虹膜完全缺损。

c）一眼重度视力损害；双眼中度视力损害。

d）一眼视野半径30°以下（视野有效值48%以下）；双眼视野半径50°以下（视野有效值80%以下）。

5.4.4 轻伤二级

a）眼球穿通伤或者眼球破裂伤；前房出血须手术治疗；房角后退；虹膜根部离断或者虹膜缺损超过1个象限；睫状体脱离；晶状体脱位；玻璃体积血；外伤性视网膜脱离；外伤性视网膜出血；外伤性黄斑裂孔；外伤性脉络膜脱离。

b）角膜斑翳或者血管翳；外伤性白内障；外伤性低眼压；外伤性青光眼。

c）瞳孔括约肌损伤致瞳孔显著变形或者瞳孔散大（直径0.6cm以上）。

d）斜视；复视。

e）睑球粘连。

f）一眼矫正视力减退至0.5以下（或者较伤前视力下降0.3以上）；双眼矫正视力减退至0.7以下（或者较伤前视力下降0.2以上）；原单眼中度以上视力损害者，伤后视力降低一个级别。

g）一眼视野半径50°以下（视野有效值80%以下）。

5.4.5 轻微伤

a）眼球损伤影响视力。

5.5 颈部损伤

5.5.1 重伤一级

a）颈部大血管破裂。

b）咽喉部广泛毁损，呼吸完全依赖气管套管或者造口。

c）咽或者食管广泛毁损，进食完全依赖胃管或者造口。

5.5.2 重伤二级

a）甲状旁腺功能低下（重度）。

b）甲状腺功能低下，药物依赖。

c）咽部、咽后区、喉或者气管穿孔。

d）咽喉或者颈部气管损伤，遗留呼吸困难（3级）。

e）咽或者食管损伤，遗留吞咽功能障碍（只能进流食）。

f）喉损伤遗留发声障碍（重度）。

g）颈内动脉血栓形成，血管腔狭窄（50%以上）。

h）颈总动脉血栓形成，血管腔狭窄（25%以上）。

i）颈前三角区增生瘢痕，面积累计 30.0cm^2 以上。

5.5.3 轻伤一级

a）颈前部单个创口或者瘢痕长度 10.0cm 以上；多个创口或者瘢痕长度累计 16.0cm 以上。

b）颈前三角区瘢痕，单块面积 10.0cm^2 以上；多块面积累计 12.0cm^2 以上。

c）咽喉部损伤遗留发声或者构音障碍。

d）咽或者食管损伤，遗留吞咽功能障碍（只能进半流食）。

e）颈总动脉血栓形成；颈内动脉血栓形成；颈外动脉血栓形成；椎动脉血栓形成。

5.5.4 轻伤二级

a）颈前部单个创口或者瘢痕长度 5.0cm 以上；多个创口或者瘢痕长度累计 8.0cm 以上。

b）颈前部瘢痕，单块面积 4.0cm^2 以上，或者两块以上面积累计 6.0cm^2 以上。

c）甲状腺挫裂伤。

d）咽喉软骨骨折。

e）喉或者气管损伤。

f）舌骨骨折。

g）膈神经损伤。

h）颈部损伤出现窒息征象。

5.5.5 轻微伤

a）颈部创口或者瘢痕长度 1.0cm 以上。

b）颈部擦伤面积 4.0cm^2 以上。

c）颈部挫伤面积 2.0cm^2 以上。

d）颈部划伤长度 5.0cm 以上。

5.6 胸部损伤

5.6.1 重伤一级

a）心脏损伤，遗留心功能不全（心功能 IV 级）。

b）肺损伤致一侧全肺切除或者双肺三肺叶切除。

5.6.2 重伤二级

a）心脏损伤，遗留心功能不全（心功能 III 级）。

b）心脏破裂；心包破裂。

c）女性双侧乳房损伤，完全丧失哺乳功能；女性一侧乳房大部分缺失。

d）纵隔血肿或者气肿，须手术治疗。

e）气管或者支气管破裂，须手术治疗。

f）肺破裂，须手术治疗。

g）血胸、气胸或者血气胸，伴一侧肺萎陷 70%以上，或者双侧肺萎陷均在 50%以上。

h）食管穿孔或者全层破裂，须手术治疗。

i）脓胸或者肺脓肿；乳糜胸；支气管胸膜瘘；食管胸膜瘘；食管支气管瘘。

j）胸腔大血管破裂。

k）膈肌破裂。

5.6.3 轻伤一级

a）心脏挫伤致心包积血。

b）女性一侧乳房损伤，丧失哺乳功能。

c）肋骨骨折6处以上。

d）纵隔血肿；纵隔气肿。

e）血胸、气胸或者血气胸，伴一侧肺萎陷30%以上，或者双侧肺萎陷均在20%以上。

f）食管挫裂伤。

5.6.4 轻伤二级

a）女性一侧乳房部分缺失或者乳腺导管损伤。

b）肋骨骨折2处以上。

c）胸骨骨折；锁骨骨折；肩胛骨骨折。

d）胸锁关节脱位；肩锁关节脱位。

e）胸部损伤，致皮下气肿1周不能自行吸收。

f）胸腔积血；胸腔积气。

g）胸壁穿透创。

h）胸部挤压出现窒息征象。

5.6.5 轻微伤

a）肋骨骨折；肋软骨骨折。

b）女性乳房擦挫伤。

5.7 腹部损伤

5.7.1 重伤一级

a）肝功能损害（重度）。

b）胃肠道损伤致消化吸收功能严重障碍，依赖肠外营养。

c）肾功能不全（尿毒症期）。

5.7.2 重伤二级

a）腹腔大血管破裂。

b）胃、肠、胆囊或者胆道全层破裂，须手术治疗。

c）肝、脾、胰或者肾破裂，须手术治疗。

d）输尿管损伤致尿外渗，须手术治疗。

e）腹部损伤致肠瘘或者尿瘘。

f）腹部损伤引起弥漫性腹膜炎或者感染性休克。

g）肾周血肿或者肾包膜下血肿，须手术治疗。

h）肾功能不全（失代偿期）。

i）肾损伤致肾性高血压。

j）外伤性肾积水；外伤性肾动脉瘤；外伤性肾动静脉瘘。

k）腹腔积血或者腹膜后血肿，须手术治疗。

5.7.3 轻伤一级

a）胃、肠、胆囊或者胆道非全层破裂。

b）肝包膜破裂；肝脏实质内血肿直径2.0cm以上。

c）脾包膜破裂；脾实质内血肿直径2.0cm以上。

d）胰腺包膜破裂。

e）肾功能不全（代偿期）。

5.7.4 轻伤二级

a）胃、肠、胆囊或者胆道挫伤。

b）肝包膜下或者实质内出血。

c）脾包膜下或者实质内出血。

d）胰腺挫伤。

e）肾包膜下或者实质内出血。

f）肝功能损害（轻度）。

g）急性肾功能障碍（可恢复）。

h）腹腔积血或者腹膜后血肿。

i）腹壁穿透创。

5.7.5 轻微伤

a）外伤性血尿。

5.8 盆部及会阴损伤

5.8.1 重伤一级

a）阴茎及睾丸全部缺失。

b）子宫及卵巢全部缺失。

5.8.2 重伤二级

a）骨盆骨折畸形愈合，致双下肢相对长度相差5.0cm以上。

b）骨盆不稳定性骨折，须手术治疗。

c）直肠破裂，须手术治疗。

d）肛管损伤致大便失禁或者肛管重度狭窄，须手术治疗。

e）膀胱破裂，须手术治疗。

f）后尿道破裂，须手术治疗。

g）尿道损伤致重度狭窄。

h）损伤致早产或者死胎；损伤致胎盘早期剥离或者流产，合并轻度休克。

i）子宫破裂，须手术治疗。

j）卵巢或者输卵管破裂，须手术治疗。

k）阴道重度狭窄。

l）幼女阴道II度撕裂伤。

m）女性会阴或者阴道III度撕裂伤。

n）龟头缺失达冠状沟。

o）阴囊皮肤撕脱伤面积占阴囊皮肤面积50%以上。

p）双侧睾丸损伤，丧失生育能力。

q）双侧附睾或者输精管损伤，丧失生育能力。

r）直肠阴道瘘；膀胱阴道瘘；直肠膀胱瘘。

s）重度排尿障碍。

5.8.3 轻伤一级

a）骨盆2处以上骨折；骨盆骨折畸形愈合；髋臼骨折。

b）前尿道破裂，须手术治疗。

c）输尿管狭窄。

d）一侧卵巢缺失或者萎缩。

e）阴道轻度狭窄。

f）龟头缺失 1/2 以上。

g）阴囊皮肤撕脱伤面积占阴囊皮肤面积 30%以上。

h）一侧睾丸或者附睾缺失；一侧睾丸或者附睾萎缩。

5.8.4 轻伤二级

a）骨盆骨折。

b）直肠或者肛管挫裂伤。

c）一侧输尿管挫裂伤；膀胱挫裂伤；尿道挫裂伤。

d）子宫挫裂伤；一侧卵巢或者输卵管挫裂伤。

e）阴道撕裂伤。

f）女性外阴皮肤创口或者瘢痕长度累计 4.0cm 以上。

g）龟头部分缺损。

h）阴茎撕脱伤；阴茎皮肤创口或者瘢痕长度 2.0cm 以上；阴茎海绵体出血并形成硬结。

i）阴囊壁贯通创；阴囊皮肤创口或者瘢痕长度累计 4.0cm 以上；阴囊内积血，2 周内未完全吸收。

j）一侧睾丸破裂、血肿、脱位或者扭转。

k）一侧输精管破裂。

l）轻度肛门失禁或者轻度肛门狭窄。

m）轻度排尿障碍。

n）外伤性难免流产；外伤性胎盘早剥。

5.8.5 轻微伤

a）会阴部软组织挫伤。

b）会阴创；阴囊创；阴茎创。

c）阴囊皮肤挫伤。

d）睾丸或者阴茎挫伤。

e）外伤性先兆流产。

5.9 脊柱四肢损伤

5.9.1 重伤一级

a）二肢以上离断或者缺失（上肢腕关节以上、下肢踝关节以上）。

b）二肢六大关节功能完全丧失。

5.9.2 重伤二级

a）四肢任一大关节强直畸形或者功能丧失50%以上。

b）臂丛神经干性或者束性损伤，遗留肌瘫（肌力3级以下）。

c）正中神经肘部以上损伤，遗留肌瘫（肌力3级以下）。

d）桡神经肘部以上损伤，遗留肌瘫（肌力3级以下）。

e）尺神经肘部以上损伤，遗留肌瘫（肌力3级以下）。

f）骶丛神经或者坐骨神经损伤，遗留肌瘫（肌力3级以下）。

g）股骨干骨折缩短5.0cm以上、成角畸形30°以上或者严重旋转畸形。

h）胫腓骨骨折缩短5.0cm以上、成角畸形30°以上或者严重旋转畸形。

i）膝关节挛缩畸形屈曲30°以上。

j）一侧膝关节交叉韧带完全断裂遗留旋转不稳。

k）股骨颈骨折或者髋关节脱位，致股骨头坏死。

l）四肢长骨骨折不愈合或者假关节形成；四肢长骨骨折并发慢性骨髓炎。

m）一足离断或者缺失50%以上；足跟离断或者缺失50%以上。

n）一足的第一趾和其余任何二趾离断或者缺失；一足除第一趾外，离断或者缺失4趾。

o）两足5个以上足趾离断或者缺失。

p）一足第一趾及其相连的跖骨离断或者缺失。

q）一足除第一趾外，任何三趾及其相连的跖骨离断或者缺失。

5.9.3 轻伤一级

a）四肢任一大关节功能丧失25%以上。

b）一节椎体压缩骨折超过1/3以上；二节以上椎体骨折；三处以上横突、棘突或者椎弓骨折。

c）膝关节韧带断裂伴半月板破裂。

d）四肢长骨骨折畸形愈合。

e）四肢长骨粉碎性骨折或者两处以上骨折。

f）四肢长骨骨折累及关节面。

g）股骨颈骨折未见股骨头坏死，已行假体置换。

h）骺板断裂。

i）一足离断或者缺失10%以上；足跟离断或者缺失20%以上。

j）一足的第一趾离断或者缺失；一足除第一趾外的任何二趾离断或者缺失。

k）三个以上足趾离断或者缺失。

l）除第一趾外任何一趾及其相连的跖骨离断或者缺失。

m）肢体皮肤创口或者瘢痕长度累计45.0cm以上。

5.9.4 轻伤二级

a）四肢任一大关节功能丧失10%以上。

b）四肢重要神经损伤。

c）四肢重要血管破裂。

d）椎骨骨折或者脊椎脱位（尾椎脱位不影响功能的除外）；外伤性椎间盘突出。

e）肢体大关节韧带断裂；半月板破裂。

f）四肢长骨骨折；髌骨骨折。

g）骨骺分离。

h）损伤致肢体大关节脱位。

i）第一趾缺失超过趾间关节；除第一趾外，任何二趾缺失超过趾间关节；一趾缺失。

j）两节趾骨骨折；一节趾骨骨折合并一跖骨骨折。

k）两跖骨骨折或者一跖骨完全骨折；距骨、跟骨、骰骨、楔骨或者足舟骨骨折；跖跗关节脱位。

l）肢体皮肤一处创口或者瘢痕长度10.0cm以上；两处以上创口或者瘢痕长度累计15.0cm以上。

5.9.5 轻微伤

a）肢体一处创口或者瘢痕长度1.0cm以上；两处以上创口或者

瘢痕长度累计1.5cm以上；刺创深达肌层。

b）肢体关节、肌腱或者韧带损伤。

c）骨挫伤。

d）足骨骨折。

e）外伤致趾甲脱落，甲床暴露；甲床出血。

f）尾椎脱位。

5.10 手损伤

5.10.1 重伤一级

a）双手离断、缺失或者功能完全丧失。

5.10.2 重伤二级

a）手功能丧失累计达一手功能36%。

b）一手拇指挛缩畸形不能对指和握物。

c）一手除拇指外，其余任何三指挛缩畸形，不能对指和握物。

d）一手拇指离断或者缺失超过指间关节。

e）一手示指和中指全部离断或者缺失。

f）一手除拇指外的任何三指离断或者缺失均超过近侧指间关节。

5.10.3 轻伤一级

a）手功能丧失累计达一手功能16%。

b）一手拇指离断或者缺失未超过指间关节。

c）一手除拇指外的示指和中指离断或者缺失均超过远侧指间关节。

d）一手除拇指外的环指和小指离断或者缺失均超过近侧指间关节。

5.10.4 轻伤二级

a）手功能丧失累计达一手功能4%。

b）除拇指外的一个指节离断或者缺失。

c）两节指骨线性骨折或者一节指骨粉碎性骨折（不含第2至5指末节）。

d）舟骨骨折、月骨脱位或者掌骨完全性骨折。

5.10.5 轻微伤

a）手擦伤面积10.0cm^2以上或者挫伤面积6.0cm^2以上。

b）手一处创口或者瘢痕长度1.0cm以上；两处以上创口或者瘢痕长度累计1.5cm以上；刺伤深达肌层。

c）手关节或者肌腱损伤。

d）腕骨、掌骨或者指骨骨折。

e）外伤致指甲脱落，甲床暴露；甲床出血。

5.11 体表损伤

5.11.1 重伤二级

a）挫伤面积累计达体表面积30%。

b）创口或者瘢痕长度累计200.0cm以上。

5.11.2 轻伤一级

a）挫伤面积累计达体表面积10%。

b）创口或者瘢痕长度累计40.0cm以上。

c）撕脱伤面积100.0cm^2以上。

d）皮肤缺损30.0cm^2以上。

5.11.3 轻伤二级

a）挫伤面积达体表面积6%。

b）单个创口或者瘢痕长度10.0cm以上；多个创口或者瘢痕长度累计15.0cm以上。

c）撕脱伤面积50.0cm^2以上。

d）皮肤缺损6.0cm^2以上。

5.11.4 轻微伤

a）擦伤面积20.0cm^2以上或者挫伤面积15.0cm^2以上。

b）一处创口或者瘢痕长度1.0cm以上；两处以上创口或者瘢痕长度累计1.5cm以上；刺创深达肌层。

c）咬伤致皮肤破损。

5.12 其他损伤

5.12.1 重伤一级

a）深II°以上烧烫伤面积达体表面积70%或者III°面积达30%。

5.12.2 重伤二级

a）Ⅱ°以上烧烫伤面积达体表面积30%或者Ⅲ°面积达10%；面积低于上述程度但合并吸入有毒气体中毒或者严重呼吸道烧烫伤。

b）枪弹创，创道长度累计180.0cm。

c）各种损伤引起脑水肿（脑肿胀），脑疝形成。

d）各种损伤引起休克（中度）。

e）挤压综合征（Ⅱ级）。

f）损伤引起脂肪栓塞综合征（完全型）。

g）各种损伤致急性呼吸窘迫综合征（重度）。

h）电击伤（Ⅱ°）。

i）溺水（中度）。

j）脑内异物存留；心脏异物存留。

k）器质性阴茎勃起障碍（重度）。

5.12.3 轻伤一级

a）Ⅱ°以上烧烫伤面积达体表面积20%或者Ⅲ°面积达5%。

b）损伤引起脂肪栓塞综合征（不完全型）。

c）器质性阴茎勃起障碍（中度）。

5.12.4 轻伤二级

a）Ⅱ°以上烧烫伤面积达体表面积5%或者Ⅲ°面积达0.5%。

b）呼吸道烧伤。

c）挤压综合征（Ⅰ级）。

d）电击伤（Ⅰ°）。

e）溺水（轻度）。

f）各种损伤引起休克（轻度）。

g）呼吸功能障碍，出现窒息征象。

h）面部异物存留；眶内异物存留；鼻窦异物存留。

i）胸腔内异物存留；腹腔内异物存留；盆腔内异物存留。

j）深部组织内异物存留。

k）骨折内固定物损坏需要手术更换或者修复。

l）各种置入式假体装置损坏需要手术更换或者修复。

m）器质性阴茎勃起障碍（轻度）。

5.12.5 轻微伤

a）身体各部位骨皮质的砍（刺）痕；轻微撕脱性骨折，无功能障碍。

b）面部Ⅰ°烧烫伤面积 10.0cm^2 以上；浅Ⅱ°烧烫伤。

c）颈部Ⅰ°烧烫伤面积 15.0cm^2 以上；浅Ⅱ°烧烫伤面积 2.0cm^2 以上。

d）体表Ⅰ°烧烫伤面积 20.0cm^2 以上；浅Ⅱ°烧烫伤面积 4.0cm^2 以上；深Ⅱ°烧烫伤。

6 附则

6.1 伤后因其他原因死亡的个体，其生前损伤比照本标准相关条款综合鉴定。

6.2 未列入本标准中的物理性、化学性和生物性等致伤因素造成的人体损伤，比照本标准中的相应条款综合鉴定。

6.3 本标准所称的损伤是指各种致伤因素所引起的人体组织器官结构破坏或者功能障碍。反应性精神病、癔症等，均为内源性疾病，不宜鉴定损伤程度。

6.4 本标准未作具体规定的损伤，可以遵循损伤程度等级划分原则，比照本标准相近条款进行损伤程度鉴定。

6.5 盲管创、贯通创，其创道长度可视为皮肤创口长度，并参照皮肤创口长度相应条款鉴定损伤程度。

6.6 牙折包括冠折、根折和根冠折，冠折须暴露髓腔。

6.7 骨皮质的砍（刺）痕或者轻微撕脱性骨折（无功能障碍）的，不构成本标准所指的轻伤。

6.8 本标准所称大血管是指胸主动脉、主动脉弓分支、肺动脉、肺静脉、上腔静脉和下腔静脉，腹主动脉、髂总动脉、髂外动脉、髂外静脉。

6.9 本标准四肢大关节是指肩、肘、腕、髋、膝、踝等六大关节。

6.10 本标准四肢重要神经是指臂丛及其分支神经（包括正中神

经、尺神经、桡神经和肌皮神经等）和腰骶丛及其分支神经（包括坐骨神经、腓总神经、腓浅神经和胫神经等）。

6.11 本标准四肢重要血管是指与四肢重要神经伴行的同名动、静脉。

6.12 本标准幼女或者儿童是指年龄不满14周岁的个体。

6.13 本标准所称的假体是指植入体内替代组织器官功能的装置，如：颅骨修补材料、人工晶体、义眼座、固定义齿（种植牙）、阴茎假体、人工关节、起搏器、支架等，但可摘式义眼、义齿等除外。

6.14 移植器官损伤参照相应条款综合鉴定。

6.15 本标准所称组织器官包括再植或者再造成活的。

6.16 组织器官缺失是指损伤当时完全离体或者仅有少量皮肤和皮下组织相连，或者因损伤经手术切除的。器官离断（包括牙齿脱落），经再植、再造手术成功的，按损伤当时情形鉴定损伤程度。

6.17 对于两个部位以上同类损伤可以累加，比照相关部位数值规定高的条款进行评定。

6.18 本标准所涉及的体表损伤数值，0~6岁按50%计算，7~10岁按60%计算，11~14岁按80%计算。

6.19 本标准中出现的数字均含本数。

附录A

（规范性附录）

损伤程度等级划分原则

A.1 重伤一级

各种致伤因素所致的原发性损伤或者由原发性损伤引起的并发症，严重危及生命；遗留肢体严重残废或者重度容貌毁损；严重丧失听觉、视觉或者其他重要器官功能。

A. 2 **重伤二级**

各种致伤因素所致的原发性损伤或者由原发性损伤引起的并发症，危及生命；遗留肢体残废或者轻度容貌毁损；丧失听觉、视觉或者其他重要器官功能。

A. 3 **轻伤一级**

各种致伤因素所致的原发性损伤或者由原发性损伤引起的并发症，未危及生命；遗留组织器官结构、功能中度损害或者明显影响容貌。

A. 4 **轻伤二级**

各种致伤因素所致的原发性损伤或者由原发性损伤引起的并发症，未危及生命；遗留组织器官结构、功能轻度损害或者影响容貌。

A. 5 **轻微伤**

各种致伤因素所致的原发性损伤，造成组织器官结构轻微损害或者轻微功能障碍。

A. 6 **等级限度**

重伤二级是重伤的下限，与重伤一级相衔接，重伤一级的上限是致人死亡；轻伤二级是轻伤的下限，与轻伤一级相衔接，轻伤一级的上限与重伤二级相衔接；轻微伤的上限与轻伤二级相衔接，未达轻微伤标准的，不鉴定为轻微伤。

附录 B

（规范性附录）

功能损害判定基准和使用说明

B. 1 **颅脑损伤**

B. 1. 1 智能（IQ）减退

极重度智能减退：IQ 低于 25；语言功能丧失；生活完全不能

自理。

重度智能减退：IQ25～39 之间；语言功能严重受损，不能进行有效的语言交流；生活大部分不能自理。

中度智能减退：IQ40～54 之间；能掌握日常生活用语，但词汇贫乏，对周围环境辨别能力差，只能以简单的方式与人交往；生活部分不能自理，能做简单劳动。

轻度智能减退：IQ55～69 之间；无明显语言障碍，对周围环境有较好的辨别能力，能比较恰当的与人交往；生活能自理，能做一般非技术性工作。

边缘智能状态：IQ70～84 之间；抽象思维能力或者思维广度、深度机敏性显示不良；不能完成高级复杂的脑力劳动。

B. 1. 2 器质性精神障碍

有明确的颅脑损伤伴不同程度的意识障碍病史，并且精神障碍发生和病程与颅脑损伤相关。症状表现为：意识障碍；遗忘综合征；痴呆；器质性人格改变；精神病性症状；神经症样症状；现实检验能力或者社会功能减退。

B. 1. 3 生活自理能力

生活自理能力主要包括以下五项：

（1）进食。

（2）翻身。

（3）大、小便。

（4）穿衣、洗漱。

（5）自主行动。

生活完全不能自理：是指上述五项均需依赖护理者。

生活大部分不能自理：是指上述五项中三项以上需依赖护理者。

生活部分不能自理：是指上述五项中一项以上需依赖护理者。

B. 1. 4 肌瘫（肌力）

0 级：肌肉完全瘫痪，毫无收缩。

1级：可看到或者触及肌肉轻微收缩，但不能产生动作。

2级：肌肉在不受重力影响下，可进行运动，即肢体能在床面上移动，但不能抬高。

3级：在和地心引力相反的方向中尚能完成其动作，但不能对抗外加的阻力。

4级：能对抗一定的阻力，但较正常人为低。

5级：正常肌力。

B.1.5 非肢体瘫的运动障碍

非肢体瘫的运动障碍包括肌张力增高，共济失调，不自主运动或者震颤等。根据其对生活自理影响的程度划分为轻、中、重三度。

重度：不能自行进食，大小便，洗漱，翻身和穿衣，需要他人护理。

中度：上述动作困难，但在他人帮助下可以完成。

轻度：完成上述动作虽有一些困难，但基本可以自理。

B.1.6 外伤性迟发性癫痫应具备的条件

（1）确证的头部外伤史。

（2）头部外伤90日后仍被证实有癫痫的临床表现。

（3）脑电图检查（包括常规清醒脑电图检查、睡眠脑电图检查或者较长时间连续同步录像脑电图检查等）显示异常脑电图。

（4）影像学检查确证颅脑器质性损伤。

B.1.7 肛门失禁

重度：大便不能控制；肛门括约肌收缩力很弱或者丧失；肛门括约肌收缩反射很弱或者消失；直肠内压测定，肛门注水法$<20cmH_2O$。

轻度：稀便不能控制；肛门括约肌收缩力较弱；肛门括约肌收缩反射较弱；直肠内压测定，肛门注水法$20\sim30cmH_2O$。

B.1.8 排尿障碍

重度：出现真性重度尿失禁或者尿潴留残余尿$\geq50mL$。

轻度：出现真性轻度尿失禁或者尿潴留残余尿$<50mL$。

B. 2 头面部损伤

B. 2. 1 眼睑外翻

重度外翻：睑结膜严重外翻，穹隆部消失。

中度外翻：睑结膜和睑板结膜外翻。

轻度外翻：睑结膜与眼球分离，泪点脱离泪阜。

B. 2. 2 容貌毁损

重度：面部瘢痕畸形，并有以下六项中四项者。（1）眉毛缺失；（2）双睑外翻或者缺失；（3）外耳缺失；（4）鼻缺失；（5）上、下唇外翻或者小口畸形；（6）颈颏粘连。

中度：具有以下六项中三项者。（1）眉毛部分缺失；（2）眼睑外翻或者部分缺失；（3）耳廓部分缺失；（4）鼻翼部分缺失；（5）唇外翻或者小口畸形；（6）颈部瘢痕畸形。

轻度：含中度畸形六项中二项者。

B. 2. 3 面部及中心区

面部的范围是指前额发际下，两耳屏前与下颌下缘之间的区域，包括额部、眶部、鼻部、口唇部、颏部、颧部、颊部、腮腺咬肌部。

面部中心区：以眉弓水平线为上横线，以下唇唇红缘中点处作水平线为下横线，以双侧外眦处作两条垂直线，上述四条线围绕的中央部分为中心区。

B. 2. 4 面瘫（面神经麻痹）

本标准涉及的面瘫主要是指外周性（核下性）面神经损伤所致。

完全性面瘫：是指面神经 5 个分支（颞支、颧支、颊支、下颌缘支和颈支）支配的全部颜面肌肉瘫痪，表现为：额纹消失，不能皱眉；眼睑不能充分闭合，鼻唇沟变浅；口角下垂，不能示齿，鼓腮，吹口哨，饮食时汤水流逸。

不完全性面瘫：是指面神经颧支、下颌支或者颞支和颊支损伤出现部分上述症状和体征。

B. 2. 5 张口困难分级

张口困难 I 度：大张口时，只能垂直置入示指和中指。

张口困难Ⅱ度：大张口时，只能垂直置入示指。

张口困难Ⅲ度：大张口时，上、下切牙间距小于示指之横径。

B.3 听器听力损伤

听力损失计算应按照世界卫生组织推荐的听力减退分级的频率范围，取0.5、1、2、4kHz四个频率气导听阈级的平均值。如所得均值不是整数，则小数点后之尾数采用4舍5入法进为整数。

纯音听阈级测试时，如某一频率纯音气导最大声输出仍无反应时，以最大声输出值作为该频率听阈级。

听觉诱发电位测试时，若最大输出声强仍引不出反应波形的，以最大输出声强为反应阈值。在听阈评估时，听力学单位一律使用听力级（dB HL）。一般情况下，受试者听觉诱发电位反应阈要比其行为听阈高10~20 dB（该差值又称“校正值”），即受试者的行为听阈等于其听觉诱发电位反应阈减去“校正值”。听觉诱发电位检测实验室应建立自己的“校正值”，如果没有自己的“校正值”，则取平均值（15 dB）作为“较正值”。

纯音气导听阈级应考虑年龄因素，按照《纯音气导阈的年龄修正值》（GB7582-87）听阈级偏差的中值（50%）进行修正，其中4000Hz的修正值参考2000Hz的数值。

表B.1　纯音气导阈值的年龄修正值（GB7582-87）

年龄	男			女		
	500Hz	1000Hz	2000Hz	500Hz	1000Hz	2000Hz
30	1	1	1	1	1	1
40	2	2	3	2	2	3
50	4	4	7	4	4	6
60	6	7	12	6	7	11
70	10	11	19	10	11	16

B.4 视觉器官损伤

B.4.1 盲及视力损害分级

表 B.2　盲及视力损害分级标准（2003 年，WHO）

分类	远视力低于	远视力等于或优于
轻度或无视力损害		0.3
中度视力损害（视力损害 1 级）	0.3	0.1
重度视力损害（视力损害 2 级）	0.1	0.05
盲（盲目 3 级）	0.05	0.02
盲（盲目 4 级）	0.02	光感
盲（盲目 5 级）		无光感

B.4.2 视野缺损

视野有效值计算公式：

$$实测视野有效值（\%）=\frac{8条子午线实测视野值}{500}$$

表 B.3　视野有效值与视野半径的换算

视野有效值（%）	视野度数（半径）
8	5°
16	10°
24	15°
32	20°
40	25°
48	30°
56	35°
64	40°
72	45°
80	50°
88	55°
96	60°

B.5 **颈部损伤**

B.5.1 甲状腺功能低下

重度：临床症状严重；T3、T4 或者 FT3、FT4 低于正常值，TSH >50μU/L。

中度：临床症状较重；T3、T4 或者 FT3、FT4 正常，TSH > 50μU/L。

轻度：临床症状较轻；T3、T4 或者 FT3、FT4 正常，TSH，轻度增高但<50μU/L。

B.5.2 甲状旁腺功能低下（以下分级需结合临床症状分析）

重度：空腹血钙<6mg/dL。

中度：空腹血钙 6~7mg/dL。

轻度：空腹血钙 7.1~8mg/dL。

B.5.3 发声功能障碍

重度：声哑、不能出声。

轻度：发音过弱、声嘶、低调、粗糙、带鼻音。

B.5.4 构音障碍

严重构音障碍：表现为发音不分明，语不成句，难以听懂，甚至完全不能说话。

轻度构音障碍：表现为发音不准，吐字不清，语调速度、节律等异常，鼻音过重。

B.6 **胸部损伤**

B.6.1 心功能分级

Ⅰ级：体力活动不受限，日常活动不引起过度的乏力、呼吸困难或者心悸。即心功能代偿期。

Ⅱ级：体力活动轻度受限，休息时无症状，日常活动即可引起乏力、心悸、呼吸困难或者心绞痛。亦称 Ⅰ 度或者轻度心衰。

Ⅲ级：体力活动明显受限，休息时无症状，轻于日常的活动即可引起上述症状。亦称Ⅱ度或者中度心衰。

Ⅳ级：不能从事任何体力活动，休息时亦有充血性心衰或心绞痛症状，任何体力活动后加重。亦称Ⅲ度或者重度心衰。

B. 6. 2 呼吸困难

1 级：与同年龄健康者在平地一同步行无气短，但登山或者上楼时呈气短。

2 级：平路步行 1000m 无气短，但不能与同龄健康者保持同样速度，平路快步行走呈现气短，登山或者上楼时气短明显。

3 级：平路步行 100m 即有气短。

4 级：稍活动（如穿衣、谈话）即气短。

B. 6. 3 窒息征象

临床表现为面、颈、上胸部皮肤出现针尖大小的出血点，以面部与眼眶部为明显；球睑结膜下出现出血斑点。

B. 7 腹部损伤

B. 7. 1 肝功能损害

表 B. 4　肝功能损害分度

程度	血清清蛋白	血清总胆红素	腹水	脑症	凝血酶原时间
重度	<2. 5g/dL	>3. 0mg/dL	顽固性	明显	明显延长（较对照组>9 秒）
中度	2. 5~3. 0g/dL	2. 0~3. 0mg/dL	无或者少量，治疗后消失	无或者轻度	延长（较对照组>6 秒）
轻度	3. 1~3. 5g/dL	1. 5~2. 0mg/dL	无	无	稍延长（较对照组>3 秒）

B. 7. 2 肾功能不全

表 B. 5　肾功能不全分期

分　期	内生肌酐清除率	血尿素氮浓度	血肌酐浓度	临床症状
代偿期	降至正常的 50% 50~70mL/min	正常	正常	通常无明显临床症状

续表

分　期	内生肌酐清除率	血尿素氮浓度	血肌酐浓度	临床症状
失代偿期	25~49 mL/min		>177μmol/L（2mg/dL）但<450μmol/L（5mg/dL）	无明显临床症状，可有轻度贫血；夜尿、多尿
尿毒症期	<25 mL/min	>21.4mmol/L（60mg/dL）	450~707μmol/L（5~8mg/dL）	常伴有酸中毒和严重尿毒症临床症状

B.7.3 会阴及阴道撕裂

Ⅰ度：会阴部粘膜、阴唇系带、前庭粘膜、阴道粘膜等处有撕裂，但未累及肌层及筋膜。

Ⅱ度：撕裂伤累及盆底肌肉筋膜，但未累及肛门括约肌。

Ⅲ度：肛门括约肌全部或者部分撕裂，甚至直肠前壁亦被撕裂。

B.8 其他损伤

B.8.1 烧烫伤分度

表 B.6　烧伤深度分度

程　度		损伤组织	烧伤部位特点	愈后情况
Ⅰ度		表皮	皮肤红肿，有热、痛感，无水疱，干燥，局部温度稍有增高	不留瘢痕
Ⅱ度	浅Ⅱ度	真皮浅层	剧痛，表皮有大而薄的水疱，疱底有组织充血和明显水肿；组织坏死仅限于皮肤的真皮层，局部温度明显增高	不留瘢痕
	深Ⅱ度	真皮深层	痛，损伤已达真皮深层，水疱较小，表皮和真皮层大部分凝固和坏死。将已分离的表皮揭去，可见基底微湿，色泽苍白上有红出血点，局部温度较低	可留下瘢痕

续表

程　度	损伤组织	烧伤部位特点	愈后情况
Ⅲ度	全层皮肤或者皮下组织、肌肉、骨骼	不痛，皮肤全层坏死，干燥如皮革样，不起水疱，蜡白或者焦黄，炭化，知觉丧失，脂肪层的大静脉全部坏死，局部温度低，发凉	需自体皮肤移植，有瘢痕或者畸形

B.8.2 电击伤

Ⅰ度：全身症状轻微，只有轻度心悸。触电肢体麻木，全身无力，如极短时间内脱离电源，稍休息可恢复正常。

Ⅱ度：触电肢体麻木，面色苍白，心跳、呼吸增快，甚至昏厥、意识丧失，但瞳孔不散大。对光反射存在。

Ⅲ度：呼吸浅而弱、不规则，甚至呼吸骤停。心律不齐，有室颤或者心搏骤停。

B.8.3 溺水

重度：落水后3~4分钟，神志昏迷，呼吸不规则，上腹部膨胀，心音减弱或者心跳、呼吸停止。淹溺到死亡的时间一般为5~6分钟。

中度：落水后1~2分钟，神志模糊，呼吸不规则或者表浅，血压下降，心跳减慢，反射减弱。

轻度：刚落水片刻，神志清，血压升高，心率、呼吸增快。

B.8.4 挤压综合征

系人体肌肉丰富的四肢与躯干部位因长时间受压（例如暴力挤压）或者其他原因造成局部循环障碍，结果引起肌肉缺血性坏死，出现肢体明显肿胀、肌红蛋白尿及高血钾等为特征的急性肾功能衰竭。

Ⅰ级：肌红蛋白尿试验阳性，肌酸磷酸激酶（CPK）增高，而无肾衰等周身反应者。

Ⅱ级：肌红蛋白尿试验阳性，肌酸磷酸激酶（CPK）明显升高，血肌酐和尿素氮增高，少尿，有明显血浆渗入组织间隙，致有效血容量丢失，出现低血压者。

Ⅲ级：肌红蛋白尿试验阳性，肌酸磷酸激酶（CPK）显著升高，少尿或者尿闭，休克，代谢性酸中毒以及高血钾者。

B. 8. 5 急性呼吸窘迫综合征

急性呼吸窘迫综合征（ARDS）须具备以下条件：

（1）有发病的高危因素。

（2）急性起病，呼吸频率数和/或呼吸窘迫。

（3）低氧血症，$PaO_2/FiO_2 \leqslant 200mmHg$。

（4）胸部X线检查两肺浸润影。

（5）肺毛细血管楔压（PCWP）≤18mmHg，或者临床上除外心源性肺水肿。

凡符合以上5项可诊断为ARDS。

表 B. 7　急性呼吸窘迫综合征分度

程度	临床分级			血气分析分级	
	呼吸频率	临床表现	X线示	吸空气	吸纯氧15分钟后
轻度	>35次/分	无发绀	无异常或者纹理增多，边缘模糊	氧分压<8. 0kPa 二氧化碳分压<4. 7kPa	氧分压<46. 7kPa Qs/Qt>10%
中度	>40次/分	发绀，肺部有异常体征	斑片状阴影或者呈磨玻璃样改变，可见支气管气相	氧分压<6. 7kPa 二氧化碳分压<5. 3kPa	氧分压<20. 0kPa Qs/Qt>20%
重度	呼吸极度窘迫	发绀进行性加重，肺广泛湿罗音或者实变	双肺大部分密度普遍增高，支气管气相明显	氧分压<5. 3kPa（40mmHg）二氧化碳分压>6. 0kPa	氧分压<13. 3kPa Qs/Qt>30%

B. 8. 6 脂肪栓塞综合征

不完全型（或者称部分症候群型）：伤者骨折后出现胸部疼痛，咳呛震痛，胸闷气急，痰中带血，神疲身软，面色无华，皮肤出现瘀血点，上肢无力伸举，脉多细涩。实验室检查有明显低氧血症，预后一般良好。

完全型（或者称典型症候群型）：伤者创伤骨折后出现神志恍惚，严重呼吸困难，口唇紫绀，胸闷欲绝，脉细涩。本型初起表现为呼吸和心动过速、高热等非特异症状。此后出现呼吸窘迫、神志不清以至昏迷等神经系统症状，在眼结膜及肩、胸皮下可见散在瘀血点，实验室检查可见血色素降低，血小板减少，血沉增快以及出现低氧血症。肺部 X 线检查可见多变的进行性的肺部斑片状阴影改变和右心扩大。

B. 8. 7 休克分度

表 B. 8　休克分度

程度	血压（收缩压）kPa	脉搏（次/分）	全身状况
轻度	12~13. 3（90~100mmHg）	90~100	尚好
中度	10~12（75~90mmHg）	110~130	抑制、苍白、皮肤冷
重度	<10（<75mmHg）	120~160	明显抑制
垂危	0		呼吸障碍、意识模糊

B. 8. 8 器质性阴茎勃起障碍

重度：阴茎无勃起反应，阴茎硬度及周径均无改变。

中度：阴茎勃起时最大硬度>0，<40%，每次勃起持续时间<10分钟。

轻度：阴茎勃起时最大硬度≥40%，<60%，每次勃起持续时间<10 分钟。

附录 C

（资料性附录）

人体损伤程度鉴定常用技术

C.1 视力障碍检查

视力记录可采用小数记录或者 5 分记录两种方式。视力（指远距视力）经用镜片（包括接触镜，针孔镜等），纠正达到正常视力范围（0.8 以上）或者接近正常视力范围（0.4-0.8）的都不属视力障碍范围。

中心视力好而视野缩小，以注视点为中心，视野半径小于 10 度而大于 5 度者为盲目 3 级，如半径小于 5 度者为盲目 4 级。

周边视野检查：视野缩小系指因损伤致眼球注视前方而不转动所能看到的空间范围缩窄，以致难以从事正常工作、学习或者其他活动。

对视野检查要求，视标颜色：白色，视标大小：5mm，检查距离 330mm，视野背景亮度：31.5asb。

周边视野缩小，鉴定以实测得八条子午线视野值的总和计算平均值，即有效视野值。

视力障碍检查具体方法参考《视觉功能障碍法医鉴定指南》（SF/Z JD0103004）。

C.2 听力障碍检查

听力障碍检查应符合《听力障碍的法医学评定》（GA/T 914）。

C.3 前庭平衡功能检查

本标准所指的前庭平衡功能丧失及前庭平衡功能减退，是指外力作用颅脑或者耳部，造成前庭系统的损伤。伤后出现前庭平衡功能障碍的临床表现，自发性前庭体征检查法和诱发性前庭功能检查法等有阳性发现（如眼震电图/眼震视图、静、动态平衡仪、前庭诱发电位等检查），结合听力检查和神经系统检查，以及影像学检查综合判定，确定前庭平衡功能是丧失，或者减退。

C.4 阴茎勃起功能检测

阴茎勃起功能检测应满足阴茎勃起障碍法医学鉴定的基本要求，具体方法参考《男子性功能障碍法医学鉴定规范》（SF/Z JD0103002）。

C.5 体表面积计算

九分估算法：成人体表面积视为100%，将总体表面积划分为11个9%等面积区域，即头（面）颈部占一个9%，双上肢占二个9%，躯干前后及会阴部占三个9%，臀部及双下肢占五个9%+1%（见表C1）。

表 C.1　体表面积的九分估算法

部位	面积,%	按九分法面积,%
头	6	（1×9）=9
颈	3	
前躯	13	（3×9）=27
后躯	13	
会阴	1	
双上臂	7	（2×9）=18
双前臂	6	
双手	5	
臀	5	（5×9+1）=46
双大腿	21	
双小腿	13	
双足	7	
全身合计	100	（11×9+1）=100

注：12岁以下儿童体表面积：头颈部=9+（12−年龄），双下肢=46−（12−年龄）

手掌法：受检者五指并拢，一掌面相当其自身体表面积的1%。

公式计算法：S（平方米）= 0.0061×身长（cm）+0.0128×体重（kg）−0.1529

C.6 肢体关节功能丧失程度评价

肢体关节功能评价使用说明（适用于四肢大关节功能评定）：

1. 各关节功能丧失程度等于相应关节所有轴位（如腕关节有两个轴位）和所有方位（如腕关节有四个方位）功能丧失值的之和再除以相应关节活动的方位数之和。例如：腕关节掌屈40度，背屈30度，桡屈15度，尺屈20度。查表得相应功能丧失值分别为30%、40%、60%和60%，求得腕关节功能丧失程度为47.5%。如果掌屈伴肌力下降（肌力3级），查表得相应功能丧失值分别为65%、40%、60%和60%。求得腕关节功能丧失程度为56.25%。

2. 当关节活动受限于某一方位时，其同一轴位的另一方位功能丧失值以100%计。如腕关节掌屈和背屈轴位上的活动限制在掌屈10度与40度之间，则背屈功能丧失值以100%计，而掌屈以40度计，查表得功能丧失值为30%，背屈功能以100%计，则腕关节功能丧失程度为65%。

3. 对疑有关节病变（如退行性变）并影响关节功能时，伤侧关节功能丧失值应与对侧进行比较，即同时用查表法分别求出伤侧和对侧关节功能丧失值，并用伤侧关节功能丧失值减去对侧关节功能丧失值即为伤侧关节功能实际丧失值。

4. 由于本标准对于关节功能的评定已经考虑到肌力减退对于关节功能的影响，故在测量关节运动活动度时，应以关节被动活动度为准。

C.6.1 肩关节功能丧失程度评定

表 C.2　肩关节功能丧失程度（%）

	关节运动活动度	肌力				
		≤M1	M2	M3	M4	M5
前屈	≥171	100	75	50	25	0
	151~170	100	77	55	32	10
	131~150	100	80	60	40	20
	111~130	100	82	65	47	30
	91~110	100	85	70	55	40
	71~90	100	87	75	62	50
	51~70	100	90	80	70	60
	31~50	100	92	85	77	70
	≤30	100	95	90	85	80
后伸	≥41	100	75	50	25	0
	31~40	100	80	60	40	20
	21~30	100	85	70	55	40
	11~20	100	90	80	70	60
	≤10	100	95	90	85	80
外展	≥171	100	75	50	25	0
	151~170	100	77	55	32	10
	131~150	100	80	60	40	20
	111~130	100	82	65	47	30
	91~110	100	85	70	55	40
	71~90	100	87	75	62	50
	51~70	100	90	80	70	60
	31~50	100	92	85	77	70
	≤30	100	95	90	85	80
内收	≥41	100	75	50	25	0
	31~40	100	80	60	40	20
	21~30	100	85	70	55	40
	11~20	100	90	80	70	60
	≤10	100	95	90	85	80

续 表

	关节运动活动度	肌力				
		≤M1	M2	M3	M4	M5
内旋	≥81	100	75	50	25	0
	71~80	100	77	55	32	10
	61~70	100	80	60	40	20
	51~60	100	82	65	47	30
	41~50	100	85	70	55	40
	31~40	100	87	75	62	50
	21~30	100	90	80	70	60
	11~20	100	92	85	77	70
	≤10	100	95	90	85	80
外旋	≥81	100	75	50	25	0
	71~80	100	77	55	32	10
	61~70	100	80	60	40	20
	51~60	100	82	65	47	30
	41~50	100	85	70	55	40
	31~40	100	87	75	62	50
	21~30	100	90	80	70	60
	11~20	100	92	85	77	70
	≤10	100	95	90	85	80

C. 6. 2 肘关节功能丧失程度评定

表 C. 3 肘关节功能丧失程度（%）

	关节运动活动度	肌力				
		≤M1	M2	M3	M4	M5
屈曲	≥41	100	75	50	25	0
	36~40	100	77	55	32	10
	31~35	100	80	60	40	20
	26~30	100	82	65	47	30
	21~25	100	85	70	55	40
	16~20	100	87	75	62	50
	11~15	100	90	80	70	60
	6~10	100	92	85	77	70
	≤5	100	95	90	85	80

续　表

	关节运动活动度	肌　　力				
		≤M1	M2	M3	M4	M5
伸展	81~90	100	75	50	25	0
	71~80	100	77	55	32	10
	61~70	100	80	60	40	20
	51~60	100	82	65	47	30
	41~50	100	85	70	55	40
	31~40	100	87	75	62	50
	21~30	100	90	80	70	60
	11~20	100	92	85	77	70
	≤10	100	95	90	85	80

注：为方便肘关节功能计算，此处规定肘关节以屈曲90度为中立位0度。

C.6.3 腕关节功能丧失程度评定

表 C.4　腕关节功能丧失程度（%）

	关节运动活动度	肌　　力				
		≤M1	M2	M3	M4	M5
掌屈	≥61	100	75	50	25	0
	51~60	100	77	55	32	10
	41~50	100	80	60	40	20
	31~40	100	82	65	47	30
	26~30	100	85	70	55	40
	21~25	100	87	75	62	50
	16~20	100	90	80	70	60
	11~15	100	92	85	77	70
	≤10	100	95	90	85	80
背屈	≥61	100	75	50	25	0
	51~60	100	77	55	32	10
	41~50	100	80	60	40	20
	31~40	100	82	65	47	30
	26~30	100	85	70	55	40
	21~25	100	87	75	62	50

续 表

	关节运动活动度	肌力				
		≤M1	M2	M3	M4	M5
背屈	16~20	100	90	80	70	60
	11~15	100	92	85	77	70
	≤10	100	95	90	85	80
桡屈	≥21	100	75	50	25	0
	16~20	100	80	60	40	20
	11~15	100	85	70	55	40
	6~10	100	90	80	70	60
	≤5	100	95	90	85	80
尺屈	≥41	100	75	50	25	0
	31~40	100	80	60	40	20
	21~30	100	85	70	55	40
	11~20	100	90	80	70	60
	≤10	100	95	90	85	80

C.6.4 髋关节功能丧失程度评定

表 C.5 髋关节功能丧失程度（%）

	关节运动活动度	肌力				
		≤M1	M2	M3	M4	M5
前屈	≥121	100	75	50	25	0
	106~120	100	77	55	32	10
	91~105	100	80	60	40	20
	76~90	100	82	65	47	30
	61~75	100	85	70	55	40
	46~60	100	87	75	62	50
	31~45	100	90	80	70	60
	16~30	100	92	85	77	70
	≤15	100	95	90	85	80
后伸	≥11	100	75	50	25	0
	6~10	100	85	70	55	20
	1~5	100	90	80	70	50
	0	100	95	90	85	80

续　表

	关节运动活动度	肌力				
		≤M1	M2	M3	M4	M5
外展	≥41	100	75	50	25	0
	31~40	100	80	60	40	20
	21~30	100	85	70	55	40
	11~20	100	90	80	70	60
	≤10	100	95	90	85	80
内收	≥16	100	75	50	25	0
	11~15	100	80	60	40	20
	6~10	100	85	70	55	40
	1~5	100	90	80	70	60
	0	100	95	90	85	80
外旋	≥41	100	75	50	25	0
	31~40	100	80	60	40	20
	21~30	100	85	70	55	40
	11~20	100	90	80	70	60
	≤10	100	95	90	85	80
内旋	≥41	100	75	50	25	0
	31~40	100	80	60	40	20
	21~30	100	85	70	55	40
	11~20	100	90	80	70	60
	≤10	100	95	90	85	80

注：表中前屈指屈膝位前屈。

C.6.5 膝关节功能丧失程度评定

表 C.6　膝关节功能丧失程度（%）

	关节运动活动度	肌力				
		≤M1	M2	M3	M4	M5
屈曲	≥130	100	75	50	25	0
	116~129	100	77	55	32	10
	101~115	100	80	60	40	20
	86~100	100	82	65	47	30
	71~85	100	85	70	55	40
	61~70	100	87	75	62	50
	46~60	100	90	80	70	60
	31~45	100	92	85	77	70
	≤30	100	95	90	85	80

续 表

	关节运动活动度	肌力				
		≤M1	M2	M3	M4	M5
伸展	≤-5	100	75	50	25	0
	-6~-10	100	77	55	32	10
	-11~-20	100	80	60	40	20
	-21~-25	100	82	65	47	30
	-26~-30	100	85	70	55	40
	-31~-35	100	87	75	62	50
	-36~-40	100	90	80	70	60
	-41~-45	100	92	85	77	70
	≥46	100	95	90	85	80

注：表中负值表示膝关节伸展时到达功能位（直立位）所差的度数。

使用说明：考虑到膝关节同一轴位屈伸活动相互重叠，膝关节功能丧失程度的计算方法与其他关节略有不同，即根据关节屈曲与伸展运动活动度查表得出相应功能丧失程度，再求和即为膝关节功能丧失程度。当二者之和大于100%时，以100%计算。

C.6.6 踝关节功能丧失程度评定

表 C.7　踝关节功能丧失程度（%）

	关节运动活动度	肌力				
		≤M1	M2	M3	M4	M5
背屈	≥16	100	75	50	25	0
	11~15	100	80	60	40	20
	6~10	100	85	70	55	40
	1~5	100	90	80	70	60
	0	100	95	90	85	80
跖屈	≥41	100	75	50	25	0
	31~40	100	80	60	40	20
	21~30	100	85	70	55	40
	11~20	100	90	80	70	60
	≤10	100	95	90	85	80

C.7 **手功能计算**

C.7.1 手缺失和丧失功能的计算

一手拇指占一手功能的36%，其中末节和近节指节各占18%；食指、中指各占一手功能的18%，其中末节指节占8%，中节指节占7%，近节指节占3%；无名指和小指各占一手功能的9%，其中末节指节占4%，中节指节占3%，近节指节占2%。一手掌占一手功能的10%，其中第一掌骨占4%，第二、第三掌骨各占2%，第四、第五掌骨各占1%。本标准中，双手缺失或丧失功能的程度是按前面方法累加计算的结果。

C.7.2 手感觉丧失功能的计算

手感觉丧失功能是指因事故损伤所致手的掌侧感觉功能的丧失。手感觉丧失功能的计算按相应手功能丧失程度的50%计算。

劳动能力鉴定　职工工伤与职业病致残等级

（2014年9月3日国家质量监督检验检疫总局、中国国家标准化管理委员会发布　自2015年1月1日实施）

前　言

本标准按照GB/T 1.1—2009给出的规则起草。

本标准代替GB/T 16180—2006《劳动能力鉴定　职工工伤与职业病致残等级》，与GB/T 16180—2006相比，主要技术变化如下：

——将总则中的分级原则写入相应等级标准头条；

——对总则中4.1.4护理依赖的分级进一步予以明确；

——删除总则4.1.5心理障碍的描述；

——将附录中有明确定义的内容直接写进标准条款；

——在具体条款中取消年龄和是否生育的表述；

——附录 B 中增加手、足功能缺损评估参考图表；

——附录 A 中增加视力减弱补偿率的使用说明；

——对附录中外伤性椎间盘突出症的诊断要求做了调整；

——完善了对癫痫和智能障碍的综合评判要求；

——归并胸、腹腔脏器损伤部分条款；

——增加系统治疗的界定；

——增加四肢长管状骨的界定；

——增加了脊椎骨折的分型界定；

——增加了关节功能障碍的量化判定基准；

——增加“髌骨、跟骨、距骨、下颌骨或骨盆骨折内固定术后”条款；

——增加“四肢长管状骨骨折内固定术或外固定支架术后”条款；

——增加“四肢大关节肌腱及韧带撕裂伤术后遗留轻度功能障碍”条款；

——完善、调整或删除了部分不规范、不合理甚至矛盾的条款；

——取消了部分条款后缀中易造成歧义的“无功能障碍”表述；

——伤残条目由 572 条调整为 530 条。

本标准由中华人民共和国人力资源和社会保障部提出。

本标准由中华人民共和国人力资源和社会保障部归口。

本标准起草单位：上海市劳动能力鉴定中心。

本标准主要起草人：陈道莅、张岩、杨庆铭、廖镇江、曹贵松、眭述平、叶纹、周泽深、陶明毅、王国民、程瑜、周安寿、左峰、林景荣、姚树源、王沛、孔翔飞、徐新荣、杨小锋、姜节凯、方晓松、刘声明、章艾武、李怀侠、姚凰。

本标准所代替标准的历次版本发布情况为：

——GB/T 16180—1996、GB/T 16180—2006。

劳动能力鉴定　职工
工伤与职业病致残等级

1　范围

本标准规定了职工工伤与职业病致残劳动能力鉴定原则和分级标准。

本标准适用于职工在职业活动中因工负伤和因职业病致残程度的鉴定。

2　规范性引用文件

下列文件对于本文件的应用是必不可少的。凡是注日期的引用文件，仅注日期的版本适用于本文件。凡是不注日期的引用文件，其最新版本（包括所有的修改单）适用于本文件。

GB/T 4854（所有部分）　声学　校准测听设备的基准零级

GB/T 7341（所有部分）　听力计

GB/T 7582—2004　声学　听阈与年龄关系的统计分布

GB/T 7583　声学　纯音气导听阈测定　保护听力用

GB 11533　标准对数视力表

GBZ 4　职业性慢性二硫化碳中毒诊断标准

GBZ 5　职业性氟及无机化合物中毒的诊断

GBZ 7　职业性手臂振动病诊断标准

GBZ 9　职业性急性电光性眼炎（紫外线角膜结膜炎）诊断标准

GBZ 12　职业性铬鼻病诊断标准

GBZ 24　职业性减压病诊断标准

GBZ 35　职业性白内障诊断标准

GBZ 45　职业性三硝基甲苯白内障诊断标准

GBZ 49　职业性噪声聋诊断标准

GBZ 54　职业性化学性眼灼伤诊断标准

GBZ 57　职业性哮喘诊断标准

GBZ 60　职业性过敏性肺炎诊断标准

GBZ 61　职业性牙酸蚀病诊断标准

GBZ 70　尘肺病诊断标准

GBZ 81　职业性磷中毒诊断标准

GBZ 82　职业性煤矿井下工人滑囊炎诊断标准

GBZ 83　职业性砷中毒的诊断

GBZ 94　职业性肿瘤诊断标准

GBZ 95　放射性白内障诊断标准

GBZ 96　内照射放射病诊断标准

GBZ 97　放射性肿瘤诊断标准

GBZ 101　放射性甲状腺疾病诊断标准

GBZ 104　外照射急性放射病诊断标准

GBZ 105　外照射慢性放射病诊断标准

GBZ 106　放射性皮肤疾病诊断标准

GBZ 107　放射性性腺疾病的诊断

GBZ 109　放射性膀胱疾病诊断标准

GBZ 110　急性放射性肺炎诊断标准

GBZ/T 238　职业性爆震聋的诊断

3　术语和定义

下列术语和定义适用于本文件。

3.1

劳动能力鉴定 identify work ability

法定机构对劳动者在职业活动中因工负伤或患职业病后，根据国家工伤保险法规规定，在评定伤残等级时通过医学检查对劳动功能障碍程度（伤残程度）和生活自理障碍程度做出的技术性鉴定结论。

3.2

医疗依赖 medical dependence

工伤致残于评定伤残等级技术鉴定后仍不能脱离治疗。

3.3

生活自理障碍 ability of living independence

工伤致残者因生活不能自理，需依赖他人护理。

4 总则

4.1 判断依据

4.1.1 综合判定

依据工伤致残者于评定伤残等级技术鉴定时的器官损伤、功能障碍及其对医疗与日常生活护理的依赖程度，适当考虑由于伤残引起的社会心理因素影响，对伤残程度进行综合判定分级。

附录A为各门类工伤、职业病致残分级判定基准。

附录B为正确使用本标准的说明。

4.1.2 器官损伤

器官损伤是工伤的直接后果，但职业病不一定有器官缺损。

4.1.3 功能障碍

工伤后功能障碍的程度与器官缺损的部位及严重程度有关，职业病所致的器官功能障碍与疾病的严重程度相关。对功能障碍的判定，应以评定伤残等级技术鉴定时的医疗检查结果为依据，根据评残对象逐个确定。

4.1.4 医疗依赖

医疗依赖判定分级：

a） 特殊医疗依赖：工伤致残后必须终身接受特殊药物、特殊医疗设备或装置进行治疗；

b） 一般医疗依赖：工伤致残后仍需接受长期或终身药物治疗。

4.1.5 生活自理障碍

生活自理范围主要包括下列五项：

a） 进食：完全不能自主进食，需依赖他人帮助；

b） 翻身：不能自主翻身；

c） 大、小便：不能自主行动，排大、小便需依靠他人帮助；

d） 穿衣、洗漱：不能自己穿衣、洗漱，完全依赖他人帮助；

e） 自主行动：不能自主走动。

生活自理障碍程度分三级：

a） 完全生活自理障碍：生活完全不能自理，上述五项均需护理；

b） 大部分生活自理障碍：生活大部分不能自理，上述五项中三项或四项需要护理；

c） 部分生活自理障碍：生活部分不能自理，上述五项中一项或两项需要护理。

4.2 晋级原则

对于同一器官或者系统多处损伤，或一个以上器官不同部位同时受到损伤者，应先对单项伤残程度进行鉴定。如果几项伤残等级不同，以重者定级；如果两项及以上等级相同，最多晋升一级。

4.3 对原有伤残及合并症的处理

在劳动能力鉴定过程中，工伤或职业病后出现合并症，其致残等级的评定以鉴定时实际的致残结局为依据。

如受工伤损害的器官原有伤残或疾病史，即：单个或双器官（如双眼、四肢、肾脏）或系统损伤，本次鉴定时应检查本次伤情是否加重原有伤残，若加重原有伤残，鉴定时按实际的致残结局为依据；若本次伤情轻于原有伤残，鉴定时则按本次工伤伤情致残结局为依据。

对原有伤残的处理适用于初次或再次鉴定，复查鉴定不适用本规则。

4.4 门类划分

按照临床医学分科和各学科间相互关联的原则，对残情的判定划分为 5 个门类：

a） 神经内科、神经外科、精神科门。

b） 骨科、整形外科、烧伤科门。

c） 眼科、耳鼻喉科、口腔科门。

d） 普外科、胸外科、泌尿生殖科门。

e） 职业病内科门。

4.5 条目划分

按照 4.4 中的 5 个门类，以附录 C 中表 C.1~C.5 及一至十级分级系列，根据伤残的类别和残情的程度划分伤残条目，共列出残情 530 条。

4.6 等级划分

根据条目划分原则以及工伤致残程度，综合考虑各门类间的平衡，将残情级别分为一至十级。最重为第一级，最轻为第十级。对未列出的个别伤残情况，参照本标准中相应定级原则进行等级评定。

5 职工工伤与职业病致残等级分级

5.1 一级

5.1.1 定级原则

器官缺失或功能完全丧失，其他器官不能代偿，存在特殊医疗依赖，或完全或大部分或部分生活自理障碍。

5.1.2 一级条款系列

凡符合 5.1.1 或下列条款之一者均为工伤一级。

1） 极重度智能损伤；

2） 四肢瘫肌力≤3 级或三肢瘫肌力≤2 级；

3） 重度非肢体瘫运动障碍；

4） 面部重度毁容，同时伴有表 C.2 中二级伤残之一者；

5） 全身重度瘢痕形成，占体表面积≥90%，伴有脊柱及四肢大关节活动功能基本丧失；

6） 双肘关节以上缺失或功能完全丧失；

7） 双下肢膝上缺失及一上肢肘上缺失；

8） 双下肢及一上肢瘢痕畸形，功能完全丧失；

9） 双眼无光感或仅有光感但光定位不准者；

10） 肺功能重度损伤和呼吸困难Ⅳ级，需终生依赖机械通气；

11） 双肺或心肺联合移植术；

12） 小肠切除≥90%；

13） 肝切除后原位肝移植；

14） 胆道损伤原位肝移植；

15） 全胰切除；

16） 双侧肾切除或孤肾切除术后，用透析维持或同种肾移植术后肾功能不全尿毒症期；

17） 尘肺叁期伴肺功能重度损伤及（或）重度低氧血症［PO_2<5.3 kPa（<40 mmHg）］；

18） 其他职业性肺部疾患，伴肺功能重度损伤及（或）重度低氧血症［PO_2<5.3 kPa（<40 mmHg）］；

19） 放射性肺炎后，两叶以上肺纤维化伴重度低氧血症［PO_2<5.3 kPa（<40 mmHg）］；

20） 职业性肺癌伴肺功能重度损伤；

21） 职业性肝血管肉瘤，重度肝功能损害；

22） 肝硬化伴食道静脉破裂出血，肝功能重度损害；

23） 肾功能不全尿毒症期，内生肌酐清除率持续<10 mL/min，或血浆肌酐水平持续> 707 μmol/L（8 mg/dL）。

5.2 二级

5.2.1 定级原则

器官严重缺损或畸形，有严重功能障碍或并发症，存在特殊医疗依赖，或大部分或部分生活自理障碍。

5.2.2 二级条款系列

凡符合 5.2.1 或下列条款之一者均为工伤二级。

1） 重度智能损伤；

2） 三肢瘫肌力3级；

3） 偏瘫肌力≤2级；

4） 截瘫肌力≤2级；

5） 双手全肌瘫肌力≤2级；

6） 完全感觉性或混合性失语；

7） 全身重度瘢痕形成，占体表面积≥80%，伴有四肢大关节中3个以上活动功能受限；

8） 全面部瘢痕或植皮伴有重度毁容；

9） 双侧前臂缺失或双手功能完全丧失；

10） 双下肢瘢痕畸形，功能完全丧失；

11） 双膝以上缺失；

12） 双膝、双踝关节功能完全丧失；

13） 同侧上、下肢缺失或功能完全丧失；

14） 四肢大关节（肩、髋、膝、肘）中4个及以上关节功能完全丧失者；

15） 一眼有或无光感，另眼矫正视力≤0.02，或视野≤8%（或半径≤5°）；

16） 无吞咽功能，完全依赖胃管进食；

17） 双侧上颌骨或双侧下颌骨完全缺损；

18） 一侧上颌骨及对侧下颌骨完全缺损，并伴有颜面软组织损伤>30 cm^2；

19） 一侧全肺切除并胸廓成形术，呼吸困难Ⅲ级；

20） 心功能不全三级；

21） 食管闭锁或损伤后无法行食管重建术，依赖胃造瘘或空肠造瘘进食；

22） 小肠切除3/4，合并短肠综合症；

23） 肝切除3/4，合并肝功能重度损害；

24） 肝外伤后发生门脉高压三联症或发生Budd-chiari综合征；

25） 胆道损伤致肝功能重度损害；

26） 胰次全切除，胰腺移植术后；

27） 孤肾部分切除后，肾功能不全失代偿期；

28） 肺功能重度损伤及（或）重度低氧血症；

29） 尘肺叁期伴肺功能中度损伤及（或）中度低氧血症；

30） 尘肺贰期伴肺功能重度损伤及（或）重度低氧血症［PO_2<5.3 kPa（40 mmHg）］；

31） 尘肺叁期伴活动性肺结核；

32） 职业性肺癌或胸膜间皮瘤；

33） 职业性急性白血病；

34） 急性重型再生障碍性贫血；

35） 慢性重度中毒性肝病；

36） 肝血管肉瘤；

37） 肾功能不全尿毒症期，内生肌酐清除率持续<25 mL/min，或血浆肌酐水平持续>450 μmol/L（5 mg/dL）；

38） 职业性膀胱癌；

39） 放射性肿瘤。

5.3 三级

5.3.1 定级原则

器官严重缺损或畸形，有严重功能障碍或并发症，存在特殊医疗依赖，或部分生活自理障碍。

5.3.2 三级条款系列

凡符合 5.3.1 或下列条款之一者均为工伤三级。

1） 精神病性症状，经系统治疗 1 年后仍表现为危险或冲动行为者；

2） 精神病性症状，经系统治疗 1 年后仍缺乏生活自理能力者；

3） 偏瘫肌力 3 级；

4） 截瘫肌力 3 级；

5）　双足全肌瘫肌力≤2 级；

6）　中度非肢体瘫运动障碍；

7）　完全性失用、失写、失读、失认等具有两项及两项以上者；

8）　全身重度瘢痕形成，占体表面积≥70%，伴有四肢大关节中 2 个以上活动功能受限；

9）　面部瘢痕或植皮≥2/3 并有中度毁容；

10）　一手缺失，另一手拇指缺失；

11）　双手拇、食指缺失或功能完全丧失；

12）　一手功能完全丧失，另一手拇指功能完全丧失；

13）　双髋、双膝关节中，有一个关节缺失或功能完全丧失及另一关节重度功能障碍；

14）　双膝以下缺失或功能完全丧失；

15）　一侧髋、膝关节畸形，功能完全丧失；

16）　非同侧腕上、踝上缺失；

17）　非同侧上、下肢瘢痕畸形，功能完全丧失；

18）　一眼有或无光感，另眼矫正视力≤0.05 或视野≤16%（半径≤10°）；

19）　双眼矫正视力<0.05 或视野≤16%（半径≤10°）；

20）　一侧眼球摘除或眼内容物剜出，另眼矫正视力<0.1 或视野≤24%（或半径≤15°）；

21）　呼吸完全依赖气管套管或造口；

22）　喉或气管损伤导致静止状态下或仅轻微活动即有呼吸困难；

23）　同侧上、下颌骨完全缺损；

24）　一侧上颌骨或下颌骨完全缺损，伴颜面部软组织损伤>$30cm^2$；

25）舌缺损>全舌的 2/3；

26）　一侧全肺切除并胸廓成形术；

27）　一侧胸廓成形术，肋骨切除 6 根以上；

28）　一侧全肺切除并隆凸切除成形术；

29） 一侧全肺切除并大血管重建术；

30） Ⅲ度房室传导阻滞；

31） 肝切除2/3，并肝功能中度损害；

32） 胰次全切除，胰岛素依赖；

33） 一侧肾切除，对侧肾功能不全失代偿期；

34） 双侧输尿管狭窄，肾功能不全失代偿期；

35） 永久性输尿管腹壁造瘘；

36） 膀胱全切除；

37） 尘肺叁期；

38） 尘肺贰期伴肺功能中度损伤及（或）中度低氧血症；

39） 尘肺贰期合并活动性肺结核；

40） 放射性肺炎后两叶肺纤维化，伴肺功能中度损伤及（或）中度低氧血症；

41） 粒细胞缺乏症；

42） 再生障碍性贫血；

43） 职业性慢性白血病；

44） 中毒性血液病，骨髓增生异常综合征；

45） 中毒性血液病，严重出血或血小板含量$\leq 2\times 10^{10}$/L；

46） 砷性皮肤癌；

47） 放射性皮肤癌。

5.4 四级

5.4.1 定级原则

器官严重缺损或畸形，有严重功能障碍或并发症，存在特殊医疗依赖，或部分生活自理障碍或无生活自理障碍。

5.4.2 四级条款系列

凡符合5.4.1或下列条款之一者均为工伤四级。

1） 中度智能损伤；

2） 重度癫痫；

3） 精神病性症状，经系统治疗1年后仍缺乏社交能力者；

4） 单肢瘫肌力≤2级；

5） 双手部分肌瘫肌力≤2级；

6） 脑脊液漏伴有颅底骨缺损不能修复或反复手术失败；

7） 面部中度毁容；

8） 全身瘢痕面积≥60%，四肢大关节中1个关节活动功能受限；

9） 面部瘢痕或植皮≥1/2并有轻度毁容；

10） 双拇指完全缺失或功能完全丧失；

11） 一侧手功能完全丧失，另一手部分功能丧失；

12） 一侧肘上缺失；

13） 一侧膝以下缺失，另一侧前足缺失；

14） 一侧膝以上缺失；

15） 一侧踝以下缺失，另一足畸形行走困难；

16） 一眼有或无光感，另眼矫正视力<0.2或视野≤32%（或半径≤20°）；

17） 一眼矫正视力<0.05，另眼矫正视力≤0.1；

18） 双眼矫正视力<0.1或视野≤32%（或半径≤20°）；

19） 双耳听力损失≥91 dB；

20） 牙关紧闭或因食管狭窄只能进流食；

21） 一侧上颌骨缺损1/2，伴颜面部软组织损伤>20 cm^2；

22） 下颌骨缺损长6 cm以上的区段，伴口腔、颜面软组织损伤>20 cm^2；

23） 双侧颞下颌关节骨性强直，完全不能张口；

24） 面颊部洞穿性缺损>20 cm^2；

25） 双侧完全性面瘫；

26） 一侧全肺切除术；

27） 双侧肺叶切除术；

28） 肺叶切除后并胸廓成形术后；

29） 肺叶切除并隆凸切除成形术后；

30） 一侧肺移植术；
31） 心瓣膜置换术后；
32） 心功能不全二级；
33） 食管重建术后吻合口狭窄，仅能进流食者；
34） 全胃切除；
35） 胰头、十二指肠切除；
36） 小肠切除 3/4；
37） 小肠切除 2/3，包括回盲部切除；
38） 全结肠、直肠、肛门切除，回肠造瘘；
39） 外伤后肛门排便重度障碍或失禁；
40） 肝切除 2/3；
41） 肝切除 1/2，肝功能轻度损害；
42） 胆道损伤致肝功能中度损害；
43） 甲状旁腺功能重度损害；
44） 肾修补术后，肾功能不全失代偿期；
45） 输尿管修补术后，肾功能不全失代偿期；
46） 永久性膀胱造瘘；
47） 重度排尿障碍；
48） 神经原性膀胱，残余尿≥50 mL；
49） 双侧肾上腺缺损；
50） 尘肺贰期；
51） 尘肺壹期伴肺功能中度损伤及（或）中度低氧血症；
52） 尘肺壹期伴活动性肺结核；
53） 病态窦房结综合征（需安装起搏器者）；
54） 放射性损伤致肾上腺皮质功能明显减退；
55） 放射性损伤致免疫功能明显减退。

5.5 五级

5.5.1 定级原则

器官大部缺损或明显畸形，有较重功能障碍或并发症，存在一般医疗依赖，无生活自理障碍。

5.5.2 **五级条款系列**

凡符合5.5.1或下列条款之一者均为工伤五级。

1） 四肢瘫肌力4级；

2） 单肢瘫肌力3级；

3） 双手部分肌瘫肌力3级；

4） 一手全肌瘫肌力≤2级；

5） 双足全肌瘫肌力3级；

6） 完全运动性失语；

7） 完全性失用、失写、失读、失认等具有一项者；

8） 不完全性失用、失写、失读、失认等具有多项者；

9） 全身瘢痕占体表面积≥50%，并有关节活动功能受限；

10） 面部瘢痕或植皮≥1/3并有毁容标准中的一项；

11） 脊柱骨折后遗30°以上侧弯或后凸畸形，伴严重根性神经痛；

12） 一侧前臂缺失；

13） 一手功能完全丧失；

14） 肩、肘关节之一功能完全丧失；

15） 一手拇指缺失，另一手除拇指外三指缺失；

16） 一手拇指功能完全丧失，另一手除拇指外三指功能完全丧失；

17） 双前足缺失或双前足瘢痕畸形，功能完全丧失；

18） 双跟骨足底软组织缺损瘢痕形成，反复破溃；

19） 一髋（或一膝）功能完全丧失；

20） 四肢大关节之一人工关节术后遗留重度功能障碍；

21） 一侧膝以下缺失；

22） 第Ⅲ对脑神经麻痹；

23） 双眼外伤性青光眼术后，需用药物控制眼压者；

24） 一眼有或无光感，另眼矫正视力≤0.3或视野≤40%（或半径≤25°）；

25）　一眼矫正视力<0.05，另眼矫正视力≤0.2；

26）　一眼矫正视力<0.1，另眼矫正视力等于0.1；

27）　双眼视野≤40%（或半径≤25°）；

28）　双耳听力损失≥81 dB；

29）　喉或气管损伤导致一般活动及轻工作时有呼吸困难；

30）　吞咽困难，仅能进半流食；

31）　双侧喉返神经损伤，喉保护功能丧失致饮食呛咳、误吸；

32）　一侧上颌骨缺损>1/4，但<1/2，伴软组织损伤>10 cm^2，但<20 cm^2；

33）　下颌骨缺损长4 cm以上的区段，伴口腔、颜面软组织损伤>10 cm^2；

34）　一侧完全面瘫，另一侧不完全面瘫；

35）　双肺叶切除术；

36）　肺叶切除术并大血管重建术；

37）　隆凸切除成形术；

38）　食管重建术后吻合口狭窄，仅能进半流食者；

39）　食管气管或支气管瘘；

40）　食管胸膜瘘；

41）　胃切除3/4；

42）　小肠切除2/3，包括回肠大部分；

43）　肛门、直肠、结肠部分切除，结肠造瘘；

44）　肝切除1/2；

45）　胰切除2/3；

46）　甲状腺功能重度损害；

47）　一侧肾切除，对侧肾功能不全代偿期；

48）　一侧输尿管狭窄，肾功能不全代偿期；

49）　尿道瘘不能修复者；

50）　两侧睾丸、附睾缺损；

51）　放射性损伤致生殖功能重度损伤；

52） 阴茎全缺损；

53） 双侧卵巢切除；

54） 阴道闭锁；

55） 会阴部瘢痕挛缩伴有阴道或尿道或肛门狭窄；

56） 肺功能中度损伤或中度低氧血症；

57） 莫氏Ⅱ型Ⅱ度房室传导阻滞；

58） 病态窦房结综合征（不需安起搏器者）；

59） 中毒性血液病，血小板减少（$\leqslant 4\times10^{10}$/L）并有出血倾向；

60） 中毒性血液病，白细胞含量持续<3×10^{9}/L（<3 000/mm^3）或粒细胞含量<1.5×10^{9}/L（1 500/mm^3）；

61） 慢性中度中毒性肝病；

62） 肾功能不全失代偿期，内生肌酐清除率持续<50 mL/min，或血浆肌酐水平持续>177μmol/L（2 mg/dL）；

63） 放射性损伤致睾丸萎缩；

64） 慢性重度磷中毒；

65） 重度手臂振动病。

5.6 六级

5.6.1 定级原则

器官大部缺损或明显畸形，有中等功能障碍或并发症，存在一般医疗依赖，无生活自理障碍。

5.6.2 六级条款系列

凡符合 5.6.1 或下列条款之一者均为工伤六级。

1） 癫痫中度；

2） 轻度智能损伤；

3） 精神病性症状，经系统治疗 1 年后仍影响职业劳动能力者；

4） 三肢瘫肌力 4 级；

5） 截瘫双下肢肌力 4 级伴轻度排尿障碍；

6） 双手全肌瘫肌力 4 级；

7） 一手全肌瘫肌力 3 级；

8） 双足部分肌瘫肌力≤2 级；

9） 单足全肌瘫肌力≤2 级；

10） 轻度非肢体瘫运动障碍；

11） 不完全性感觉性失语；

12） 面部重度异物色素沉着或脱失；

13） 面部瘢痕或植皮≥1/3；

14） 全身瘢痕面积≥40%；

15） 撕脱伤后头皮缺失 1/5 以上；

16） 一手一拇指完全缺失，连同另一手非拇指二指缺失；

17） 一拇指功能完全丧失，另一手除拇指外有二指功能完全丧失；

18） 一手三指（含拇指）缺失；

19） 除拇指外其余四指缺失或功能完全丧失；

20） 一侧踝以下缺失；或踝关节畸形，功能完全丧失；

21） 下肢骨折成角畸形>15°，并有肢体短缩 4 cm 以上；

22） 一前足缺失，另一足仅残留拇趾；

23） 一前足缺失，另一足除拇趾外，2~5 趾畸形，功能完全丧失；

24） 一足功能完全丧失，另一足部分功能丧失；

25） 一髋或一膝关节功能重度障碍；

26） 单侧跟骨足底软组织缺损瘢痕形成，反复破溃；

27） 一侧眼球摘除；或一侧眼球明显萎缩，无光感；

28） 一眼有或无光感，另一眼矫正视力≥0.4；

29） 一眼矫正视力≤0.05，另一眼矫正视力≥0.3；

30） 一眼矫正视力≤0.1，另一眼矫正视力≥0.2；

31） 双眼矫正视力≤0.2 或视野≤48%（或半径≤30°）；

32） 第Ⅳ或第Ⅵ对脑神经麻痹，或眼外肌损伤致复视的；

33） 双耳听力损失≥71 dB；

34） 双侧前庭功能丧失，睁眼行走困难，不能并足站立；

35） 单侧或双侧颞下颌关节强直，张口困难Ⅲ度；

36） 一侧上颌骨缺损 1/4，伴口腔颜面软组织损伤>10 cm^2；

37） 面部软组织缺损>20 cm^2，伴发涎瘘；

38） 舌缺损>舌的 1/3，但<舌的 2/3；

39） 双侧颧骨并颧弓骨折，伴有开口困难Ⅱ度以上及颜面部畸形经手术复位者；

40） 双侧下颌骨髁状突颈部骨折，伴有开口困难Ⅱ度以上及咬合关系改变，经手术治疗者；

41） 一侧完全性面瘫；

42） 肺叶切除并肺段或楔形切除术；

43） 肺叶切除并支气管成形术后；

44） 支气管（或气管）胸膜瘘；

45） 冠状动脉旁路移植术；

46） 大血管重建术；

47） 胃切除 2/3；

48） 小肠切除 1/2，包括回盲部；

49） 肛门外伤后排便轻度障碍或失禁；

50） 肝切除 1/3；

51） 胆道损伤致肝功能轻度损伤；

52） 腹壁缺损面积≥腹壁的 1/4；

53） 胰切除 1/2；

54） 甲状腺功能中度损害；

55） 甲状旁腺功能中度损害；

56） 肾损伤性高血压；

57） 尿道狭窄经系统治疗 1 年后仍需定期行扩张术；

58） 膀胱部分切除合并轻度排尿障碍；

59） 两侧睾丸创伤后萎缩，血睾酮低于正常值；

60） 放射性损伤致生殖功能轻度损伤；

61） 双侧输精管缺损，不能修复；

62） 阴茎部分缺损；

63） 女性双侧乳房切除或严重瘢痕畸形；

64） 子宫切除；

65） 双侧输卵管切除；

66） 尘肺壹期伴肺功能轻度损伤及（或）轻度低氧血症；

67） 放射性肺炎后肺纤维化（<两叶），伴肺功能轻度损伤及（或）轻度低氧血症；

68） 其他职业性肺部疾患，伴肺功能轻度损伤；

69） 白血病完全缓解；

70） 中毒性肾病，持续性低分子蛋白尿伴白蛋白尿；

71） 中毒性肾病，肾小管浓缩功能减退；

72） 放射性损伤致肾上腺皮质功能轻度减退；

73） 放射性损伤致甲状腺功能低下；

74） 减压性骨坏死Ⅲ期；

75） 中度手臂振动病；

76） 氟及其无机化合物中毒慢性重度中毒。

5.7 七级

5.7.1 定级原则

器官大部缺损或畸形，有轻度功能障碍或并发症，存在一般医疗依赖，无生活自理障碍。

5.7.2 七级条款系列

凡符合5.7.1或下列条款之一者均为工伤七级。

1） 偏瘫肌力4级；

2） 截瘫肌力4级；

3） 单手部分肌瘫肌力3级；

4） 双足部分肌瘫肌力3级；

5） 单足全肌瘫肌力3级；

6） 中毒性周围神经病致深感觉障碍；

7） 人格改变或边缘智能，经系统治疗1年后仍存在明显社会功能受损者；

8） 不完全性运动性失语；

9） 不完全性失用、失写、失读和失认等具有一项者；

10） 符合重度毁容标准中的两项者；

11） 烧伤后颅骨全层缺损≥30 cm^2，或在硬脑膜上植皮面积≥10 cm^2；

12） 颈部瘢痕挛缩，影响颈部活动；

13） 全身瘢痕面积≥30%；

14） 面部瘢痕、异物或植皮伴色素改变占面部的10%以上；

15） 骨盆骨折内固定术后，骨盆环不稳定，骶髂关节分离；

16） 一手除拇指外，其他2~3指（含食指）近侧指间关节离断；

17） 一手除拇指外，其他2~3指（含食指）近侧指间关节功能完全丧失；

18） 肩、肘关节之一损伤后遗留关节重度功能障碍；

19） 一腕关节功能完全丧失；

20） 一足1~5趾缺失；

21） 一前足缺失；

22） 四肢大关节之一人工关节术后，基本能生活自理；

23） 四肢大关节之一关节内骨折导致创伤性关节炎，遗留中重度功能障碍；

24） 下肢伤后短缩>2 cm，但≤4 cm者；

25） 膝关节韧带损伤术后关节不稳定，伸屈功能正常者；

26） 一眼有或无光感，另眼矫正视力≥0.8；

27） 一眼有或无光感，另一眼各种客观检查正常；

28） 一眼矫正视力≤0.05，另眼矫正视力≥0.6；

29） 一眼矫正视力≤0.1，另眼矫正视力≥0.4；

30） 双眼矫正视力≤0.3或视野≤64%（或半径≤40°）；

31） 单眼外伤性青光眼术后，需用药物控制眼压者；

32） 双耳听力损失≥56 dB；

33） 咽成形术后，咽下运动不正常；

34） 牙槽骨损伤长度≥8 cm，牙齿脱落10个及以上；

35） 单侧颧骨并颧弓骨折，伴有开口困难Ⅱ度以上及颜面部畸形经手术复位者；

36） 双侧不完全性面瘫；

37） 肺叶切除术；

38） 限局性脓胸行部分胸廓成形术；

39） 气管部分切除术；

40） 食管重建术后伴反流性食管炎；

41） 食管外伤或成形术后咽下运动不正常；

42） 胃切除1/2；

43） 小肠切除1/2；

44） 结肠大部分切除；

45） 肝切除1/4；

46） 胆道损伤，胆肠吻合术后；

47） 脾切除；

48） 胰切除1/3；

49） 女性两侧乳房部分缺损；

50） 一侧肾切除；

51） 膀胱部分切除；

52） 轻度排尿障碍；

53） 阴道狭窄；

54） 尘肺壹期，肺功能正常；

55） 放射性肺炎后肺纤维化（<两叶），肺功能正常；

56） 轻度低氧血症；

57） 心功能不全一级；

58） 再生障碍性贫血完全缓解；

59） 白细胞减少症，含量持续<4×10^9/L（4 000/mm^3）；

60） 中性粒细胞减少症，含量持续<2×10^9/L（2 000/mm^3）；

61） 慢性轻度中毒性肝病；

62） 肾功能不全代偿期，内生肌酐清除率<70 mL/min；

63） 三度牙酸蚀病。

5.8 八级

5.8.1 定级原则

器官部分缺损，形态异常，轻度功能障碍，存在一般医疗依赖，无生活自理障碍。

5.8.2 八级条款系列

凡符合5.8.1或下列条款之一者均为工伤八级。

1） 单肢体瘫肌力4级；

2） 单手全肌瘫肌力4级；

3） 双手部分肌瘫肌力4级；

4） 双足部分肌瘫肌力4级；

5） 单足部分肌瘫肌力≤3级；

6） 脑叶部分切除术后；

7） 符合重度毁容标准中的一项者；

8） 面部烧伤植皮≥1/5；

9） 面部轻度异物沉着或色素脱失；

10） 双侧耳廓部分或一侧耳廓大部分缺损；

11） 全身瘢痕面积≥20%；

12） 一侧或双侧眼睑明显缺损；

13） 脊椎压缩性骨折，椎体前缘高度减少1/2以上者或脊椎不稳定性骨折；

14） 3个及以上节段脊柱内固定术；

15） 一手除拇、食指外，有两指近侧指间关节离断；

16） 一手除拇、食指外，有两指近侧指间关节功能完全丧失；

17） 一拇指指间关节离断；

18） 一拇指指间关节畸形，功能完全丧失；

19） 一足拇趾缺失，另一足非拇趾一趾缺失；

20） 一足拇趾畸形，功能完全丧失，另一足非拇趾一趾畸形；

21） 一足除拇趾外，其他三趾缺失；

22） 一足除拇趾外，其他四趾瘢痕畸形，功能完全丧失；

23） 因开放骨折感染形成慢性骨髓炎，反复发作者；

24） 四肢大关节之一关节内骨折导致创伤性关节炎，遗留轻度功能障碍；

25） 急性放射皮肤损伤Ⅳ度及慢性放射性皮肤损伤手术治疗后影响肢体功能；

26） 放射性皮肤溃疡经久不愈者；

27） 一眼矫正视力≤0.2，另眼矫正视力≥0.5；

28） 双眼矫正视力等于0.4；

29） 双眼视野≤80%（或半径≤50°）；

30） 一侧或双侧睑外翻或睑闭合不全者；

31） 上睑下垂盖及瞳孔1/3者；

32） 睑球粘连影响眼球转动者；

33） 外伤性青光眼行抗青光眼手术后眼压控制正常者；

34） 双耳听力损伤≥41 dB或一耳≥91 dB；

35） 喉或气管损伤导致体力劳动时有呼吸困难；

36） 喉源性损伤导致发声及言语困难；

37） 牙槽骨损伤长度≥6 cm，牙齿脱落8个及以上者；

38） 舌缺损< 舌的1/3；

39） 双侧鼻腔或鼻咽部闭锁；

40） 双侧颞下颌关节强直，张口困难Ⅱ度；

41） 上、下颌骨骨折，经牵引、固定治疗后有功能障碍者；

42） 双侧颧骨并颧弓骨折，无张口困难，颜面部凹陷畸形不明显，不需手术复位；

43） 肺段切除术；

44） 支气管成形术；

45） 双侧≥3 根肋骨骨折致胸廓畸形；

46） 膈肌破裂修补术后，伴膈神经麻痹；

47） 心脏、大血管修补术；

48） 心脏异物滞留或异物摘除术；

49） 肺功能轻度损伤；

50） 食管重建术后，进食正常者；

51） 胃部分切除；

52） 小肠部分切除；

53） 结肠部分切除；

54） 肝部分切除；

55） 腹壁缺损面积< 腹壁的 1/4；

56） 脾部分切除；

57） 胰部分切除；

58） 甲状腺功能轻度损害；

59） 甲状旁腺功能轻度损害；

60） 尿道修补术；

61） 一侧睾丸、附睾切除；

62） 一侧输精管缺损，不能修复；

63） 脊髓神经周围神经损伤，或盆腔、会阴手术后遗留性功能障碍；

64） 一侧肾上腺缺损；

65） 单侧输卵管切除；

66） 单侧卵巢切除；

67） 女性单侧乳房切除或严重瘢痕畸形；

68） 其他职业性肺疾患，肺功能正常；

69） 中毒性肾病，持续低分子蛋白尿；

70） 慢性中度磷中毒；

71） 氟及其无机化合物中毒慢性中度中毒；

72） 减压性骨坏死Ⅱ期；

73） 轻度手臂振动病；

74） 二度牙酸蚀。

5.9 **九级**

5.9.1 **定级原则**

器官部分缺损，形态异常，轻度功能障碍，无医疗依赖或者存在一般医疗依赖，无生活自理障碍。

5.9.2 **九级条款系列**

凡符合5.9.1或下列条款之一者均为工伤九级。

1） 癫痫轻度；

2） 中毒性周围神经病致浅感觉障碍；

3） 脑挫裂伤无功能障碍；

4） 开颅手术后无功能障碍；

5） 颅内异物无功能障碍；

6） 颈部外伤致颈总、颈内动脉狭窄，支架置入或血管搭桥手术后无功能障碍；

7） 符合中度毁容标准中的两项或轻度毁容者；

8） 发际边缘瘢痕性秃发或其他部位秃发，需戴假发者；

9） 全身瘢痕占体表面积≥5%；

10） 面部有≥8 cm^2 或3处以上≥1 cm^2 的瘢痕；

11） 两个以上横突骨折；

12） 脊椎压缩骨折，椎体前缘高度减少小于1/2者；

13） 椎间盘髓核切除术后；

14） 1~2节脊柱内固定术；

15） 一拇指末节部分1/2缺失；

16） 一手食指2~3节缺失；

17） 一拇指指间关节僵直于功能位；

18） 除拇指外，余3~4指末节缺失；

19） 一足拇趾末节缺失；

20） 除拇趾外其他二趾缺失或瘢痕畸形，功能不全；

21） 跖骨或跗骨骨折影响足弓者；

22） 外伤后膝关节半月板切除、髌骨切除、膝关节交叉韧带修补术后；

23） 四肢长管状骨骨折内固定或外固定支架术后；

24） 髌骨、跟骨、距骨、下颌骨或骨盆骨折内固定术后；

25） 第Ⅴ对脑神经眼支麻痹；

26） 眶壁骨折致眼球内陷、两眼球突出度相差>2 mm 或错位变形影响外观者；

27） 一眼矫正视力≤0.3，另眼矫正视力>0.6；

28） 双眼矫正视力等于 0.5；

29） 泪器损伤，手术无法改进溢泪者；

30） 双耳听力损失≥31 dB 或一耳损失≥71 dB；

31） 喉源性损伤导致发声及言语不畅；

32） 铬鼻病有医疗依赖；

33） 牙槽骨损伤长度>4 cm，牙脱落 4 个及以上；

34） 上、下颌骨骨折，经牵引、固定治疗后无功能障碍者；

35） 一侧下颌骨髁状突颈部骨折；

36） 一侧颧骨并颧弓骨折；

37） 肺内异物滞留或异物摘除术；

38） 限局性脓胸行胸膜剥脱术；

39） 胆囊切除；

40） 一侧卵巢部分切除；

41） 乳腺成形术；

42） 胸、腹腔脏器探查术或修补术后。

5.10 十级

5.10.1 定级原则

器官部分缺损，形态异常，无功能障碍或轻度功能障碍，无医疗依赖或者存在一般医疗依赖，无生活自理障碍。

5.10.2　**十级条款系列**

凡符合5. 10. 1或下列条款之一者均为工伤十级。

1）　符合中度毁容标准中的一项者；

2）　面部有瘢痕，植皮，异物色素沉着或脱失>2 cm^2；

3）　全身瘢痕面积<5%，但≥1%；

4）　急性外伤导致椎间盘髓核突出，并伴神经刺激征者；

5）　一手指除拇指外，任何一指远侧指间关节离断或功能丧失；

6）　指端植皮术后（增生性瘢痕1 cm^2以上）；

7）　手背植皮面积>50 cm^2，并有明显瘢痕；

8）　手掌、足掌植皮面积>30%者；

9）　除拇趾外，任何一趾末节缺失；

10）　足背植皮面积>100 cm^2；

11）　膝关节半月板损伤、膝关节交叉韧带损伤未做手术者；

12）　身体各部分骨折愈合后无功能障碍或轻度功能障碍；

13）　四肢大关节肌腱及韧带撕裂伤术后遗留轻度功能障碍；

14）　一手或两手慢性放射性皮肤损伤Ⅱ度及Ⅱ度以上者；

15）　一眼矫正视力≤0. 5，另一眼矫正视力≥0. 8；

16）　双眼矫正视力≤0. 8；

17）　一侧或双侧睑外翻或睑闭合不全行成形手术后矫正者；

18）　上睑下垂盖及瞳孔1/3行成形手术后矫正者；

19）　睑球粘连影响眼球转动行成形手术后矫正者；

20）　职业性及外伤性白内障术后人工晶状体眼，矫正视力正常者；

21）　职业性及外伤性白内障Ⅰ度～Ⅱ度（或轻度、中度），矫正视力正常者；

22）　晶状体部分脱位；

23）　眶内异物未取出者；

24）　眼球内异物未取出者；

25）　外伤性瞳孔放大；

26）　角巩膜穿通伤治愈者；

27） 双耳听力损失≥26 dB，或一耳≥56 dB；
28） 双侧前庭功能丧失，闭眼不能并足站立；
29） 铬鼻病（无症状者）；
30） 嗅觉丧失；
31） 牙齿除智齿以外，切牙脱落1个以上或其他牙脱落2个以上；
32） 一侧颞下颌关节强直，张口困难Ⅰ度；
33） 鼻窦或面颊部有异物未取出；
34） 单侧鼻腔或鼻孔闭锁；
35） 鼻中隔穿孔；
36） 一侧不完全性面瘫；
37） 血、气胸行单纯闭式引流术后，胸膜粘连增厚；
38） 腹腔脏器挫裂伤保守治疗后；
39） 乳腺修补术后；
40） 放射性损伤致免疫功能轻度减退；
41） 慢性轻度磷中毒；
42） 氟及其无机化合物中毒慢性轻度中毒；
43） 井下工人滑囊炎；
44） 减压性骨坏死Ⅰ期；
45） 一度牙酸蚀病；
46） 职业性皮肤病久治不愈。

附　录　A
（规范性附录）
各门类工伤、职业病致残分级判定基准

A.1　神经内科、神经外科、精神科门

A.1.1　智能损伤

A.1.1.1　智能损伤的症状

智能损伤具体症状表现为：

a） 记忆减退，最明显的是学习新事物的能力受损；

b） 以思维和信息处理过程减退为特征的智能损害，如抽象概括能力减退，难以解释成语、谚语，掌握词汇量减少，不能理解抽象意义的词汇，难以概括同类事物的共同特征，或判断力减退；

c） 情感障碍，如抑郁、淡漠，或敌意增加等；

d） 意志减退，如懒散、主动性降低；

e） 其他高级皮层功能受损，如失语、失认、失用，或人格改变等；

f） 无意识障碍。

符合症状标准至少已 6 个月方可诊断。

A. 1. 1. 2 智能损伤的级别

智能损伤分 5 级：

a） 极重度智能损伤

1） 记忆损伤，记忆商（MQ）0~19；

2） 智商（IQ）<20；

3） 生活完全不能自理。

b） 重度智能损伤

1） 记忆损伤，MQ 20~34；

2） IQ 20~34；

3） 生活大部不能自理。

c） 中度智能损伤

1） 记忆损伤，MQ 35~49；

2） IQ 35~49；

3） 生活能部分自理。

d） 轻度智能损伤

1） 记忆损伤，MQ 50~69；

2） IQ 50~69；

3） 生活勉强能自理，能做一般简单的非技术性工作。

e） 边缘智能

1）　记忆损伤，MQ 70～79；

2）　IQ 70～79；

3）　生活基本自理，能做一般简单的非技术性工作。

A. 1. 2　**精神障碍**

A. 1. 2. 1　**精神病性症状**

有下列表现之一者：

a）　突出的妄想；

b）　持久或反复出现的幻觉；

c）　病理性思维联想障碍；

d）　紧张综合征，包括紧张性兴奋与紧张性木僵；

e）　情感障碍显著，且妨碍社会功能（包括生活自理功能、社交功能及职业和角色功能）。

A. 1. 2. 2　**与工伤、职业病相关的精神障碍的认定**

认定需具备以下条件：

a）　精神障碍的发病基础需有工伤、职业病的存在；

b）　精神障碍的起病时间需与工伤、职业病的发生相一致；

c）　精神障碍应随着工伤、职业病的改善和缓解而恢复正常；

d）　无证据提示精神障碍的发病有其他原因（如强阳性家族病史）。

A. 1. 3　**人格改变**

个体原来特有的人格模式发生了改变，人格改变需有两种或两种以上的下列特征，至少持续6个月方可诊断：

a）　语速和语流明显改变，如以赘述或粘滞为特征；

b）　目的性活动能力降低，尤以耗时较久才能得到满足的活动更明显；

c）　认知障碍，如偏执观念，过于沉湎于某一主题（如宗教），或单纯以对或错来对他人进行僵化的分类；

d）　情感障碍，如情绪不稳、欣快、肤浅、情感流露不协调、易激惹，或淡漠；

e） 不可抑制的需要和冲动（不顾后果和社会规范要求）。

A.1.4 **癫痫的诊断**

癫痫诊断的分级包括：

a） 轻度：经系统服药治疗方能控制的各种类型癫痫发作者；

b） 中度：各种类型的癫痫发作，经系统服药治疗一年后，全身性强直—阵挛发作、单纯或复杂部分发作，伴自动症或精神症状（相当于大发作、精神运动性发作）平均每月1次或1次以下，失神发作和其他类型发作平均每周1次以下；

c） 重度：各种类型的癫痫发作，经系统服药治疗一年后，全身性强直—阵挛发作、单纯或复杂部分发作，伴自动症或精神症状（相当于大发作、精神运动性发作）平均每月1次以上，失神发作和其他类型发作平均每周1次以上者。

A. 1.5 **面神经损伤的评定**

面神经损伤分中枢性（核上性）和外周性（核下性）损伤。本标准所涉及的面神经损伤主要指外周性病变。

一侧完全性面神经损伤系指面神经的5个分支支配的全部颜面肌肉瘫痪，表现为：

a） 额纹消失，不能皱眉；

b） 眼睑不能充分闭合，鼻唇沟变浅；

c） 口角下垂，不能示齿、鼓腮、吹口哨，饮食时汤水流溢。

不完全性面神经损伤系指面神经颧枝损伤或下颌枝损伤或颞枝和颊枝损伤者。

A.1.6 **运动障碍**

A.1.6.1 **肢体瘫**

肢体瘫痪程度以肌力作为分级标准，具体级别包括：

a） 0级：肌肉完全瘫痪，毫无收缩；

b） 1级：可看到或触及肌肉轻微收缩，但不能产生动作；

c） 2级：肌肉在不受重力影响下，可进行运动，即肢体能在床面上移动，但不能抬高；

d） 3级：在和地心引力相反的方向中尚能完成其动作，但不能对抗外加的阻力；

e） 4级：能对抗一定的阻力，但较正常人低；

f） 5级：正常肌力。

A.1.6.2 **非肢体瘫痪的运动障碍**

包括肌张力增高、深感觉障碍和（或）小脑性共济失调、不自主运动或震颤等。根据其对生活自理的影响程度划分为轻度、中度、重度：

a） 重度：不能自行进食，大小便、洗漱、翻身和穿衣需由他人护理。

b） 中度：上述动作困难，但在他人帮助下可以完成。

c） 轻度：完成上述运动虽有一些困难，但基本可以自理。

A.2 骨科、整形外科、烧伤科门

A.2.1 颜面毁容

A.2.1.1 重度

面部瘢痕畸形，并有以下六项中任意四项者：

a） 眉毛缺失；

b） 双睑外翻或缺失；

c） 外耳缺失；

d） 鼻缺失；

e） 上下唇外翻、缺失或小口畸形；

f） 颈颏粘连。

A.2.1.2 中度

具有下述六项中三项者：

a） 眉毛部分缺失；

b） 眼睑外翻或部分缺失；

c） 耳廓部分缺失；

d） 鼻部分缺失；

e） 唇外翻或小口畸形；

f） 颈部瘢痕畸形。

A.2.1.3 **轻度**

含中度畸形六项中两项者。

A.2.2 **瘢痕诊断界定**

指创面愈合后的增生性瘢痕，不包括皮肤平整、无明显质地改变的萎缩性瘢痕或疤痕。

A.2.3 **面部异物色素沉着或脱失**

A.2.3.1 **轻度**

异物色素沉着或脱失超过颜面总面积的1/4。

A.2.3.2 **重度**

异物色素沉着或脱失超过颜面总面积的1/2。

A.2.4 **高位截肢**

指肱骨或股骨缺失2/3以上。

A.2.5 **关节功能障碍**

A.2.5.1 **关节功能完全丧失**

非功能位关节僵直、固定或关节周围其他原因导致关节连枷状或严重不稳，以致无法完成其功能活动。

A.2.5.2 **关节功能重度障碍**

关节僵直于功能位，或残留关节活动范围约占正常的三分之一，较难完成原有劳动并对日常生活有明显影响。

A.2.5.3 **关节功能中度障碍**

残留关节活动范围约占正常的三分之二，能基本完成原有劳动，对日常生活有一定影响。

A.2.5.4 **关节功能轻度障碍**

残留关节活动范围约占正常的三分之二以上，对日常生活无明显影响。

A.2.6 **四肢长管状骨**

指肱骨、尺骨、桡骨、股骨、胫骨和腓骨。

A.2.7 **脊椎骨折的类型**

在评估脊椎损伤严重程度时，应根据暴力损伤机制、临床症状与体征，尤其是神经功能损伤情况以及影像等资料进行客观评估，出现以下情形之一时可判断为脊椎不稳定性骨折：

a) 脊椎有明显骨折移位，椎体前缘高度压缩大于50%，后凸或侧向成角大于30°；

b) 后缘骨折，且有骨块突入椎管内，椎管残留管腔小于40%；

c) 脊椎弓根、关节突、椎板骨折等影像学表现。

上述情形外的其他情形可判断为脊椎稳定性骨折。

A.2.8 **放射性皮肤损伤**

A.2.8.1 **急性放射性皮肤损伤Ⅳ度**

初期反应为红斑、麻木、瘙痒、水肿、刺痛，经过数小时至10天假愈期后出现第二次红斑、水疱、坏死、溃疡，所受剂量可能≥20Gy。

A.2.8.2 **慢性放射性皮肤损伤Ⅱ度**

临床表现为角化过度、皲裂或皮肤萎缩变薄，毛细血管扩张，指甲增厚变形。

A.2.8.3 **慢性放射性皮肤损伤Ⅲ度**

临床表现为坏死、溃疡，角质突起，指端角化与融合，肌腱挛缩，关节变形及功能障碍（具备其中一项即可）。

A.3 眼科、耳鼻喉科、口腔科门

A.3.1 **视力的评定**

A.3.1.1 **视力检查**

按照GB 11533的规定检查视力。视力记录可采用5分记录（对数视力表）或小数记录两种方式（详见表A.1）。

表 A.1　小数记录折算 5 分记录参考表

旧法记录	0（无光感）			1/∞（光感）				0.001（光感）				
5 分记录	0			1				2				
旧法记录，cm（手指/cm）	6	8	10	12	15	20	25	30	35	40	45	
5 分记录	2.1	2.2	2.3	2.4	2.5	2.6	2.7	2.8	2.85	2.9	2.95	
走近距离	50cm	60cm	80cm	1m	1.2m	1.5m	2m	2.5m	3m	3.5m	4m	4.5m
小数记录	0.01	0.012	0.015	0.02	0.025	0.03	0.04	0.05	0.06	0.07	0.08	0.09
5 分记录	3.0	3.1	3.2	3.3	3.4	3.5	3.6	3.7	3.8	3.85	3.9	3.95
小数记录	0.1	0.2	0.15	0.2	0.25	0.3	0.4	0.5	0.6	0.7	0.8	0.9
5 分记录	4.0	4.1	4.2	4.3	4.4	4.5	4.6	4.7	4.8	4.85	4.9	4.95
小数记录	1.0	1.2	1.5	2.0	2.5	3.0	4.0	5.0	6.0	8.0	10.0	
5 分记录	5.0	5.1	5.2	5.3	5.4	5.5	5.6	5.7	5.8	5.9	6.0	

A.3.1.2　盲及低视力分级

盲及低视力分级见表 A.2。

表 A.2　盲及低视力分级

类别	级别	最佳矫正视力
盲	一级盲	<0.02～无光感，或视野半径<5°
	二级盲	<0.05～0.02，或视野半径<10°
低视力	一级低视力	<0.1～0.05
	二级低视力	<0.3～0.1

A.3.2　周边视野

A.3.2.1　视野检查的要求

视野检查的具体要求：

a）　视标颜色：白色；

b）　视标大小：3 mm；

c）　检查距离：330 mm；

d）　视野背景亮度：31.5 asb。

A.3.2.2　视野缩小的计算

视野有效值计算方法为：

$$实测视野有效值=\frac{8条子午线实测视野值}{500}\times 100\%$$

A.3.3　伪盲鉴定方法

A.3.3.1　单眼全盲检查法

全盲检查方法如下：

a）　视野检查法：在不遮盖眼的情况下，检查健眼的视野，鼻侧视野>60°者，可疑为伪盲。

b）　加镜检查法：将准备好的试镜架上（好眼之前）放一个屈光度为+6.00D 的球镜片，在所谓盲眼前放上一个屈光度为+0.25D 的球镜片，戴在患者眼前以后，如果仍能看清 5m 处的远距离视力表时，即为伪盲。或嘱患者两眼注视眼前一点，将一个三棱镜度为 6 的三棱镜放于所谓盲眼之前，不拘底向外或向内，注意该眼球必向内或向外转动，以避免发生复视。

A.3.3.2　单眼视力减退检查法

视力减退检查方法如下：

a）　加镜检查法：先记录两眼单独视力，然后将平面镜或不影响视力的低度球镜片放于所谓患眼之前，并将一个屈光度为+12.00D 的凸球镜片同时放于好眼之前，再检查两眼同时看的视力，如果所得的视力较所谓患眼的单独视力更好时，则可证明患眼为伪装视力减退。

b）　视觉诱发电位（VEP）检查法（略）。

A.3.4　视力减弱补偿率

视力减弱补偿率是眼科致残评级依据之一。从表 A.3 中提示，如左眼检查视力 0.15，右眼检查视力 0.3，对照视力减弱补偿率，行是 9，列是 7，交汇点是 38，即视力减弱补偿率为 38，对应致残等级是七级。余可类推。

表 A.3　视力减弱补偿率表

左眼		右眼												
		6/6	5/6	6/9	5/9	6/12	6/18	6/24	6/36		6/60	4/60	3/60	
		1~0.9	0.8	0.6	0.6	0.5	0.4	0.3	0.2	0.15	0.1	1/15	1/20	<1/20
6/6	1~0.9	0	0	2	3	4	6	9	12	16	20	23	25	27
5/6	0.8	0	0	3	4	5	7	10	14	18	22	24	26	28
6/9	0.7	2	3	4	5	6	8	12	16	20	24	26	28	30
5/9	0.6	3	4	5	6	7	10	14	19	22	26	29	32	35
6/12	0.5	4	5	6	7	8	12	17	22	25	28	32	36	40
6/18	0.4	6	7	8	10	12	16	20	25	28	31	35	40	45
6/24	0.3	9	10	12	14	17	20	25	33	38	42	47	52	60
6/36	0.2	12	14	16	19	22	25	33	47	55	60	67	75	80
	0.15	16	18	20	22	25	28	38	55	63	70	78	83	83
6/60	0.1	20	22	24	26	28	31	42	60	70	80	80	90	95
4/60	1/15	23	24	26	29	32	35	47	67	78	85	92	95	98
3/60	1/20	25	26	28	32	36	40	52	75	83	90	95	98	100
	<1/20	27	28	30	35	40	45	60	80	88	95	98	100	100

表 A.4　视力减弱补偿率与工伤等级对应表

致残等级	视力减弱补偿率/%
一级	—
二级	—
三级	100
四级	86~99
五级	76~85
六级	41~75
七级	25~40
八级	16~24
九级	8~15
十级	0~7

注 1：视力减弱补偿率不能代替《工伤鉴定标准》，只有现条款不能得出确定结论时，才可对照视力减弱补偿率表得出相对应的视力减弱补偿率，并给出相对应的致残等级。

注 2：视力减弱补偿率及其等级分布不适用于一、二级的评定和眼球摘除者的致残等级。

A. 3. 5　无晶状体眼的视觉损伤程度评价

因工伤或职业病导致眼晶状体摘除，除了导致视力障碍外，还分别影响到患者视野及立体视觉功能，因此，对无晶状体眼中心视力（矫正后）的有效值的计算要低于正常晶状体眼。计算办法可根据无晶状体眼的只数和无晶状体眼分别进行视力最佳矫正（包括戴眼镜或接触镜和植入人工晶状体）后，与正常晶状体眼，依视力递减受损程度百分比进行比较，来确定无晶状体眼视觉障碍的程度，见表 A. 5。

表 A. 5　无晶状体眼视觉损伤程度评价参考表

视力	无晶状体眼中心视力有效值百分比/%		
	晶状体眼	单眼无晶状体	双眼无晶状体
1. 2	100	50	75
1. 0	100	50	75
0. 8	95	47	71
0. 6	90	45	67
0. 5	85	42	64
0. 4	75	37	56
0. 3	65	32	49
0. 25	60	30	45
0. 20	50	25	37
0. 15	40	20	30
0. 12	30	—	22
0. 1	20	—	—

A. 3. 6　听力损伤计算法

A. 3. 6. 1　听阈值计算

30 岁以上受检者在计算其听阈值时，应从实测值中扣除其年龄修正值（见表 A. 6）后，取 GB/T 7582—2004 附录 B 中数值。

表 A.6　纯音气导阈的年龄修正值

年龄/岁	频率/Hz					
	男			女		
	500	1 000	2 000	500	1 000	2 000
30	1	1	1	1	1	1
40	2	2	3	2	2	3
50	4	4	7	4	4	6
60	6	7	12	6	7	11
70	10	11	19	10	11	16

A.3.6.2　单耳听力损失计算法

取该耳语频 500 Hz、1 000 Hz 及 2 000 Hz 纯音气导听阈值相加取其均值，若听阈超过 100 dB，仍按 100 dB 计算。如所得均值不是整数，则小数点后之尾数采用四舍五入法进为整数。

A.3.6.3　双耳听力损失计算法

听力较好一耳的语频纯音气导听阈均值（PTA）乘以 4 加听力较差耳的均值，其和除以 5。如听力较差耳的致聋原因与工伤或职业无关，则不予计入，直接以较好一耳的语频听阈均值为准。在标定听阈均值时，小数点后之尾数采取四舍五入法进为整数。

A.3.7　张口度判定及测量方法

以患者自身的食指、中指、无名指并列垂直置入上、下中切牙切缘间测量。

a）　正常张口度：张口时上述三指可垂直置入上、下切牙切缘间（相当于 4.5 cm 左右）。

b）　张口困难Ⅰ度：大张口时，只能垂直置入食指和中指（相当于 3 cm 左右）。

c）　张口困难Ⅱ度：大张口时，只能垂直置入食指（相当于 1.7 cm 左右）。

d）　张口困难Ⅲ度：大张口时，上、下切牙间距小于食指之横径。

e）　完全不能张口。

A.4 普外科、胸外科、泌尿生殖科门

A.4.1 肝功能损害

以血清白蛋白、血清胆红素、腹水、脑病和凝血酶原时间五项指标在肝功能损害中所占积分的多少作为其损害程度的判定（见表 A.7）。

表 A.7 肝功能损害的判定

项目	分数		
	1分	2分	3分
血清白蛋白	3.0 g/dL~3.5 g/dL	2.5 g/dL~3.0 g/dL	<2.5 g/dL
血清胆红素	1.5 mg/dL~2.0 mg/dL	2.0 mg/dL~3.0 mg/dL	>3.0 mg/dL
腹水	无	少量腹水，易控制	腹水多，难于控制
脑病	无	轻度	重度
凝血酶原时间	延长>3 s	延长>6 s	延长>9 s

肝功能损害级别包括：

a）　肝功能重度损害：10分~15分。

b）　肝功能中度损害：7分~9分。

c）　肝功能轻度损害：5分~6分。

A.4.2 肺、肾、心功能损害

参见 A.5。

A.4.3 肾损伤性高血压判定

肾损伤所致高血压系指血压的两项指标（收缩压≥21.3 kPa，舒张压≥12.7 kPa）只需具备一项即可成立。

A.4.4 甲状腺功能低下分级

A.4.4.1 重度

重度表现为：

a）　临床症状严重；

b）　T3、T4 或 FT3、FT4 低于正常值，TSH>50 μU/L。

A.4.4.2 **中度**

中度表现为：

a） 临床症状较重；

b） T3、T4 或 FT3、FT4 正常，TSH>50 μU/L。

A.4.4.3 **轻度**

轻度表现为：

a） 临床症状较轻；

b） T3、T4 或 FT3、FT4 正常，TSH 轻度增高但<50 μU/L。

A.4.5 **甲状旁腺功能低下分级**

甲状旁腺功能低下分级：

a） 重度：空腹血钙质量浓度<6 mg/dL；

b） 中度：空腹血钙质量浓度 6 mg/dL~7 mg/dL；

c） 轻度：空腹血钙质量浓度 7 mg/dL~8 mg/dL。

注：以上分级均需结合临床症状分析。

A.4.6 **肛门失禁**

A.4.6.1 **重度**

重度表现为：

a） 大便不能控制；

b） 肛门括约肌收缩力很弱或丧失；

c） 肛门括约肌收缩反射很弱或消失；

d） 直肠内压测定：采用肛门注水法测定时直肠内压应小于 1 961 Pa（20 cm H_2O）。

A.4.6.2 **轻度**

轻度表现为：

a） 稀便不能控制；

b） 肛门括约肌收缩力较弱；

c） 肛门括约肌收缩反射较弱；

d） 直肠内压测定：采用肛门注水法测定时直肠内压应为 1 961 Pa~2 942 Pa（20~30 cm H_2O）。

A.4.7　**排尿障碍**

排尿障碍分级：

a）　重度：系出现真性重度尿失禁或尿潴留残余尿体积≥50 mL者。

b）　轻度：系出现真性轻度尿失禁或残余尿体积<50 mL者。

A.4.8　**生殖功能损害**

生殖功能损害分级：

a）　重度：精液中精子缺如。

b）　轻度：精液中精子数<500万/mL或异常精子>30%或死精子或运动能力很弱的精子>30%。

A.4.9　**血睾酮正常值**

血睾酮正常值为14.4 nmol/L~41.5 nmol/L（<60 ng/dL）。

A.4.10　**左侧肺叶计算**

本标准按三叶划分，即顶区、舌叶和下叶。

A.4.11　**大血管界定**

本标准所称大血管是指主动脉、上腔静脉、下腔静脉、肺动脉和肺静脉。

A.4.12　**呼吸困难**

参见A.5.1。

A.5　职业病内科门

A.5.1　呼吸困难及呼吸功能损害

A.5.1.1　呼吸困难分级

Ⅰ级：与同龄健康者在平地一同步行无气短，但登山或上楼时呈现气短。

Ⅱ级：平路步行1000 m无气短，但不能与同龄健康者保持同样速度，平路快步行走呈现气短，登山或上楼时气短明显。

Ⅲ级：平路步行100 m即有气短。

Ⅳ级：稍活动（如穿衣、谈话）即气短。

A. 5. 1. 2 **肺功能损伤分级**

肺功能损伤分级见表 A. 8。

表 A. 8 肺功能损伤分级 %

损伤级别	FVC	FEV1	MVV	FEV1/FVC	RV/TLC	DLco
正常	>80	>80	>80	>70	<35	>80
轻度损伤	60~79	60~79	60~79	55~69	36~45	60~79
中度损伤	40~59	40~59	40~59	35~54	46~55	45~59
重度损伤	<40	<40	<40	<35	>55	<45

注：FVC、FEV1、MVV、DLco 为占预计值百分数。

A. 5. 1. 3 **低氧血症分级**

低氧血症分级如下：

a） 正常：PO_2 为 13. 3 kPa~10. 6 kPa（100 mmHg~80 mmHg）；

b） 轻度：PO_2 为 10. 5 kPa~8. 0 kPa（79 mmHg~60 mmHg）；

c） 中度：PO_2 为 7. 9 kPa~5. 3 kPa（59 mmHg~40 mmHg）；

d） 重度：PO_2<5. 3 kPa（<40 mmHg）。

A. 5. 2 **活动性肺结核病诊断**

A. 5. 2. 1 **诊断要点**

尘肺合并活动性肺结核，应根据胸部 X 射线片、痰涂片、痰结核杆菌培养和相关临床表现做出判断。

A. 5. 2. 2 **涂阳肺结核诊断**

符合以下三项之一者：

a） 直接痰涂片镜检抗酸杆菌阳性 2 次；

b） 直接痰涂片镜检抗酸杆菌 1 次阳性，且胸片显示有活动性肺结核病变；

c） 直接痰涂片镜检抗酸杆菌 1 次阳性加结核分枝杆菌培养阳性 1 次。

A. 5. 2. 3 **涂阴肺结核的判定**

直接痰涂片检查 3 次均阴性者，应从以下几方面进行分析和判断：

a） 有典型肺结核临床症状和胸部 X 线表现；

b） 支气管或肺部组织病理检查证实结核性改变。

此外，结核菌素（PPD 5 IU）皮肤试验反应≥15mm 或有丘疹水疱；血清抗结核抗体阳性；痰结核分枝杆菌 PCR 加探针检测阳性以及肺外组织病理检查证实结核病变等可作为参考指标。

A. 5. 3 **心功能不全**

心功能不全分级：

a） 一级心功能不全：能胜任一般日常劳动，但稍重体力劳动即有心悸、气急等症状。

b） 二级心功能不全：普通日常活动即有心悸、气急等症状，休息时消失。

c） 三级心功能不全：任何活动均可引起明显心悸、气急等症状，甚至卧床休息仍有症状。

A. 5. 4 **中毒性肾病**

A. 5. 4. 1 **特征性表现**

肾小管功能障碍为中毒性肾病的特征性表现。

A. 5. 4. 2 **轻度中毒性肾病**

轻度表现为：

a） 近曲小管损伤：尿 β_2 微球蛋白持续>1 000 μg/g 肌酐，可见葡萄糖尿和氨基酸尿，尿钠排出增加，临床症状不明显；

b） 远曲小管损伤：肾脏浓缩功能降低，尿液稀释（尿渗透压持续<350 mOsm/kgH_2O），尿液碱化（尿液 pH 持续>6. 2）。

A. 5. 4. 3 **重度中毒性肾病**

除上述表现外，尚可波及肾小球，引起白蛋白尿（持续>150 mg/24h），甚至肾功能不全。

A. 5. 5 **肾功能不全**

肾功能不全分级：

a） 肾功能不全尿毒症期：内生肌酐清除率<25 mL/min，血肌酐浓度为 450 μmol/L~707 μmol/ L（5 mg/dL~8 mg/dL），血尿素氮

浓度>21.4 mmol/L（60 mg/dL），常伴有酸中毒及严重尿毒症临床症象。

b） 肾功能不全失代偿期：内生肌酐清除率 25 mL/min~49 mL/min，血肌酐浓度>177 μmol/L（2 mg/dL），但<450 μmol/L（5 mg/dL），无明显临床症状，可有轻度贫血、夜尿、多尿。

c） 肾功能不全代偿期：内生肌酐清除率降低至正常的50%（50 mL/min~70 mL/min），血肌酐及血尿素氮水平正常，通常无明显临床症状。

A.5.6 **中毒性血液病诊断分级**

A.5.6.1 **重型再生障碍性贫血**

重型再生障碍性贫血指急性再生障碍性贫血及慢性再生障碍性贫血病情恶化期，具有以下表现：

a） 临床：发病急，贫血呈进行性加剧，常伴严重感染，内脏出血；

b） 血象：除血红蛋白下降较快外，须具备下列三项中的两项：

1） 网织红细胞<1%，含量$<15\times10^9/L$；

2） 白细胞明显减少，中性粒细胞绝对值$<0.5\times10^9/L$；

3） 血小板$<20\times10^9/L$。

c） 骨髓象：

1） 多部位增生减低，三系造血细胞明显减少，非造血细胞增多。如增生活跃须有淋巴细胞增多；

2） 骨髓小粒中非造血细胞及脂肪细胞增多。

A.5.6.2 **慢性再生障碍性贫血**

慢性再生障碍性贫血病情恶化期：

a） 临床：发病慢，贫血，感染，出血均较轻；

b） 血象：血红蛋白下降速度较慢，网织红细胞、白细胞、中性粒细胞及血小板值常较急性再生障碍性贫血为高；

c） 骨髓象：

1）三系或二系减少，至少 1 个部位增生不良，如增生良好，红系中常有晚幼红（炭核）比例增多，巨核细胞明显减少；

2）骨髓小粒中非造血细胞及脂肪细胞增多。

A. 5. 6. 3 骨髓增生异常综合征

须具备以下条件：

a） 骨髓至少两系呈病态造血；

b） 外周血一系、二系或全血细胞减少，偶可见白细胞增多，可见有核红细胞或巨大红细胞或其他病态造血现象；

c） 除外其他引起病态造血的疾病。

A. 5. 6. 4 贫血

重度贫血：血红蛋白含量（Hb）<60 g/L，红细胞含量（RBC）$<2.5\times10^{12}$/L；

轻度贫血：成年男性 Hb<120 g/L，RBC$<4.5\times10^{12}$/L 及红细胞比积（HCT）<0.42，成年女性 Hb<11g/L，RBC：$<4.0\times10^{12}$/L 及 HCT <0.37。

A. 5. 6. 5 粒细胞缺乏症

外周血中性粒细胞含量低于 0.5×10^{9}/L。

A. 5. 6. 6 中性粒细胞减少症

外周血中性粒细胞含量低于 2.0×10^{9}/L。

A. 5. 6. 7 白细胞减少症

外周血白细胞含量低于 4.0×10^{9}/L。

A. 5. 6. 8 血小板减少症

外周血液血小板计数$<8\times10^{10}$/L，称血小板减少症；当$<4\times10^{10}$/L 以下时，则有出血危险。

A. 5. 7 再生障碍性贫血完全缓解

贫血和出血症状消失，血红蛋白含量：男不低于 120 g/L，女不低于 100 g/L；白细胞含量 4×10^{9}/L 左右；血小板含量达 8×10^{10}/L；3 个月内不输血，随访 1 年以上无复发者。

A. 5. 8 急性白血病完全缓解

症状完全缓解表现为：

a）　骨髓象：原粒细胞Ⅰ型+Ⅱ型（原单+幼稚单核细胞或原淋+幼稚淋巴细胞）≤5%，红细胞及巨核细胞系正常；

M2b 型：原粒Ⅰ型+Ⅱ型≤5%，中性中幼粒细胞比例在正常范围。

M3 型：原粒+早幼粒≤5%。

M4 型：原粒Ⅰ、Ⅱ型+原红及幼单细胞≤5%。

M6 型：原粒Ⅰ、Ⅱ型≤5%，原红+幼红以及红细胞比例基本正常。

M7 型：粒、红二系比例正常，原巨+幼稚巨核细胞基本消失。

b）　血象：男 Hb 含量≥100 g/L 或女 Hb 含量≥90 g/L；中性粒细胞含量≥1.5×10^{9}/L；血小板含量≥10×10^{10}/L；外周血分类无白血病细胞；

c）　临床无白血病浸润所致的症状和体征，生活正常或接近正常。

A. 5. 9 慢性粒细胞白血病完全缓解

症状完全缓解表现为：

a）　临床：无贫血、出血、感染及白血病细胞浸润表现；

b）　血象：Hb 含量>100 g/L，白细胞总数（WBC）<10×10^{9}/L，分类无幼稚细胞，血小板含量 10×10^{10}/L~40×10^{10}/L；

c）　骨髓象：正常。

A. 5. 10　慢性淋巴细胞白血病完全缓解

外周血白细胞含量≤10×10^{9}/L，淋巴细胞比例正常（或<40%），骨髓淋巴细胞比例正常（或<30%）临床症状消失，受累淋巴结和肝脾回缩至正常。

A. 5. 11　慢性中毒性肝病诊断分级

A. 5. 11. 1　慢性轻度中毒性肝病

出现乏力、食欲减退、恶心、上腹饱胀或肝区疼痛等症状，肝脏肿大，质软或柔韧，有压痛；常规肝功能试验或复筛肝功能试验异常。

A.5.11.2　**慢性中度中毒性肝病**

有下述表现者：

a）　A.5.11.1所述症状较严重，肝脏有逐步缓慢性肿大或质地有变硬趋向，伴有明显压痛。

b）　乏力及胃肠道症状较明显，血清转氨酶活性、γ-谷氨酰转肽酶或γ-球蛋白等反复异常或持续升高。

c）　具有慢性轻度中毒性肝病的临床表现，伴有脾脏肿大。

A.5.11.3　**慢性重度中毒性肝病**

有下述表现之一者：

a）　肝硬化；

b）　伴有较明显的肾脏损害；

c）　在慢性中度中毒性肝病的基础上，出现白蛋白持续降低及凝血机制紊乱。

A.5.12　**慢性肾上腺皮质功能减退**

A.5.12.1　**功能明显减退**

有下述表现：

a）　乏力，消瘦，皮肤、黏膜色素沉着，白癜，血压降低，食欲不振；

b）　24 h尿中17-羟类固醇<4 mg，17-酮类固醇<10 mg；

c）　血浆皮质醇含量：早上8时，<9 mg/100 mL，下午4时，<3 mg/100 mL；

d）　尿中皮质醇<5 mg/24 h。

A.5.12.2　**功能轻度减退**

功能轻度减退表现为：

a）　具有A.5.12.1b）、c）两项症状；

b）　无典型临床症状。

A.5.13　**免疫功能减低**

A.5.13.1　**功能明显减低**

具体表现为：

a）　易于感染，全身抵抗力下降；

b）　体液免疫（各类免疫球蛋白）及细胞免疫（淋巴细胞亚群测定及周围血白细胞总数和分类）功能减退。

A.5.13.2　**功能轻度减低**

具体表现为：

a）　具有A.5.13.1b）项症状；

b）　无典型临床症状。

A.6　非职业病内科疾病的评残

由职业因素所致内科以外的，且属于国家卫生计生委四部委联合颁布的职业病分类和目录中的病伤，在经治疗于停工留薪期满时其致残等级皆根据4.5中相应的残情进行鉴定，其中因职业肿瘤手术所致的残情，参照主要受损器官的相应条目进行评定。

A.7　系统治疗的界定

本标准中所指的“系统治疗”是指经住院治疗，或每月平均一次到医院门诊治疗并坚持服药或其他专科治疗等。

A.8　等级相应原则

在实际应用中，如果仍有某些损伤类型未在本标准中提及者，可按其对劳动、生活能力影响程度列入相应等级。

附　录　B
（资料性附录）
正确使用本标准的说明

B.1　神经内科、神经外科、精神科门

B.1.1　意识障碍是急性器质性脑功能障碍的临床表现。如持续性植

物状态、去皮层状态、动作不能性缄默等常常长期存在，久治不愈。遇到这类意识障碍，因患者生活完全不能自理，一切需别人照料，应评为最重级。

反复发作性的意识障碍，作为癫痫的一组症状或癫痫发作的一种形式时，不单独评定其致残等级。

B.1.2 精神分裂症和躁郁症均为内源性精神病，发病主要取决于病人自身的生物学素质。在工伤或职业病过程中伴发的内源性精神病不应与工伤或职业病直接所致的精神病相混淆。精神分裂症和躁郁症不属于工伤或职业病性精神病。

B.1.3 智能损伤说明：

a）智能损伤的总体严重性以记忆或智能损伤程度予以考虑，按“就重原则”其中哪项重，就以哪项表示；

b）记忆商（MQ）、智商（IQ）的测查结果仅供参考，鉴定时需结合病理基础、日常就诊记录等多方综合评判。

B.1.4 神经心理学障碍指局灶性皮层功能障碍，内容包括失语、失用、失写、失读、失认等。临床上以失语为最常见，其他较少单独出现。

B.1.5 鉴于手、足部肌肉由多条神经支配，可出现完全瘫，亦可表现不完全瘫，在评定手、足瘫致残程度时，应区分完全性瘫与不完全性瘫，再根据肌力分级判定基准，对肢体瘫痪致残程度详细分级。

B.1.6 神经系统多部位损伤或合并其他器官的伤残时，其致残程度的鉴定依照本标准第4章的有关规定处理。

B.1.7 癫痫是一种以反复发作性抽搐或以感觉、行为、意识等发作性障碍为特征的临床症候群，属于慢性病之一。因为它的临床体征较少，若无明显颅脑器质性损害则难于定性。为了科学、合理地进行劳动能力鉴定，在进行致残程度评定时，应根据以下信息资料综合评判：

a） 工伤和职业病所致癫痫的诊断前提应有严重颅脑外伤或中毒性脑病的病史；

b） 一年来系统治疗病历资料；

c） 脑电图资料；

d） 其他有效资料，如血药浓度测定。

B.1.8 各种颅脑损伤出现功能障碍参照有关功能障碍评级。

B.1.9 为便于分类分级，将运动障碍按损伤部位不同分为脑、脊髓、周围神经损伤三类。鉴定中首先分清损伤部位，再给予评级。

B.1.10 考虑到颅骨缺损多可修补后按开颅术定级，且颅骨缺损的大小与功能障碍程度无必然联系，故不再以颅骨缺损大小作为评级标准。

B.1.11 脑挫裂伤应具有相应病史、临床治疗经过，经 CT 及（或）MRI 等辅助检查证实有脑实质损害征象。

B.1.12 开颅手术包括开颅探查、去骨瓣减压术、颅骨整复、各种颅内血肿清除、慢性硬膜下血肿引流、脑室外引流、脑室一腹腔分流等。

B.1.13 脑脊液漏手术修补成功无功能障碍按开颅手术定级；脑脊液漏伴颅底骨缺损反复修补失败或无法修补者定为四级。

B.1.14 中毒性周围神经病表现为四肢对称性感觉减退或消失，肌力减退，肌肉萎缩，四肢腱反射（特别是跟腱反射）减退或消失。神经肌电图显示神经源性损害。如仅表现以感觉障碍为主的周围神经病，有深感觉障碍的定为七级，只有浅感觉障碍的定为九级，出现运动障碍者可参见神经科部分“运动障碍”定级。

外伤或职业中毒引起的周围神经损害，如出现肌萎缩者，可按肌力予以定级。

B.1.15 外伤或职业中毒引起的同向偏盲或象限性偏盲，其视野缺损程度可参见眼科标准予以定级。

B.2 骨科、整形外科、烧伤科门

B.2.1 本标准只适用于因工负伤或职业病所致脊柱、四肢损伤的致残程度鉴定之用，其他先天畸形，或随年龄增长出现的退行性改变，如骨性关节炎等，不适用本标准。

B.2.2　有关节内骨折史的骨性关节炎或创伤后关节骨坏死，按该关节功能损害程度，列入相应评残等级处理。

B.2.3　创伤性滑膜炎，滑膜切除术后留有关节功能损害或人工关节术后残留有功能不全者，按关节功能损害程度，列入相应等级处理。

B.2.4　脊柱骨折合并有神经系统症状，骨折治疗后仍残留不同程度的脊髓和神经功能障碍者，参照4.5相应条款进行处理。

B.2.5　外伤后（一周内）发生的椎间盘突出症，经人力资源与社会保障部门认定为工伤的，按本标准相应条款进行伤残等级评定，若手术后残留有神经系统症状者，参照4.5相应条款进行处理。

B.2.6　职业性损害如氟中毒或减压病等所致骨与关节损害，按损害部位功能障碍情况列入相应评残等级处理。

B.2.7　神经根性疼痛的诊断需根据临床症状，同时结合必要的相关检查综合评判。

B.2.8　烧伤面积、深度不作为评残标准，需等治疗停工留薪期满后，依据造成的功能障碍程度、颜面瘢痕畸形程度和瘢痕面积（包括供皮区明显瘢痕）大小进行评级。

B.2.9　面部异物色素沉着是指由于工伤如爆炸伤所致颜面部各种异物（包括石子、铁粒等）的存留，或经取异物后仍有不同程度的色素沉着。但临床上很难对面部异物色素沉着量及面积做出准确的划分，考虑到实际工作中可能遇见多种复杂情况，故本标准将面部异物色素沉着分为轻度及重度两个级别，分别以超过颜面总面积的1/4及1/2作为判定轻、重的基准。

B.2.10　以外伤为主导诱因引发的急性腰椎间盘突出症，应按下列要求确定诊断：

a）　急性外伤史并发坐骨神经刺激征；

b） 有早期MRI（一个月内）影像学依据提示为急性损伤；

c） 无法提供早期MRI资料的，仅提供早期CT依据者应继续3~6个月治疗与观察后申请鉴定，鉴定时根据遗留症状与体征，如相应受损神经支配肌肉萎缩、肌力减退、异常神经反射等损害程度作出等级评定。

B.2.11 膝关节损伤的诊断应从以下几方面考虑：明确的外伤史；相应的体征；结合影像学资料。如果还不能确诊者，可行关节镜检查确定。

B.2.12 手、足功能缺损评估参考图表

考虑到手、足外伤复杂多样性，在现标准没有可对应条款情况下，可参照图B.1、图B.2，表B.1和表B.2定级。

图B.1 手功能缺损评估参考图（略）

图B.2 足功能缺损评估参考图（略）

表B.1 手、足功能缺损分值定级区间参考表（仅用于单肢体）

级别	分值
一级	—
二级	—
三级	—
四级	—
五级	81分~100分
六级	51分~80分
七级	31分~50分
八级	21分~30分
九级	11分~20分
十级	≤10分

表 B.2　手、腕部功能障碍评估参考表

受累部位		功能障碍程度与分值定级		
		僵直于非功能位	僵直于功能位或<1/2 关节活动度	轻度功能障碍或>1/2 关节活动度
拇指	第一掌腕/掌指/指间关节均受累	40	25	15
	掌指、指间关节同时受累	30	20	10
	掌指、指间单一关节受累	20	15	5
食指	掌指、指间关节均受累	20	15	5
	掌指或近侧指间关节受累	15	10	0
	远侧指间关节受累	5	5	0
中指	掌指、指间关节均受累	15	5	5
	掌指或近侧指间关节受累	10	5	0
	远侧指间关节受累	5	0	0
环指	掌指、指间关节均受累	10	5	5
	掌指或近侧指间关节受累	5	5	0
	远侧指间关节受累	5	0	0
小指	掌指、指间关节均受累	5	5	0
	掌指或近侧指间关节受累	5	5	0
	远侧指间关节受累	0	0	0
腕关节	手功能大部分丧失时的腕关节受累	10	5	0
	单纯腕关节受累	40	30	20

B.3　眼科、耳鼻喉科、口腔科门

B.3.1　非工伤和非职业性五官科疾病如夜盲、立体盲、耳硬化症等不适用本标准。

B.3.2　职工工伤与职业病所致视觉损伤不仅仅是眼的损伤或破坏，重要的是涉及视功能的障碍以及有关的解剖结构和功能的损伤如眼睑等。因此，视觉损伤的鉴定包括：

a） 眼睑、眼球及眼眶等的解剖结构和功能损伤或破坏程度的鉴定；

b） 视功能（视敏锐度、视野和立体视觉等）障碍程度的鉴定。

B.3.3 眼伤残鉴定标准主要的鉴定依据为眼球或视神经器质性损伤所致的视力、视野、立体视功能障碍及其他解剖结构和功能的损伤或破坏。其中视力残疾主要参照了盲及低视力分级标准和视力减弱补偿率视力损伤百分计算办法。“一级”划线的最低限为双眼无光感或仅有光感但光定位不准；“二级”等于“盲”标准的一级盲；“三级”等于或相当于二级盲；“四级”相当于一级低视力；“五级”相当于二级低视力，“六级~十级”则分别相当于视力障碍的0.2~0.8。

B.3.4 周边视野损伤程度鉴定以实际测得的8条子午线视野值的总和，计算平均值即有效视野值。当视野检查结果与眼部客观检查不符时，可用Humphrey视野或Octopus视野检查。

B.3.5 中心视野缺损目前尚无客观的计量办法，评残时可根据视力受损程度确定其相应级别。

B.3.6 无晶状体眼视觉损伤程度评价参见表A.5。在确定无晶状体眼中心视力的实际有效值之后，分别套入本标准的实际级别。

B.3.7 中央视力及视野（周边视力）的改变，均需有相应的眼组织器质性改变来解释，如不能解释则要根据视觉诱发电位及多焦视网膜电流图检查结果定级。

B.3.8 伪盲鉴定参见A.3.3。视觉诱发电位等的检查可作为临床鉴定伪盲的主要手段。如一眼有或无光感，另眼眼组织无器质性病变，并经视觉诱发电位及多焦视网膜电流图检查结果正常者，应考虑另眼为伪盲眼。也可采用其他行之有效的办法包括社会调查、家庭采访等。

B.3.9 睑球粘连严重、同时有角膜损伤者按中央视力定级。

B.3.10 职业性眼病（包括白内障、电光性眼炎、二硫化碳中毒、化学性眼灼伤）的诊断可分别参见 GBZ 35、GBZ 9、GBZ 4、GBZ 45、GBZ 54。

B. 3. 11　职业性及外伤性白内障视力障碍程度较本标准所规定之级别重者（即视力低于标准 9 级和 10 级之 0. 5～0. 8），则按视力减退情况分别套入不同级别。白内障术后评残办法参见 A. 3. 5。如果术前已经评残者，术后应根据矫正视力情况，并参照 A. 3. 5 无晶状体眼视觉损伤程度评价重新评级。

外伤性白内障未做手术者根据中央视力定级；白内障摘除人工晶状体植入术后谓人工晶状体眼，人工晶状体眼根据中央视力定级。白内障摘除未能植入人工晶状体者，谓无晶状体眼，根据其矫正视力并参见 B. 3. 6 的要求定级。

B. 3. 12　泪器损伤指泪道（包括泪小点、泪小管、泪囊、鼻泪管等）及泪腺的损伤。

B. 3. 13　有明确的外眼或内眼组织结构的破坏，而视功能检查好于本标准第十级（即双眼视力≤0. 8）者，可视为十级。

B. 3. 14　本标准没有对光觉障碍（暗适应）作出规定，如果临床上确有因工或职业病所致明显暗适应功能减退者，应根据实际情况，做出适当的判定。

B. 3. 15　一眼受伤后健眼发生交感性眼炎者无论伤后何时都可以申请定级。

B. 3. 16　本标准中的双眼无光感、双眼矫正视力或双眼视野，其“双眼”为临床习惯称谓，实际工作（包括评残）中是以各眼检查或矫正结果为准。

B. 3. 17　听功能障碍包括长期暴露于生产噪声所致的职业性噪声聋，压力波、冲击波造成的爆震聋，其诊断分别见 GBZ 49、GBZ/T 238。此外，颅脑外伤所致的颞骨骨折、内耳震荡、耳蜗神经挫伤等产生的耳聋及中、外耳伤后遗的鼓膜穿孔、鼓室瘢痕粘连，外耳道闭锁等也可引起听觉损害。

B. 3. 18　听阈测定的设备和方法必须符合国家标准：GB/T 7341、

GB 4854、GB/T 7583。

B. 3. 19　纯音电测听重度、极重度听功能障碍时，应同时加测听觉脑干诱发电位（A. B. R）。

B. 3. 20　耳廓、外鼻完全或部分缺损，可参照整形科“头面部毁容”。

B. 3. 21　耳科平衡功能障碍指前庭功能丧失而平衡功能代偿不全者。因肌肉、关节或其他神经损害引起的平衡障碍，按有关学科残情定级。

B. 3. 22　如职工因与工伤或职业有关的因素诱发功能性视力障碍和耳聋，应用相应的特殊检查法明确诊断，在其器质性视力和听力减退确定以前暂不评残。伪聋，也应先予排除，然后评残。

B. 3. 23　喉原性呼吸困难系指声门下区以上呼吸道的阻塞性疾患引起者。由胸外科、内科病所致的呼吸困难参见 A. 5. 1。

B. 3. 24　发声及言语困难系指喉外伤后致结构改变，虽呼吸通道无障碍，但有明显发声困难及言语表达障碍；轻者则为发声及言语不畅。

发声障碍系指声带麻痹或声带的缺损、小结等器质性损害致不能胜任原来的嗓音职业工作者。

B. 3. 25　职业性铬鼻病、氟及其无机化合物中毒、减压病、尘肺病、职业性肿瘤、慢性砷中毒、磷中毒、手臂振动病、牙酸蚀病以及井下工人滑囊炎等的诊断分别参见 GBZ 12、GBZ 5、GBZ 24、GBZ 70、GBZ 94、GBZ 83、GBZ 81、GBZ 7、GBZ 61、GBZ 82。

B. 3. 26　颞下颌关节强直，临床上分两类：一为关节内强直，一为关节外强直（颌间挛缩）。本标准中颞下颌关节强直即包括此两类。

B. 3. 27　本标准将舌划分为三等份即按舌尖、舌体和舌根计算损伤程度。

B. 3. 28　头面部毁容参见 A. 2. 1。

B. 4　普外科、胸外科、泌尿生殖科门

B. 4. 1　器官缺损伴功能障碍者，在评残时一般应比器官完整伴功能

障碍者级别高。

B.4.2　生殖器官缺损不能修复，导致未育者终生不能生育的，应在原级别基础上上升一级。

B.4.3　多器官损害的评级标准依照本标准第4章制定的有关规定处理。

B.4.4　任何并发症的诊断都要有影像学和实验室检查的依据，主诉和体征供参考。

B.4.5　评定任何一个器官的致残标准，都要有原始病历记录，其中包括病历记录、手术记录、病理报告等。

B.4.6　甲状腺损伤若伴有喉上神经和喉返神经损伤致声音嘶哑、呼吸困难或呛咳者，判定级别标准参照耳鼻喉科部分。

B.4.7　阴茎缺损指阴茎全切除或部分切除并功能障碍者。

B.4.8　心脏及大血管的各种损伤其致残程度的分级，均按停工留薪（或治疗）期满后的功能不全程度分级。

B.4.9　胸部（胸壁、气管、支气管、肺）各器官损伤的致残分级除按表C.4中列入各项外，其他可按治疗期结束后的肺功能损害和呼吸困难程度分级。

B.4.10　肝、脾、胰等挫裂伤，有明显外伤史并有影像学诊断依据者，保守治疗后可定为十级。

B.4.11　普外科开腹探查术后或任何开腹手术后发生粘连性肠梗阻，且反复发作，有明确影像学诊断依据，应在原级别基础上上升一级。

B.5　职业病内科门

B.5.1　本标准适用于确诊患有国家卫生计生委四部委联合颁布的职业病分类和目录中的各种职业病所致肺脏、心脏、肝脏、血液或肾脏损害经治疗停工留薪期满时需评定致残程度者。

B.5.2　心律失常（包括传导阻滞）与心功能不全往往有联系，但两者的严重程度可不平衡，心律失常者，不一定有心功能不全或劳动能力减退，评残时应按实际情况定级。

B. 5. 3　本标准所列各类血液病、内分泌及免疫功能低下及慢性中毒性肝病等，病情常有变化，对已进行过评残，经继续治疗后残情发生变化者应按国家社会保险法规的要求，对残情重新进行评级。

B. 5. 4　肝功能的测定包括：

常规肝功能试验：包括血清丙氨酸氨基转换酶（ALT 即 GPT）、血清胆汁酸等。

复筛肝功能试验：包括血清蛋白电泳，总蛋白及白蛋白、球蛋白、血清天门冬氨酸氨基转移酶（AST 即 GOT）、血清谷氨酰转肽酶（γ-GT），转铁蛋白或单胺氧化酶测定等，可根据临床具体情况选用。

静脉色氨酸耐量试验（ITTT），吲哚氰绿滞留试验（IGG）是敏感性和特异性都较好的肝功能试验，有条件可作为复筛指标。

B. 5. 5　职业性肺部疾患主要包括尘肺（参见 GBZ 70）、职业性哮喘（参见 GBZ 57）、过敏性肺炎（参见 GBZ 60）等，在评定残情分级时，除尘肺在分级表中明确注明外，其他肺部疾病可分别参照相应的国家诊断标准，以呼吸功能损害程度定级。

B. 5. 6　对职业病患者进行肺部损害鉴定的要求：

a）　须持有职业病诊断证明书；

b）　须有近期胸部 X 线平片；

c）　须有肺功能测定结果及（或）血气测定结果。

B. 5. 7　肺功能测定时注意的事项：

a）　肺功能仪应在校对后使用；

b）　对测定对象，测定肺功能前应进行训练；

c）　FVC、FEV1 至少测定两次，两次结果相差不得超过 5%；

d）　肺功能的正常预计值公式宜采用各实验室的公式作为预计正常值。

B. 5. 8　鉴于职业性哮喘在发作或缓解期所测得的肺功能不能正确评价哮喘病人的致残程度，可以其发作频度和影响工作的程度进行评价。

B. 5. 9　在判定呼吸困难有困难时或呼吸困难分级与肺功能测定结果有矛盾时，应以肺功能测定结果作为致残分级标准的依据。

B. 5. 10　石棉肺是尘肺的一种，本标准未单独列出，在评定致残分级时，可根据石棉肺参见 GBZ 70 的诊断，主要结合肺功能损伤情况进行评定。

B. 5. 11　放射性疾病包括外照射急性放射病，外照射慢性放射病，放射性皮肤病、放射性白内障、内照射放射病、放射性甲状腺疾病、放射性性腺疾病、放射性膀胱疾病、急性放射性肺炎及放射性肿瘤，临床诊断及处理可参照 GBZ 104、GBZ 105、GBZ 106、GBZ 95、GBZ 96、GBZ 101、GBZ 107、GBZ 109、GBZ 110、GBZ 94、GBZ 97。放射性白内障可参照眼科评残处理办法，其他有关放射性损伤评残可参照相应条目进行处理。

B. 5. 12　本标准中有关慢性肾上腺皮质功能减低、免疫功能减低及血小板减少症均指由于放射性损伤所致，不适用于其他非放射性损伤的评残。

附 录 C
（规范性附录）
职工工伤　职业病致残等级分级表

按门类对工伤进行分级，具体见表 C.1、表 C.2、表 C.3 和表 C.4。

表 C.1　神经内科、神经外科、精神科门

伤残类别	分级									
	一	二	三	四	五	六	七	八	九	十
智能损伤	极重度	重度		中度	轻度					
精神症状			1. 精神病性症状，经系统治疗1年后仍表现为危险或冲动行为者。 2. 精神病性症状，经系统治疗1年后仍缺乏生活自理能力者	精神病性症状，经系统治疗1年后仍缺乏社交能力者		精神病性症状，经系统治疗1年后仍影响职业劳动能力者	人格改变或边缘智能，经系统治疗1年后仍存在明显社会功能受损者			
癫痫				重度		中度			轻度	
运动障碍 脑损伤	四肢瘫肌力≤3级或三肢瘫肌力≤2级	1. 三肢瘫肌力3级。 2. 偏瘫肌力≤2级	偏瘫肌力3级	单肢瘫肌力≤2级	1. 四肢瘫肌力4级 2. 单肢瘫肌力3级	三肢瘫肌力4级	偏瘫肌力4级	单肢体瘫肌力4级		
脊髓损伤		截瘫肌力≤2级	截瘫肌力3级			截瘫双下肢肌力4级伴轻度排尿障碍	截瘫肌力4级			

表 C.1(续)

伤残类别	分级									
	一	二	三	四	五	六	七	八	九	十
周围神经损伤		双手全肌瘫肌力≤2级	双足全肌瘫肌力≤2级	双手部分肌瘫肌力≤2级	1. 双手部分肌瘫肌力3级。 2. 一手全肌瘫肌力≤2级。 3. 双足全肌瘫肌力3级	1. 双手全肌瘫肌力4级。 2. 一手全肌瘫肌力3级。 3. 双足部分肌瘫肌力≤2级。 4. 单足全肌瘫肌力≤2级	1. 单手部分肌瘫肌力3级。 2. 双足部分肌瘫肌力3级。 3. 单足全肌瘫肌力3级。 4. 中毒性周围神经病致深感觉障碍	1. 单手全肌瘫肌力4级。 2. 双手部分肌瘫肌力4级。 3. 双足部分肌瘫肌力4级。 4. 单足部分肌瘫肌力≤3级	中毒性周围神经病致浅感觉障碍	
非肢体瘫运动障碍	重度		中度			轻度				
特殊皮层功能障碍 1. 失语。 2. 失用、失写、失读、失认等		完全感觉性或混合性	两项及两项以上完全性		完全运动性 1. 单项完全性。 2. 多项不完全性	不完全感觉性	不完全运动性单项不完全性			
颅脑损伤				脑脊液漏伴有颅底骨缺损不能修复或反复手术失败				脑叶部分切除术后	1. 脑挫裂伤无功能障碍。 2. 开颅术后无功能障碍。 3. 颅内异物无功能障碍 4. 外伤致颈总、颈内动脉狭窄，支架置入或血管搭桥术后无功能障碍	

表 C.2　骨科、整形外科、烧伤科门

伤残类别	分级									
	一	二	三	四	五	六	七	八	九	十
头面部毁容	1.面部重度毁容，同时伴有表C.2中二级伤残之一者。 2.全身重度瘢痕形成，占体表面积≥90%，伴有脊柱及四肢大关节活动功能基本丧失	1.全面部瘢痕或植皮伴有重度毁容。 2.全身重度瘢痕形成，占体表面积≥80%，伴有四肢大关节中3个以上活动功能受限	1.面部瘢痕或植皮≥2/3并有中度毁容。 2.全身重度瘢痕形成，占体表面积≥70%，伴有四肢大关节中2个以上活动功能受限	1.面部中度毁容。 2.全身瘢痕面积≥60%，四肢大关节中1个关节活动功能受限。 3.面部瘢痕或植皮≥1/2并有轻度毁容	1.面部瘢痕或植皮≥1/3并有毁容标准中的一项。 2.全身瘢痕占体表面积≥50%，并有关节活动功能受限	1.面部重度异物色素沉着或脱失。 2.面部瘢痕或植皮≥1/3。 3.全身瘢痕面积≥40%。 4.撕脱伤后头皮缺失1/5以上	1.符合重度毁容标准中的两项者。 2.烧伤后颅骨全层缺损≥30 cm^2，或在硬脑膜上植皮面积≥10 cm^2。 3.面部瘢痕、异物或植皮伴色素改变占面部的10%以上。 4.颈部瘢痕挛缩，影响颈部活动。 5.全身瘢痕面积≥30%	1.符合重度毁容标准中的一项者。 2.面部烧伤植皮≥1/5。 3.面部轻度异物沉着或色素脱失。 4.双侧耳廓部分或一侧耳廓大部分缺损。 5.全身瘢痕面积≥20%。 6.一侧或双侧眼睑明显缺损	1.符合中度毁容标准中的两项或轻度毁容者。 2.发际边缘瘢痕性秃发或其他部位秃发，需戴假发者。 3.全身瘢痕占体表面积≥5%。 4.面部有≥8 cm^2或3处以上≥1 cm^2的瘢痕	1.符合中度毁容标准中的一项者。 2.面部有瘢痕，植皮，异物色素沉着或脱失>2 cm^2。 3.全身瘢痕面积<5%，但≥1%
脊柱损伤					脊柱骨折后遗30°以上侧弯或后凸畸形，伴严重根性神经痛		骨盆骨折内固定术后，骨盆环不稳定，骶髂关节分离	1.脊椎压缩性骨折，椎体前缘高度减少1/2以上者或脊椎不稳定性骨折。 2.3个及以上节段脊柱内固定术	1.两个以上横突骨折。 2.脊椎压缩骨折，椎体前缘高度减少小于1/2者。 3.椎间盘髓核切除术后。 4.1节～2节脊柱内固定术	急性外伤导致椎间盘髓核突出，并伴神经刺激征者

表 C.2(续)

伤残类别	分级									
	一	二	三	四	五	六	七	八	九	十
上肢	双肘关节以上缺失或功能完全丧失	双侧前臂缺失或双手功能完全丧失	1. 一手缺失,另一手拇指缺失。 2. 双手拇、食指缺失或功能完全丧失。 3. 一手功能完全丧失,另一手拇指功能完全丧失	1. 双拇指完全缺失或功能完全丧失。 2. 一侧手功能完全丧失,另一手部分功能丧失。 3. 一侧肘上缺失	1. 一侧前臂缺失。 2. 一手功能完全丧失。 3. 肩、肘关节之一功能完全丧失。 4. 一手拇指缺失,另一手除拇指外三指缺失。 5. 一手拇指功能完全丧失,另一手除拇指外三指功能完全丧失	1. 单纯一拇指完全缺失,连同另一手非拇指二指缺失。 2. 一拇指功能完全丧失,另一手除拇指外有二指功能完全丧失。 3. 一手三指(含拇指)缺失。 4. 除拇指外其余四指缺失或功能完全丧失	1. 一手除拇指外,其他 2~3 指(含食指)近侧指间关节离断。 2. 一手除拇指外,其他 2~3 指(含食指)近侧指间关节功能完全丧失。 3. 肩、肘关节之一损伤后遗留关节重度功能障碍。 4. 一腕关节功能完全丧失	1. 一手除拇指、食指外,有两指近侧指间关节功能完全丧失。 2. 一手除拇、食指外,有两指近侧指间关节功能完全丧失。 3. 一拇指指间关节离断。 4. 一拇指指间关节畸形,功能完全丧失	1. 一拇指末节部分 1/2 缺失。 2. 一手食指 2~3节缺失。 3. 一拇指指间关节僵直于功能位。 4. 除拇指外,余 3~4 指末节缺失	1. 一手指除拇指外,任何一指远侧指间关节离断或功能丧失。 2. 指端植皮术后(增生性瘢痕 1 cm^2 以上)。 3. 手背植皮面积 $>50\ cm^2$,并有明显瘢痕

表 C.2(续)

伤残类别	分级									
	一	二	三	四	五	六	七	八	九	十
下肢		1. 双下肢瘢痕畸形，功能完全丧失。 2. 双膝以上缺失。 3. 双膝、双踝关节功能完全丧失	1. 双髋、双膝关节中，有一个关节缺失或功能完全丧失及另一关节重度功能障碍。 2. 双膝以下缺失或功能完全丧失。 3. 一侧髋、膝关节畸形，功能完全丧失	1. 一侧膝以下缺失，另一侧前足缺失。 2. 一侧膝以上缺失。 3. 一侧踝以下缺失，另一足畸形行走困难	1. 双前足缺失或双前足瘢痕畸形，功能完全丧失。 2. 双跟骨足底软组织缺损瘢痕形成，反复破溃。 3. 一髋(或一膝)功能完全丧失。 4. 一侧膝以下缺失	1. 一侧踝以下缺失；或踝关节畸形，功能完全丧失。 2. 下肢骨折成角畸形 >15°，并有肢体短缩 4 cm以上。 3. 一前足缺失，另一足仅残留拇趾。 4. 一前足缺失，另一足除拇趾外，2～5趾畸形，功能完全丧失。 5. 一足功能完全丧失，另一足部分功能丧失。 6. 一髋或一膝关节功能重度障碍。 7. 单侧跟骨足底软组织缺损瘢痕形成，反复破溃	1. 一足1～5趾缺失。 2. 一前足缺失。 3. 下肢伤后短缩大于 2cm，但≤4cm者。 4. 膝关节韧带损伤术后关节不稳定，伸屈功能正常者	1. 一足拇趾缺失，另一足非拇趾一趾缺失。 2. 一足拇趾畸形，功能完全丧失，另一足非拇趾一趾畸形。 3. 一足除拇趾外，其他三趾缺失。 4. 一足除拇趾外，其他四趾瘢痕畸形，功能完全丧失	1. 一足拇趾末节缺失。 2. 除拇趾外其他二趾缺失或瘢痕畸形，功能不全。 3. 跖骨或跗骨骨折影响足弓者。 4. 外伤后膝关节半月板切除、髌骨切除、膝关节交叉韧带修补术后	1. 除拇趾外，任何一趾末节缺失。 2. 足背植皮面积 >100 cm^2。 3. 膝关节半月板损伤、膝关节交叉韧带损伤未做手术者

表 C.2(续)

伤残类别	分级									
	一	二	三	四	五	六	七	八	九	十
上下肢	1. 双下肢膝上缺失及一上肢肘上缺失。 2. 双下肢及一上肢瘢痕畸形，功能完全丧失	1. 同侧上、下肢缺失或功能完全丧失。 2. 四肢大关节（肩、髋、膝、肘）中四个及以上关节功能完全丧失	1. 非同侧腕上、踝上缺失。 2. 非同侧上、下肢瘢痕畸形，功能完全丧失		四肢大关节之一人工关节术后遗留重度功能障碍		1. 四肢大关节之一人工关节术后，基本能生活自理。 2. 四肢大关节之一关节内骨折导致创伤性关节炎，遗留中重度功能障碍	1. 因开放骨折感染形成慢性骨髓炎，反复发作者。 2. 四肢大关节之一关节内骨折导致创伤性关节炎，遗留轻度功能障碍	1. 四肢长管状骨骨折内固定或外固定支架术后。 2. 髌骨、跟骨、距骨、下颌骨或骨盆骨折内固定术后	1. 手掌、足掌植皮面积>30%者。 2. 身体各部分骨折愈合后无功能障碍或轻度功能障碍。 3. 四肢大关节肌腱及韧带撕裂伤术后遗留轻度功能障碍

表 C.3　眼科、耳鼻喉科、口腔科门

伤残类别	分级									
	一	二	三	四	五	六	七	八	九	十
眼损伤与视功能障碍	双眼无光感或仅有光感但光定位不准者	一眼有或无光感，另眼矫正视力≤0.02，或视野≤8%（或半径≤5°）	1. 一眼有或无光感，另眼矫正视力≤0.05或视野≤16%（半径≤10°）。 2. 双眼矫正视力<0.05或视野≤16%（半径≤10°）。 3. 一侧眼球摘除或眼内容物剜出，另眼矫正视力<0.1或视野≤24%（或半径≤15°）	1. 一眼有或无光感，另眼矫正视力<0.2或视野≤32%（或半径≤20°）。 2. 一眼矫正视力<0.05，另眼矫正视力≤0.1。 3. 双眼矫正视力<0.1或视野≤32%（或半径≤20°）	1. 第Ⅲ对脑神经麻痹。 2. 双眼外伤性青光眼术后，需用药物控制眼压者。 3. 一眼有或无光感，另眼矫正视力≤0.3或视野≤40%（或半径≤25°）。 4. 一眼矫正视力<0.05，另眼矫正视力≤0.2。 5. 一眼矫正视力<0.1，另眼矫正视力等于0.1。 6. 双眼视野≤40%（或半径≤25°）	1. 一侧眼球摘除；或一侧眼球明显萎缩，无光感。 2. 一眼有或无光感，另一眼矫正视力≥0.4。 3. 一眼矫正视力≤0.05，另一眼矫正视力≥0.3。 4. 一眼矫正视力≤0.1，另一眼矫正视力≥0.2。 5. 双眼矫正视力≤0.2或视野≤48%（或半径≤30°） 6. 第Ⅳ或第Ⅵ对脑神经麻痹，或眼外肌损伤致复视的	1. 一眼有或无光感，另眼矫正视力≥0.8。 2. 一眼有或无光感，另一眼各种客观检查正常。 3. 一眼矫正视力≤0.05，另眼矫正视力≥0.6。 4. 一眼矫正视力≤0.1，另眼矫正视力≥0.4。 5. 双眼矫正视力≤0.3或视野≤64%（或半径≤40°）。 6. 单眼外伤性青光眼术后，需用药物控制眼压者	1. 一眼矫正视力≤0.2，另眼矫正视力≥0.5。 2. 双眼矫正视力等于0.4。 3. 双眼视野≤80%（或半径≤50°）。 4. 一侧或双侧睑外翻或睑闭合不全者。 5. 上睑下垂盖及瞳孔1/3者。 6. 睑球粘连影响眼球转动者。 7. 外伤性青光眼行抗青光眼手术后眼压控制正常者	1. 第Ⅴ对脑神经眼支麻痹。 2. 眶壁骨折致眼球内陷、两眼球突出度相差>2 mm或错位变形影响外观者。 3. 一眼矫正视力≤0.3，另眼矫正视力>0.6。 4. 双眼矫正视力等于0.5。 5. 泪器损伤，手术无法改进溢泪者	1. 一眼矫正视力≤0.5，另一眼矫正视力≥0.8。 2. 双眼矫正视力≤0.8。 3. 一侧或双侧睑外翻或睑闭合不全行成形手术后矫正者。 4. 上睑下垂盖及瞳孔1/3行成形手术后矫正者。 5. 睑球粘连影响眼球转动行成形手术后矫正者。 6. 职业性及外伤性白内障术后人工晶状体眼，矫正视力正常者。 7. 职业性及外伤性白内障Ⅰ度～Ⅱ度（或轻度、中度），矫正视力正常者。 8. 晶状体部分脱位。 9. 眶内异物未取出者。 10. 眼球内异物未取出者。 11. 外伤性瞳孔放大。 12. 角巩膜穿通伤治愈者

表 C.3(续)

伤残类别	分级									
	一	二	三	四	五	六	七	八	九	十
听功能障碍				双耳听力损失 ≥ 91 dB	双耳听力损失 ≥ 81 dB	双耳听力损失 ≥ 71 dB	双耳听力损失 ≥ 56 dB	双耳听力损失≥41 dB或一耳≥91 dB	双耳听力损失 ≥ 31 dB 或一耳损失≥71 dB	双耳听力损失≥26 dB，或一耳≥56 dB
前庭性平衡障碍						双侧前庭功能丧失，睁眼行走困难，不能并足站立				双侧前庭功能丧失，闭眼不能并足站立
喉源性呼吸困难及发声障碍			1. 呼吸完全依赖气管套管或造口。 2. 静止状态下或仅轻微活动即有呼吸困难		一般活动及轻工作时有呼吸困难			1. 体力劳动时有呼吸困难。 2. 发声及言语困难	发声及言语不畅	
吞咽功能障碍		无吞咽功能，完全依赖胃管进食		牙关紧闭或因食管狭窄只能进流食	1. 吞咽困难，仅能进半流食。 2. 双侧喉返神经损伤，喉保护功能丧失致饮食呛咳、误吸		咽成形术后，咽下运动不正常			

表 C.3(续)

伤残类别	分级									
	一	二	三	四	五	六	七	八	九	十
口腔颌面损伤		1. 双侧上颌骨或双侧下颌骨完全缺损。 2. 一侧上颌骨及对侧下颌骨完全缺损，并伴有颜面软组织损伤 $>30\ cm^2$	1. 同侧上、下颌骨完全缺损。 2. 一侧上颌骨或下颌骨完全缺损，伴颜面部软组织损伤 $>30\ cm^2$。 3. 舌缺损 > 全舌的 2/3	1. 一侧上颌骨缺损 1/2，伴颜面部软组织损伤 $>20\ cm^2$。 2. 下颌骨缺损长 6 cm 以上的区段，伴口腔、颜面软组织损伤 $>20\ cm^2$。 3. 双侧颞下颌关节骨性强直，完全不能张口。 4. 面颊部洞穿性缺损 $>20\ cm^2$	1. 一侧上颌骨缺损 >1/4，但 <1/2，伴软组织损伤 $>10\ cm^2$，但 $<20\ cm^2$。 2. 下颌骨缺损长 4 cm 以上的区段，伴口腔、颜面软组织损伤 $>10\ cm^2$	1. 单侧或双侧颞下颌关节强直，张口困难Ⅲ度。 2. 一侧上颌骨缺损 1/4，伴口腔颜面软组织损伤 $>10\ cm^2$。 3. 面部软组织缺损 $>20\ cm^2$，伴发涎瘘。 4. 舌缺损 >1/3，但 <2/3。 5. 双侧颧骨并颧弓骨折，伴有开口困难Ⅱ度以上及颜面部畸形经手术复位者。 6. 双侧下颌骨髁状突颈部骨折，伴有开口困难Ⅱ度以上及咬合关系改变，经手术治疗者	1. 牙槽骨损伤长度 ≥8 cm，牙齿脱落 10 个及以上。 2. 单侧颧骨并颧弓骨折，伴有开口困难Ⅱ度以上及颜面部畸形经手术复位者	1. 牙槽骨损伤长度 ≥6 cm，牙齿脱落 8 个及以上者。 2. 舌缺损 < 舌的 1/3。 3. 双侧鼻腔或鼻咽部闭锁。 4. 双侧颞下颌关节强直，张口困难Ⅱ度。 5. 上、下颌骨骨折，经牵引、固定治疗后有功能障碍者。 6. 双侧颧骨并颧弓骨折，无开口困难，颜面部凹陷畸形不明显，不需手术复位	1. 牙槽骨损伤长度 >4 cm，牙脱落 4 个及以上。 2. 上、下颌骨骨折，经牵引、固定治疗后无功能障碍者。 3. 一侧下颌骨髁状突颈部骨折。 4. 一侧颧骨并颧弓骨折	1. 牙齿除智齿以外，切牙脱落 1 个以上或其他牙脱落 2 个以上。 2. 一侧颞下颌关节强直，张口困难Ⅰ度。 3. 鼻窦或面颊部有异物未取出。 4. 单侧鼻腔或鼻孔闭锁。 5. 鼻中隔穿孔

表 C.3(续)

伤残类别	分级									
	一	二	三	四	五	六	七	八	九	十
嗅觉障碍和铬鼻病									铬鼻病有医疗依赖	1. 铬鼻病(无症状者)。 2. 嗅觉丧失
面神经损伤				双侧完全性面瘫	一侧完全面瘫,另一侧不完全面瘫	一侧完全性面瘫	双侧不完全性面瘫			一侧不完全性面瘫

表 C.4　普外、胸外、泌尿生殖科门

伤残类别	分级									
	一	二	三	四	五	六	七	八	九	十
胸壁、气管、支气管、肺	1. 肺功能重度损伤和呼吸困难Ⅳ级，需终生依赖机械通气。 2. 双肺或心肺联合移植术	一侧全肺切除并胸廓成形术，呼吸困难Ⅲ级	1. 一侧全肺切除并胸廓成形术。 2. 一侧胸廓成形术，肋骨切除 6 根以上。 3. 一侧全肺切除并隆凸切除成形术。 4. 一侧全肺切除并重建大血管术	1. 一侧全肺切除术。 2. 双侧肺叶切除术。 3. 肺叶切除后并胸廓成形术后。 4. 肺叶切除并隆凸切除成形术后。 5. 一侧肺移植术	1. 双肺叶切除术。 2. 肺叶切除术并大血管重建术。 3. 隆凸切除成形术	1. 肺叶切除并肺段或楔形切除术。 2. 肺叶切除并支气管成形术后。 3. 支气管（或气管）胸膜瘘	1. 肺叶切除术。 2. 限局性脓胸行部分胸廓成形术。 3. 气管部分切除术	1. 肺段切除术。 2. 支气管成形术。 3. 双侧≥3根肋骨骨折致胸廓畸形。 4. 膈肌破裂修补术后，伴膈神经麻痹。 5. 肺功能轻度损伤	1. 肺内异物滞留或异物摘除术。 2. 限局性脓胸行胸膜剥脱术	血、气胸行单纯闭式引流术后，胸膜粘连增厚
心脏与大血管		心功能不全三级	Ⅲ度房室传导阻滞	1. 心瓣膜置换术后。 2. 心功能不全二级		1. 冠状动脉旁路移植术。 2. 大血管重建术	心功能不全一级	1. 心脏、大血管修补术。 2. 心脏异物滞留或异物摘除术		
食管		食管闭锁或损伤后无法行食管重建术，依赖胃造瘘或空肠造瘘进食		食管重建术后吻合口狭窄，仅能进流食者	1. 食管重建术后吻合口狭窄，仅能进半流食者。 2. 食管气管或支气管瘘。 3. 食管胸膜瘘		1. 食管重建术后伴反流性食管炎。 2. 食管外伤或成形术后咽下运动不正常	食管重建术后，进食正常者		

表 C.4(续)

伤残类别	分级									
	一	二	三	四	五	六	七	八	九	十
胃				全胃切除	胃切除3/4	胃切除2/3	胃切除1/2	胃部分切除		
十二指肠				胰头、十二指肠切除						
小肠	小肠切除≥90%	小肠切除3/4，合并短肠综合症		1. 小肠切除3/4。 2. 小肠切除2/3，包括回盲部切除	小肠切除2/3，包括回肠大部	小肠切除1/2，包括回盲部	小肠切除1/2	小肠部分切除		
结肠、直肠				1. 全结肠、直肠、肛门切除，回肠造瘘。 2. 外伤后肛门排便重度障碍或失禁	肛门、直肠、结肠部分切除，结肠造瘘	肛门外伤后排便轻度障碍或失禁	结肠大部分切除	结肠部分切除		
肝	肝切除后原位肝移植	1. 肝切除3/4，合并肝功能重度损害。 2. 肝外伤后发生门脉高压三联症或Budd-chiari综合征	肝切除2/3，并肝功能中度损害	1. 肝切除2/3。 2. 肝切除1/2，肝功能轻度损害	肝切除1/2	肝切除1/3	肝切除1/4	肝部分切除		
胆道	胆道损伤原位肝移植	胆道损伤致肝功能重度损害		胆道损伤致肝功能中度损害		胆道损伤致肝功能轻度损伤	胆道损伤，胆肠吻合术后		胆囊切除	

表 C.4(续)

伤残类别	分级									
	一	二	三	四	五	六	七	八	九	十
腹壁、腹腔						腹壁缺损面积≥腹壁的1/4		腹壁缺损面积<腹壁的1/4	胸、腹腔脏器探查术或修补术后	腹腔脏器挫裂伤保守治疗后
胰、脾	全胰切除	胰次全切除,胰腺移植术后	胰次全切除,胰岛素依赖		胰切除2/3	胰切除1/2	1. 脾切除。 2. 胰切除1/3	1. 脾部分切除。 2. 胰部分切除		
甲状腺					甲状腺功能重度损害	甲状腺功能中度损害		甲状腺功能轻度损害		
甲状旁腺				甲状旁腺功能重度损害		甲状旁腺功能中度损害		甲状旁腺功能轻度损害		
肾脏	双侧肾切除或孤肾切除术后,用透析维持或同种肾移植术后肾功能不全尿毒症期	孤肾部分切除后,肾功能不全失代偿期	一侧肾切除,对侧肾功能不全失代偿期	肾修补术后,肾功能不全失代偿期	一侧肾切除,对侧肾功能不全代偿期	肾损伤性高血压	一侧肾切除			
肾上腺				双侧肾上腺缺损				一侧肾上腺缺损		
尿道					尿道瘘不能修复者	尿道狭窄经系统治疗1年后仍需定期行扩张术		尿道修补术		

表 C.4(续)

伤残类别	分级									
	一	二	三	四	五	六	七	八	九	十
阴茎					阴茎全缺损	阴茎部分缺损		脊髓神经周围神经损伤,或盆腔、会阴手术后遗留性功能障碍		
输精管						双侧输精管缺损,不能修复		一侧输精管缺损,不能修复		
输尿管			1. 双侧输尿管狭窄,肾功能不全失代偿期。 2. 永久性输尿管腹壁造瘘	输尿管修补术后,肾功能不全失代偿期	一侧输尿管狭窄,肾功能不全代偿期					
膀胱			膀胱全切除	1. 永久性膀胱造瘘。 2. 重度排尿障碍。 3. 神经原性膀胱,残余尿≥50 mL		膀胱部分切除合并轻度排尿障碍	1. 膀胱部分切除。 2. 轻度排尿障碍			
睾丸					1. 两侧睾丸、附睾缺损。 2. 生殖功能重度损伤	1. 两侧睾丸创伤后萎缩,血睾酮低于正常值。 2. 生殖功能轻度损伤		一侧睾丸、附睾切除		

表 C.4(续)

伤残类别	分级									
	一	二	三	四	五	六	七	八	九	十
子宫						子宫切除				
卵巢					双侧卵巢切除			单侧卵巢切除	一侧卵巢部分切除	
输卵管						双侧输卵管切除		单侧输卵管切除		
阴道					1. 阴道闭锁。 2. 会阴部瘢痕挛缩伴有阴道或尿道或肛门狭窄		阴道狭窄			
乳腺						女性双侧乳房切除或严重瘢痕畸形	女性两侧乳房部分缺损	女性单侧乳房切除或严重瘢痕畸形	乳腺成形术	乳腺修补术后

表 C.5 职业病内科门

伤残类别	分级									
	一	二	三	四	五	六	七	八	九	十
肺部疾患	1. 尘肺叁期伴肺功能重度损伤及/或重度低氧血症[PO_2<5.3 kPa(<40mmHg)]。 2. 其他职业性肺部疾患，伴肺功能重度损伤及/或重度低氧血症[PO_2<5.3 kPa(<40mmHg)]。 3. 放射性肺炎后，两叶以上肺纤维化伴重度低氧血症[PO_2<5.3 kPa(<40mmHg)]。 4. 职业性肺癌伴肺功能重度损伤	1. 肺功能重度损伤及/或重度低氧血症。 2. 尘肺叁期伴肺功能中度损伤及/或中度低氧血症。 3. 尘肺贰期伴肺功能重度损伤及/或重度低氧血症[PO_2<5.3 kPa(<40mmHg)]。 4. 尘肺叁期伴活动性肺结核。 5. 职业性肺癌或胸膜间皮瘤	1. 尘肺叁期。 2. 尘肺贰期伴肺功能中度损伤及（或）中度低氧血症。 3. 尘肺贰期合并活动性肺结核。 4. 放射性肺炎后两叶肺纤维化，伴肺功能中度损伤及（或）中度低氧血症	1. 尘肺贰期。 2. 尘肺壹期伴肺功能中度损伤或中度低氧血症。 3. 尘肺壹期伴活动性肺结核	肺功能中度损伤或中度低氧血症	1. 尘肺壹期伴肺功能轻度损伤及（或）轻度低氧血症。 2. 放射性肺炎后肺纤维化（<两叶），伴肺功能轻度损伤及（或）轻度低氧血症。 3. 其他职业性肺部疾患，伴肺功能轻度损伤	1. 尘肺壹期，肺功能正常。 2. 放射性肺炎后肺纤维化（<两叶），肺功能正常。 3. 轻度低氧血症	其他职业性肺疾患，肺功能正常		

表 C.5(续)

伤残类别	分级									
	一	二	三	四	五	六	七	八	九	十
心脏		心功能不全三级	Ⅲ度房室传导阻滞	1. 病态窦房结综合征(需安装起搏器者)。 2. 心功能不全二级	1. 莫氏Ⅱ型Ⅱ度房室传导阻滞。 2. 病态窦房结综合征(不需安装起搏器者)		心功能不全一级			
血液		1. 职业性急性白血病。 2. 急性重型再生障碍性贫血	1. 粒细胞缺乏症。 2. 再生障碍性贫血。 3. 职业性慢性白血病。 4. 中毒性血液病,骨髓增生异常综合征。 5. 中毒性血液病,严重出血或血小板含量≤2×10^{10}/L		1. 中毒性血液病,血小板减少(≤4×10^{10}/L)并有出血倾向。 2. 中毒性血液病,白细胞含量持续<3×10^{9}/L(<3 000/mm^3)或粒细胞含量<1.5×10^{9}/L(<1 500/mm^3)	白血病完全缓解	1. 再生障碍性贫血完全缓解。 2. 白细胞减少症,含量持续<4×10^{9}/L(4 000/mm^3) 3. 中性粒细胞减少症,含量持续<2×10^{9}/L(2 000/mm^3)			

表 C.5(续)

伤残类别	分级									
	一	二	三	四	五	六	七	八	九	十
肝脏	1. 职业性肝血管肉瘤,重度肝功能损害。 2. 肝硬化伴食道静脉破裂出血,肝功能重度损害	1. 慢性重度中毒性肝病。 2. 肝血管肉瘤			慢性中度中毒性肝病		慢性轻度中毒性肝病			
免疫功能				免疫功能明显减退						免疫功能轻度减退
内分泌				肾上腺皮质功能明显减退		肾上腺皮质功能轻度减退				
肾脏	肾功能不全尿毒症期,内生肌酐清除率持续 < 10 mL/min,或血浆肌酐水平持续 > 707 μmol/L (8 mg/dL)	肾功能不全尿毒症期,内生肌酐清除率持续 < 25 mL/min,或血浆肌酐水平持续 > 450 μmol/L (5 mg/dL)			肾功能不会失代偿期,内生肌酐清除率持续 < 50 mL/min,或血浆肌酐水平持续 > 177 μmol/L (2 mg/dL)	1. 中毒性肾病,持续性低分子蛋白尿伴白蛋白尿。 2. 中毒性肾病,肾小管浓缩功能减退	肾功能不会代偿期,内生肌酐清除率<70 mL/min	中毒性肾病,持续低分子蛋白尿		

表 C.5(续)

伤残类别	分级									
	一	二	三	四	五	六	七	八	九	十
其他		1. 职业性膀胱癌。 2. 放射性肿瘤	1. 砷性皮肤癌。 2. 放射性皮肤癌		1. 慢性重度磷中毒。 2. 重度手臂振动病。 3. 放射性损伤致睾丸萎缩	1. 放射性损伤致甲状腺功能低下。 2. 减压性骨坏死Ⅲ期。 3. 中度手臂振动病。 4. 氟及其无机化合物中毒慢性重度中毒	三度牙酸蚀病	1. 慢性中度磷中毒。 2. 氟及其无机化合物中毒慢性中度中毒。 3. 减压性骨坏死Ⅱ期。 4. 轻度手臂振动病。 5. 二度牙酸蚀。 6. 急性放射皮肤损伤Ⅳ度及慢性放射性皮肤损伤手术治疗后影响肢体功能。 7. 放射性皮肤溃疡经久不愈者		1. 慢性轻度磷中毒。 2. 氟及其无机化合物中毒慢性轻度中毒。 3. 井下工人滑囊炎。 4. 减压性骨坏死Ⅰ期。 5. 一度牙酸蚀病。 6. 职业性皮肤病久治不愈。 7. 一手或两手慢性放射性皮肤损伤Ⅱ度及Ⅱ度以上者

因工死亡职工供养亲属范围规定

（2003年9月23日劳动和社会保障部令第18号公布 2004年1月1日起施行）

第一条 为明确因工死亡职工供养亲属范围，根据《工伤保险条例》第三十七条第一款第二项的授权，制定本规定。

第二条 本规定所称因工死亡职工供养亲属，是指该职工的配偶、子女、父母、祖父母、外祖父母、孙子女、外孙子女、兄弟姐妹。

本规定所称子女，包括婚生子女、非婚生子女、养子女和有抚养关系的继子女，其中，婚生子女、非婚生子女包括遗腹子女；

本规定所称父母，包括生父母、养父母和有抚养关系的继父母；

本规定所称兄弟姐妹，包括同父母的兄弟姐妹、同父异母或者同母异父的兄弟姐妹、养兄弟姐妹、有抚养关系的继兄弟姐妹。

第三条 上条规定的人员，依靠因工死亡职工生前提供主要生活来源，并有下列情形之一的，可按规定申请供养亲属抚恤金：

（一）完全丧失劳动能力的；

（二）工亡职工配偶男年满60周岁、女年满55周岁的；

（三）工亡职工父母男年满60周岁、女年满55周岁的；

（四）工亡职工子女未满18周岁的；

（五）工亡职工父母均已死亡，其祖父、外祖父年满60周岁，祖母、外祖母年满55周岁的；

（六）工亡职工子女已经死亡或完全丧失劳动能力，其孙子女、外孙子女未满18周岁的；

（七）工亡职工父母均已死亡或完全丧失劳动能力，其兄弟姐妹未满18周岁的。

第四条 领取抚恤金人员有下列情形之一的，停止享受抚恤金待遇：

（一）年满 18 周岁且未完全丧失劳动能力的；

（二）就业或参军的；

（三）工亡职工配偶再婚的；

（四）被他人或组织收养的；

（五）死亡的。

第五条 领取抚恤金的人员，在被判刑收监执行期间，停止享受抚恤金待遇。刑满释放仍符合领取抚恤金资格的，按规定的标准享受抚恤金。

第六条 因工死亡职工供养亲属享受抚恤金待遇的资格，由统筹地区社会保险经办机构核定。

因工死亡职工供养亲属的劳动能力鉴定，由因工死亡职工生前单位所在地设区的市级劳动能力鉴定委员会负责。

第七条 本办法自 2004 年 1 月 1 日起施行。

非法用工单位伤亡人员一次性赔偿办法

（2010 年 12 月 31 日人力资源和社会保障部令第 9 号公布 自 2011 年 1 月 1 日起施行）

第一条 根据《工伤保险条例》第六十六条第一款的授权，制定本办法。

第二条 本办法所称非法用工单位伤亡人员，是指无营业执照或者未经依法登记、备案的单位以及被依法吊销营业执照或者撤销登记、备案的单位受到事故伤害或者患职业病的职工，或者用人单位使用童工造成的伤残、死亡童工。

前款所列单位必须按照本办法的规定向伤残职工或者死亡职工

的近亲属、伤残童工或者死亡童工的近亲属给予一次性赔偿。

第三条 一次性赔偿包括受到事故伤害或者患职业病的职工或童工在治疗期间的费用和一次性赔偿金。一次性赔偿金数额应当在受到事故伤害或者患职业病的职工或童工死亡或者经劳动能力鉴定后确定。

劳动能力鉴定按照属地原则由单位所在地设区的市级劳动能力鉴定委员会办理。劳动能力鉴定费用由伤亡职工或童工所在单位支付。

第四条 职工或童工受到事故伤害或者患职业病，在劳动能力鉴定之前进行治疗期间的生活费按照统筹地区上年度职工月平均工资标准确定，医疗费、护理费、住院期间的伙食补助费以及所需的交通费等费用按照《工伤保险条例》规定的标准和范围确定，并全部由伤残职工或童工所在单位支付。

第五条 一次性赔偿金按照以下标准支付：

一级伤残的为赔偿基数的 16 倍，二级伤残的为赔偿基数的 14 倍，三级伤残的为赔偿基数的 12 倍，四级伤残的为赔偿基数的 10 倍，五级伤残的为赔偿基数的 8 倍，六级伤残的为赔偿基数的 6 倍，七级伤残的为赔偿基数的 4 倍，八级伤残的为赔偿基数的 3 倍，九级伤残的为赔偿基数的 2 倍，十级伤残的为赔偿基数的 1 倍。

前款所称赔偿基数，是指单位所在工伤保险统筹地区上年度职工年平均工资。

第六条 受到事故伤害或者患职业病造成死亡的，按照上一年度全国城镇居民人均可支配收入的 20 倍支付一次性赔偿金，并按照上一年度全国城镇居民人均可支配收入的 10 倍一次性支付丧葬补助等其他赔偿金。

第七条 单位拒不支付一次性赔偿的，伤残职工或者死亡职工的近亲属、伤残童工或者死亡童工的近亲属可以向人力资源和社会保障行政部门举报。经查证属实的，人力资源和社会保障行政部门应当责令该单位限期改正。

第八条 伤残职工或者死亡职工的近亲属、伤残童工或者死亡童工的近亲属就赔偿数额与单位发生争议的，按照劳动争议处理的有关规定处理。

第九条 本办法自2011年1月1日起施行。劳动和社会保障部2003年9月23日颁布的《非法用工单位伤亡人员一次性赔偿办法》同时废止。

工伤保险辅助器具配置管理办法

（2016年2月16日人力资源和社会保障部、民政部、国家卫生和计划生育委员会令第27号公布　根据2018年12月14日《人力资源社会保障部关于修改部分规章的决定》修订）

第一章　总　　则

第一条 为了规范工伤保险辅助器具配置管理，维护工伤职工的合法权益，根据《工伤保险条例》，制定本办法。

第二条 工伤职工因日常生活或者就业需要，经劳动能力鉴定委员会确认，配置假肢、矫形器、假眼、假牙和轮椅等辅助器具的，适用本办法。

第三条 人力资源社会保障行政部门负责工伤保险辅助器具配置的监督管理工作。民政、卫生计生等行政部门在各自职责范围内负责工伤保险辅助器具配置的有关监督管理工作。

社会保险经办机构（以下称经办机构）负责对申请承担工伤保险辅助器具配置服务的辅助器具装配机构和医疗机构（以下称工伤保险辅助器具配置机构）进行协议管理，并按照规定核付配置费用。

第四条 设区的市级（含直辖市的市辖区、县）劳动能力鉴定委员会（以下称劳动能力鉴定委员会）负责工伤保险辅助器具配置的确认工作。

第五条 省、自治区、直辖市人力资源社会保障行政部门负责制定工伤保险辅助器具配置机构评估确定办法。

经办机构按照评估确定办法，与工伤保险辅助器具配置机构签订服务协议，并向社会公布签订服务协议的工伤保险辅助器具配置机构（以下称协议机构）名单。

第六条 人力资源社会保障部根据社会经济发展水平、工伤职工日常生活和就业需要等，组织制定国家工伤保险辅助器具配置目录，确定配置项目、适用范围、最低使用年限等内容，并适时调整。

省、自治区、直辖市人力资源社会保障行政部门可以结合本地区实际，在国家目录确定的配置项目基础上，制定省级工伤保险辅助器具配置目录，适当增加辅助器具配置项目，并确定本地区辅助器具配置最高支付限额等具体标准。

第二章 确认与配置程序

第七条 工伤职工认为需要配置辅助器具的，可以向劳动能力鉴定委员会提出辅助器具配置确认申请，并提交下列材料：

（一）居民身份证或者社会保障卡等有效身份证明原件；

（二）有效的诊断证明、按照医疗机构病历管理有关规定复印或者复制的检查、检验报告等完整病历材料。

工伤职工本人因身体等原因无法提出申请的，可由其近亲属或者用人单位代为申请。

第八条 劳动能力鉴定委员会收到辅助器具配置确认申请后，应当及时审核；材料不完整的，应当自收到申请之日起5个工作日内一次性书面告知申请人需要补正的全部材料；材料完整的，应当在收到申请之日起60日内作出确认结论。伤情复杂、涉及医疗卫生专业较多的，作出确认结论的期限可以延长30日。

第九条 劳动能力鉴定委员会专家库应当配备辅助器具配置专家，从事辅助器具配置确认工作。

劳动能力鉴定委员会应当根据配置确认申请材料，从专家库中随机抽取3名或者5名专家组成专家组，对工伤职工本人进行现场配置确认。专家组中至少包括1名辅助器具配置专家、2名与工伤职工伤情相关的专家。

第十条 专家组根据工伤职工伤情，依据工伤保险辅助器具配置目录有关规定，提出是否予以配置的确认意见。专家意见不一致时，按照少数服从多数的原则确定专家组的意见。

劳动能力鉴定委员会根据专家组确认意见作出配置辅助器具确认结论。其中，确认予以配置的，应当载明确认配置的理由、依据和辅助器具名称等信息；确认不予配置的，应当说明不予配置的理由。

第十一条 劳动能力鉴定委员会应当自作出确认结论之日起20日内将确认结论送达工伤职工及其用人单位，并抄送经办机构。

第十二条 工伤职工收到予以配置的确认结论后，及时向经办机构进行登记，经办机构向工伤职工出具配置费用核付通知单，并告知下列事项：

（一）工伤职工应当到协议机构进行配置；

（二）确认配置的辅助器具最高支付限额和最低使用年限；

（三）工伤职工配置辅助器具超目录或者超出限额部分的费用，工伤保险基金不予支付。

第十三条 工伤职工可以持配置费用核付通知单，选择协议机构配置辅助器具。

协议机构应当根据与经办机构签订的服务协议，为工伤职工提供配置服务，并如实记录工伤职工信息、配置器具产品信息、最高支付限额、最低使用年限以及实际配置费用等配置服务事项。

前款规定的配置服务记录经工伤职工签字后，分别由工伤职工和协议机构留存。

第十四条 协议机构或者工伤职工与经办机构结算配置费用时，应当出具配置服务记录。经办机构核查后，应当按照工伤保险辅助器具配置目录有关规定及时支付费用。

第十五条 工伤职工配置辅助器具的费用包括安装、维修、训练等费用，按照规定由工伤保险基金支付。

经经办机构同意，工伤职工到统筹地区以外的协议机构配置辅助器具发生的交通、食宿费用，可以按照统筹地区人力资源社会保障行政部门的规定，由工伤保险基金支付。

第十六条 辅助器具达到规定的最低使用年限的，工伤职工可以按照统筹地区人力资源社会保障行政部门的规定申请更换。

工伤职工因伤情发生变化，需要更换主要部件或者配置新的辅助器具的，经向劳动能力鉴定委员会重新提出确认申请并经确认后，由工伤保险基金支付配置费用。

第三章 管理与监督

第十七条 辅助器具配置专家应当具备下列条件之一：

（一）具有医疗卫生中高级专业技术职务任职资格；

（二）具有假肢师或者矫形器师职业资格；

（三）从事辅助器具配置专业技术工作5年以上。

辅助器具配置专家应当具有良好的职业品德。

第十八条 工伤保险辅助器具配置机构的具体条件，由省、自治区、直辖市人力资源社会保障行政部门会同民政、卫生计生行政部门规定。

第十九条 经办机构与工伤保险辅助器具配置机构签订的服务协议，应当包括下列内容：

（一）经办机构与协议机构名称、法定代表人或者主要负责人等基本信息；

（二）服务协议期限；

（三）配置服务内容；

（四）配置费用结算；

（五）配置管理要求；

（六）违约责任及争议处理；

（七）法律、法规规定应当纳入服务协议的其他事项。

第二十条 配置的辅助器具应当符合相关国家标准或者行业标准。统一规格的产品或者材料等辅助器具在装配前应当由国家授权的产品质量检测机构出具质量检测报告，标注生产厂家、产品品牌、型号、材料、功能、出品日期、使用期和保修期等事项。

第二十一条 协议机构应当建立工伤职工配置服务档案，并至少保存至服务期限结束之日起两年。经办机构可以对配置服务档案进行抽查，并作为结算配置费用的依据之一。

第二十二条 经办机构应当建立辅助器具配置工作回访制度，对辅助器具装配的质量和服务进行跟踪检查，并将检查结果作为对协议机构的评价依据。

第二十三条 工伤保险辅助器具配置机构违反国家规定的辅助器具配置管理服务标准，侵害工伤职工合法权益的，由民政、卫生计生行政部门在各自监管职责范围内依法处理。

第二十四条 有下列情形之一的，经办机构不予支付配置费用：

（一）未经劳动能力鉴定委员会确认，自行配置辅助器具的；

（二）在非协议机构配置辅助器具的；

（三）配置辅助器具超目录或者超出限额部分的；

（四）违反规定更换辅助器具的。

第二十五条 工伤职工或者其近亲属认为经办机构未依法支付辅助器具配置费用，或者协议机构认为经办机构未履行有关协议的，可以依法申请行政复议或者提起行政诉讼。

第四章 法律责任

第二十六条 经办机构在协议机构管理和核付配置费用过程中收受当事人财物的，由人力资源社会保障行政部门责令改正，对直接负责的主管人员和其他直接责任人员依法给予处分；情节严重，构成犯罪的，依法追究刑事责任。

第二十七条 从事工伤保险辅助器具配置确认工作的组织或者个人有下列情形之一的，由人力资源社会保障行政部门责令改正，处 2000 元以上 1 万元以下的罚款；情节严重，构成犯罪的，依法追究刑事责任：

（一）提供虚假确认意见的；

（二）提供虚假诊断证明或者病历的；

（三）收受当事人财物的。

第二十八条 协议机构不按照服务协议提供服务的，经办机构可以解除服务协议，并按照服务协议追究相应责任。

经办机构不按时足额结算配置费用的，由人力资源社会保障行政部门责令改正；协议机构可以解除服务协议。

第二十九条 用人单位、工伤职工或者其近亲属骗取工伤保险待遇，辅助器具装配机构、医疗机构骗取工伤保险基金支出的，按照《工伤保险条例》第六十条的规定，由人力资源社会保障行政部门责令退还，处骗取金额 2 倍以上 5 倍以下的罚款；情节严重，构成犯罪的，依法追究刑事责任。

第五章 附 则

第三十条 用人单位未依法参加工伤保险，工伤职工需要配置辅助器具的，按照本办法的相关规定执行，并由用人单位支付配置费用。

第三十一条 本办法自2016年4月1日起施行。

最高人民法院关于审理工伤保险行政案件若干问题的规定

（2014年4月21日最高人民法院审判委员会第1613次会议通过 2014年6月18日最高人民法院公告公布 自2014年9月1日起施行 法释〔2014〕9号）

为正确审理工伤保险行政案件，根据《中华人民共和国社会保险法》《中华人民共和国劳动法》《中华人民共和国行政诉讼法》《工伤保险条例》及其他有关法律、行政法规规定，结合行政审判实际，制定本规定。

第一条 人民法院审理工伤认定行政案件，在认定是否存在《工伤保险条例》第十四条第（六）项“本人主要责任”、第十六条第（二）项“醉酒或者吸毒”和第十六条第（三）项“自残或者自杀”等情形时，应当以有权机构出具的事故责任认定书、结论性意见和人民法院生效裁判等法律文书为依据，但有相反证据足以推翻事故责任认定书和结论性意见的除外。

前述法律文书不存在或者内容不明确，社会保险行政部门就前款事实作出认定的，人民法院应当结合其提供的相关证据依法进行审查。

《工伤保险条例》第十六条第（一）项“故意犯罪”的认定，应当以刑事侦查机关、检察机关和审判机关的生效法律文书或者结论性意见为依据。

第二条 人民法院受理工伤认定行政案件后，发现原告或者第三人在提起行政诉讼前已经就是否存在劳动关系申请劳动仲裁或者提起民事诉讼的，应当中止行政案件的审理。

第三条 社会保险行政部门认定下列单位为承担工伤保险责任单位的，人民法院应予支持：

（一）职工与两个或两个以上单位建立劳动关系，工伤事故发生时，职工为之工作的单位为承担工伤保险责任的单位；

（二）劳务派遣单位派遣的职工在用工单位工作期间因工伤亡的，派遣单位为承担工伤保险责任的单位；

（三）单位指派到其他单位工作的职工因工伤亡的，指派单位为承担工伤保险责任的单位；

（四）用工单位违反法律、法规规定将承包业务转包给不具备用工主体资格的组织或者自然人，该组织或者自然人聘用的职工从事承包业务时因工伤亡的，用工单位为承担工伤保险责任的单位；

（五）个人挂靠其他单位对外经营，其聘用的人员因工伤亡的，被挂靠单位为承担工伤保险责任的单位。

前款第（四）、（五）项明确的承担工伤保险责任的单位承担赔偿责任或者社会保险经办机构从工伤保险基金支付工伤保险待遇后，有权向相关组织、单位和个人追偿。

第四条 社会保险行政部门认定下列情形为工伤的，人民法院应予支持：

（一）职工在工作时间和工作场所内受到伤害，用人单位或者社会保险行政部门没有证据证明是非工作原因导致的；

（二）职工参加用人单位组织或者受用人单位指派参加其他单位组织的活动受到伤害的；

（三）在工作时间内，职工来往于多个与其工作职责相关的工作场所之间的合理区域因工受到伤害的；

（四）其他与履行工作职责相关，在工作时间及合理区域内受到伤害的。

第五条 社会保险行政部门认定下列情形为“因工外出期间”

的，人民法院应予支持：

（一）职工受用人单位指派或者因工作需要在工作场所以外从事与工作职责有关的活动期间；

（二）职工受用人单位指派外出学习或者开会期间；

（三）职工因工作需要的其他外出活动期间。

职工因工外出期间从事与工作或者受用人单位指派外出学习、开会无关的个人活动受到伤害，社会保险行政部门不认定为工伤的，人民法院应予支持。

第六条 对社会保险行政部门认定下列情形为“上下班途中”的，人民法院应予支持：

（一）在合理时间内往返于工作地与住所地、经常居住地、单位宿舍的合理路线的上下班途中；

（二）在合理时间内往返于工作地与配偶、父母、子女居住地的合理路线的上下班途中；

（三）从事属于日常工作生活所需要的活动，且在合理时间和合理路线的上下班途中；

（四）在合理时间内其他合理路线的上下班途中。

第七条 由于不属于职工或者其近亲属自身原因超过工伤认定申请期限的，被耽误的时间不计算在工伤认定申请期限内。

有下列情形之一耽误申请时间的，应当认定为不属于职工或者其近亲属自身原因：

（一）不可抗力；

（二）人身自由受到限制；

（三）属于用人单位原因；

（四）社会保险行政部门登记制度不完善；

（五）当事人对是否存在劳动关系申请仲裁、提起民事诉讼。

第八条 职工因第三人的原因受到伤害，社会保险行政部门以职工或者其近亲属已经对第三人提起民事诉讼或者获得民事赔偿为由，作出不予受理工伤认定申请或者不予认定工伤决定的，人民法院院不予支持。

职工因第三人的原因受到伤害，社会保险行政部门已经作出工伤认定，职工或者其近亲属未对第三人提起民事诉讼或者尚未获得民事赔偿，起诉要求社会保险经办机构支付工伤保险待遇的，人民法院应予支持。

职工因第三人的原因导致工伤，社会保险经办机构以职工或者其近亲属已经对第三人提起民事诉讼为由，拒绝支付工伤保险待遇的，人民法院不予支持，但第三人已经支付的医疗费用除外。

第九条 因工伤认定申请人或者用人单位隐瞒有关情况或者提供虚假材料，导致工伤认定错误的，社会保险行政部门可以在诉讼中依法予以更正。

工伤认定依法更正后，原告不申请撤诉，社会保险行政部门在作出原工伤认定时有过错的，人民法院应当判决确认违法；社会保险行政部门无过错的，人民法院可以驳回原告诉讼请求。

第十条 最高人民法院以前颁布的司法解释与本规定不一致的，以本规定为准。

附　录[①]

1. 工伤认定申请表

（参考文本）

申请人：
受伤害职工：
申请人与受伤害职工关系：
填表日期：　　年　月　日

<table>
<tr><td>职工姓名</td><td></td><td>性别</td><td></td><td>出生日期</td><td>年　月　日</td></tr>
<tr><td>身份证号码</td><td colspan="3"></td><td>联系电话</td><td></td></tr>
<tr><td>家庭地址</td><td colspan="3"></td><td>邮政编码</td><td></td></tr>
<tr><td>工作单位</td><td colspan="3"></td><td>联系电话</td><td></td></tr>
<tr><td>单位地址</td><td colspan="3"></td><td>邮政编码</td><td></td></tr>
<tr><td>职业、工种
或工作岗位</td><td colspan="3"></td><td>参加工作时间</td><td></td></tr>
<tr><td>事故时间、地
点及主要原因</td><td colspan="3"></td><td>诊断时间</td><td></td></tr>
<tr><td>受伤害部位</td><td colspan="3"></td><td>职业病名称</td><td></td></tr>
<tr><td>接触职业病
危害岗位</td><td colspan="3"></td><td>接触职业病
危害时间</td><td></td></tr>
</table>

① 仅供读者参考，具体所需材料及参考范本请查询人力资源和社会保障部及各地人力资源和社会保障部门网站或咨询各地人力资源和社会保障部门工作人员。

续表

<table>
<tr><td>受伤害经过
简述(可附页)</td><td></td><td></td><td></td></tr>
<tr><td colspan="4">申请事项:

申请人签字:
年　月　日</td></tr>
<tr><td colspan="4">用人单位意见:

经办人签字
(公章)
年　月　日</td></tr>
<tr><td rowspan="2">社会保险行政部门审查资料和受理意见</td><td colspan="3">经办人签字:
年　月　日</td></tr>
<tr><td colspan="3">负责人签字:
(公章)
年　月　日</td></tr>
<tr><td colspan="4">备注:</td></tr>
</table>

填表说明：

1. 用钢笔或签字笔填写，字体工整清楚。

2. 申请人为用人单位的，在首页申请人处加盖单位公章。

3. 受伤害部位一栏填写受伤害的具体部位。

4. 诊断时间一栏，职业病者，按职业病确诊时间填写；受伤或死亡的，按初诊时间填写。

5. 受伤害经过简述，应写明事故发生的时间、地点，当时所从事的工作，受伤害的原因以及伤害部位和程度。职业病患者应写明在何单位从事何种有害作业，起止时间，确诊结果。

6. 申请人提出工伤认定申请时，应当提交受伤害职工的居民身份证；医疗机构出具的职工受伤害时初诊诊断证明书，或者依法承担职业病诊断的医疗机构出具的职业病诊断证明书（或者职业病诊断鉴定书）；职工受伤害或者诊断患职业病时与用人单位之间的劳动、聘用合同或者其他存在劳动、人事关系的证明。

有下列情形之一的，还应当分别提交相应证据：

（一）职工死亡的，提交死亡证明；

（二）在工作时间和工作场所内，因履行工作职责受到暴力等意外伤害的，提交公安部门的证明或者其他相关证明；

（三）因工外出期间，由于工作原因受到伤害或者发生事故下落不明的，提交公安部门的证明或者相关部门的证明；

（四）上下班途中，受到非本人主要责任的交通事故或者城市轨道交通、客运轮渡、火车事故伤害的，提交公安机关交通管理部门或者其他相关部门的证明；

（五）在工作时间和工作岗位，突发疾病死亡或者在48小时之内经抢救无效死亡的，提交医疗机构的抢救证明；

（六）在抢险救灾等维护国家利益、公共利益活动中受到伤害的，提交民政部门或者其他相关部门的证明；

（七）属于因战、因公负伤致残的转业、复员军人，旧伤复发的，提交《革命伤残军人证》及劳动能力鉴定机构对旧伤复发的确认。

7. 申请事项栏，应写明受伤害职工或者其近亲属、工会组织提出工伤认定申请并签字。

8. 用人单位意见栏，应签署是否同意申请工伤，所填情况是否属实，经办人签字并加盖单位公章。

9. 社会保险行政部门审查资料和受理意见栏，应填写补正材料或是否受理的意见。

10. 此表一式二份，社会保险行政部门、申请人各留存一份。

2. 劳动能力鉴定、确认申请表

（参考文本）

市（区县）（　　年）劳鉴第　　号

<table>
<tr><td>姓名</td><td></td><td>性别</td><td></td><td>公民身份号码</td><td></td><td rowspan="2">相片</td></tr>
<tr><td>单位名称</td><td colspan="3"></td><td>联系电话</td><td></td></tr>
<tr><td>申请鉴定原因</td><td colspan="6">1 □工伤评残。2 □工伤直接导致其他疾病确认。3 □延长停工留薪期确认。4 □配置辅助器具确认。5 □更换辅助器具确认。6 □因病提前退休劳动能力鉴定。7 □医疗期满。8 □再次鉴定。9 □复查鉴定。</td></tr>
<tr><td>认定编号</td><td colspan="2"></td><td colspan="2">工伤证号</td><td colspan="2"></td></tr>
<tr><td>工伤认定结论</td><td colspan="6"></td></tr>
<tr><td>伤病发生时间</td><td colspan="2"></td><td colspan="2">诊治医疗机构</td><td colspan="2"></td></tr>
<tr><td>医疗机构伤病诊断结论</td><td colspan="6"></td></tr>
<tr><td colspan="7">病伤诊治过程简述（可附页）：</td></tr>
</table>

图书在版编目（CIP）数据

工伤保险条例（含工伤认定办法）注解与配套 / 中国法治出版社编. -- 北京 : 中国法治出版社, 2025. 9. (法律注解与配套系列). -- ISBN 978-7-5216-5593-3

Ⅰ. D922. 555

中国国家版本馆 CIP 数据核字第 2025T7P894 号

策划编辑：袁笋冰　　责任编辑：王　彤　　封面设计：杨泽江

工伤保险条例（含工伤认定办法）注解与配套

GONGSHANG BAOXIAN TIAOLI（HAN GONGSHANG RENDING BANFA）

ZHUJIE YU PEITAO

经销/新华书店

印刷/三河市国英印务有限公司

开本/850 毫米×1168 毫米　32 开　　印张/ 8.75　字数/ 172 千

版次/2025 年 9 月第 1 版　　2025 年 9 月第 1 次印刷

中国法治出版社出版

书号 ISBN 978-7-5216-5593-3　　定价：26.00 元

北京市西城区西便门西里甲 16 号西便门办公区

邮政编码：100053　　传真：010-63141600

网址：http：//www.zgfzs.com　　**编辑部电话：010-63141675**

市场营销部电话：010-63141612　　**印务部电话：010-63141606**